ओम्

श्रीपाणिनिमहामुनिविरचितः

अष्टाध्यायीसूत्रपाठः

Aṣṭādhyāyīsūtrapāṭhaḥ
of Pāṇini

अनुवृत्तिवार्तिकपरिभाषासहितः

With anuvṛtti, vārtika, and paribhāṣā

सम्पादिका

ब्रह्मचारिणी मेधा मिचिका

आर्षविद्यागुरुकुलम्, आनैक्कट्टी

Editress

Brahmacārinī Medhā Michika

All profit from the sales of this book goes towards the activities initiated by Śrī Pūjya Svamī Dayānanda Sarasvatī.

Electronic version of this book is available at:
Arsha Avinash Foundation
www.arshaavinash.in

Printed version of this book is available at:
Arsha Vidya Gurukulam, Coimbatore, TN, India
www.arshavidya.in
Swami Dayananda Ashram, Rishikesh, UK, India
www.dayananda.org
Arsha Vidya Gurukulam, Saylorsburg, PA, USA
www.arshavidya.org
Amazon of your country
www.amazon.com etc. (Search by "medha michika")

विषयाणामनुक्रमः
Table of Contents

ओम्

श्रीगणेशाय नमः

श्रीगुरुभ्यो नमः

वन्दे परमकारुण्यान् येषां वृद्धिगुणादयः ।
अस्मिन् ग्रन्थेऽनुवर्तेरन् शब्दार्थसुखसिद्धये ॥

अथ श्रीपाणिनिमहामुनिविरचितः

अष्टाध्यायीसूत्रपाठः

येनाक्षरसमाम्नायमधिगम्य महेश्वरात् ।
कृत्स्नं व्याकरणं प्रोक्तं तस्मै पाणिनये नमः ॥

वाक्यकारं वररुचिं भाष्यकारं पतञ्जलिम् ।
पाणिनिं सूत्रकारं च प्रणतोऽस्मि मुनित्रयम् ॥

अथ शब्दानुशासनम्

1. अइउण् 2. ऋऌक् 3. एओङ् 4. ऐऔच्
5. हयवरट् 6. लँण् 7. ञमङणनम् 8. झभञ्
9. घढधष् 10. जबगडदश् 11. खफछठथचटतव्
12. कपय् 13. शषसर् 14. हल्

इति माहेश्वरसूत्राणि ॥

अथ प्रथमोऽध्यायः

अथ प्रथमः पादः

(वृद्ध्यादिसंज्ञा-प्रकरणम्)

1.1.1 वृद्धिरादैच् वृद्धिः 3

1.1.2 अदेङ् गुणः गुणः 3

1.1.3 इको गुण-वृद्धी 6

1.1.4 न धातुलोप आर्धधातुके न 6

1.1.5 क्क्ङिति च

1.1.6 दीधी-वेवीटाम्

1.1.7 हलोऽनन्तराः संयोगः

1.1.8 मुखनासिकावचनोऽनुनासिकः

1.1.9 तुल्यास्य-प्रयत्नं सवर्णम् सवर्णम् 10

(वा०) ऋऌवर्णयोर्मिथः सावर्ण्यं वाच्यम्

1.1.10 नाज्झलौ

1.1.11 ईदूदेद् द्विवचनं प्रगृह्यम्

ईदूदेद् 12; प्रगृह्यम् 19

1.1.12 अदसो मात्

1.1.13 शे

1.1.14 निपात एकाजनाङ् निपातः 15

1.1.15 ओत् 16

1.1.16 सम्बुद्धौ शाकल्यस्येतावनार्षे

शाकल्यस्य, इतौ, अनार्षे 18

1.1.17 उञः 18

1.1.18 ऊँ

1.1.19 ईदूतौ च सप्तम्यर्थे

1.1.20 दा-धा घ्वदाप्

1.1.21 आद्यन्तवदेकस्मिन्

1.1.22 तरप्-तमपौ घः

1.1.23 बहु-गण-वतु-डति सङ्ख्या

सङ्ख्या 25

1.1.24 ष्-णान्ता षट् षट् 25

1.1.25 डति च

1.1.26 क्त-क्तवतू निष्ठा

(सर्वनामसंज्ञा-प्रकरणम्)

1.1.27 सर्वादीनि सर्वनामानि

सर्वादीनि 32; सर्वनामानि 36

1.1.28 विभाषा दिक्समासे बहुव्रीहौ

1.1.29 न बहुव्रीहौ न 31

1.1.30 तृतीयासमासे

1.1.31 द्वन्द्वे च द्वन्द्वे 32

1.1.32 विभाषा जसि 36

1.1.33 प्रथम-चरम-तयाल्पार्ध-कतिपय-नेमाश्च

(वा०) तीयस्य ङित्सु वा

1.1.34 पूर्व-परावर-दक्षिणोत्तरापराधराणि व्यवस्थायामसंज्ञायाम्

1.1.35 स्वमज्ञाति-धनाख्यायाम्

1.1.36 अन्तरं बहिर्योगोपसंव्यानयोः

(अव्यय-संज्ञाप्रकरणम्)

1.1.37 स्वरादि-निपातमव्ययम् अव्ययम् 41

1.1.38 तद्धितश्चासर्वविभक्तिः

1.1.39 कृन्मेजन्तः

1.1.40 क्त्वा-तोसुन्-कसुनः

1.1.41 अव्ययीभावश्च

(सर्वनामस्थानादिसंज्ञा-प्रकरणम्)

1.1.42 शि सर्वनामस्थानम् सर्वनामस्थानम् 43

1.1.43 सुडनपुंसकस्य

1.1.44 न वेति विभाषा

1.1.45 इग्यणः संप्रसारणम्

(परिभाषा-सूत्राणि)

1.1.46 आद्यन्तौ ट-कितौ

1.1.47 मिदचोऽन्त्यात् परः

1.1.48 एच इग्घ्रस्वादेशे

1.1.49 षष्ठी स्थानेयोगा षष्ठी 55; स्थाने 51

1.1.50 स्थानेऽन्तरतमः

1.1.51 उरण् रपरः

1.1.52 अलोऽन्त्यस्य अलः 55; अन्त्यस्य 53

1.1.53 ङिच्च

1.1.54 आदेः परस्य

1.1.55 अनेकाल्-शित् सर्वस्य

(स्थानिवद्भाव-सूत्राणि)

1.1.56 स्थानिवदादेशोऽनल्विधौ स्थानिवत् 58; आदेशः 59

1.1.57 अचः परस्मिन् पूर्वविधौ अचः 59; परस्मिन् पूर्वविधौ 58

1.1.58 न पदान्त-द्विर्वचन-वरे-यलोप-स्वर-सवर्णानुस्वार-दीर्घ-जश्-चर्-विधिषु न 59

1.1.59 द्विर्वचनेऽचि

(लोपादिसंज्ञा-प्रकरणम्)

1.1.60 अदर्शनं लोपः अदर्शनम् 61

1.1.61 प्रत्ययस्य लुक्-श्लु-लुपः

1.1.62 प्रत्ययलोपे प्रत्ययलक्षणम् 63

1.1.63 न लुमताऽङ्गस्य

1.1.64 अचोऽन्त्यादि टि

1.1.65 अलोऽन्त्यात् पूर्व उपधा

1.1.66 तस्मिन्निति निर्दिष्टे पूर्वस्य निर्दिष्टे 67

1.1.67 तस्मादित्युत्तरस्य

(ग्रहण-सूत्राणि)

1.1.68 स्वं रूपं शब्दस्याशब्दसंज्ञा स्वं रूपम् 72

1.1.69 अणुदित् सवर्णस्य चाप्रत्ययः सवर्णस्य 70

1.1.70 तपरस्तत्कालस्य

1.1.71 आदिरन्त्येन सहेता

1.1.72 येन विधिस्तदन्तस्य

(प०) यस्मिन्विधिस्तदादावल्ग्रहणे

(वृद्धसंज्ञा-प्रकरणम्)

1.1.73 वृद्धिर्यस्याचामादिस्तद् वृद्धम् वृद्धम् 75

(वा०) वा नामधेयस्य वृद्धसंज्ञा वक्तव्या

1.1.74 त्यदादीनि च

1.1.75 एङ् प्राचां देशे

॥ इति अष्टाध्यायीसूत्रपाठे प्रथमाध्यायस्य प्रथमः पादः ॥

अथ प्रथमाध्यायस्य द्वितीयः पादः

(ङित्-प्रकरणम्)

1.2.1 गाङ्-कुटादिभ्योऽञ्णिन् ङित् ङित् 4

1.2.2 विज इट् इट् 3

1.2.3 विभाषोर्णोः

1.2.4 सार्वधातुकमपित् अपित् 5

(कित्-प्रकरणम्)

1.2.5 असंयोगाल्लिट् कित् लिट् 6; कित् 26

1.2.6 इन्धि-भवतिभ्यां च

1.2.7 मृड-मृद-गुध-कुष-क्लिश-वद-वसः क्त्वा क्त्वा 8

1.2.8 रुद-विद-मुष-ग्रहि-स्वपि-प्रच्छः संश्च सन् 10

1.2.9 इको झल् इकः 11; झल् 13

1.2.10 हलन्ताच्च हलन्तात् 11

1.2.11 लिङ्-सिचावात्मनेपदेषु लिङ्सिचौ 13; आत्मनेपदेषु 17

1.2.12 उश्च

1.2.13 वा गमः

1.2.14 हनः सिच् सिच् 17

1.2.15 यमो गन्धने यमः 16

1.2.16 विभाषोपयमने

1.2.17 स्था-घ्वोरिच्च

1.2.18 न क्त्वा सेट् न 22; सेट् 26

1.2.19 निष्ठा शीङ्-स्विदि-मिदि-क्ष्विदि-धृषः निष्ठा 22

1.2.20 मृषस्तितिक्षायाम्

1.2.21 उदुपधाद्भावादिकर्मणोरन्यतरस्याम्

1.2.22 पूङः क्त्वा च क्त्वा 26

1.2.23 नोपधात् थ-फान्ताद् वा वा 26

1.2.24 वञ्चि-लुञ्च्यृतश्च

1.2.25 तृषि-मृषि-कृशेः काश्यपस्य

1.2.26 रलो व्युपधाद्धलादेः संश्च

(स्वर-प्रकरणम्)

1.2.27 ऊकालोऽज्झ्रस्व-दीर्घ-प्लुतः अच् 31; ह्रस्वदीर्घप्लुतः 28

1.2.28 अचश्च

1.2.29 उच्चैरुदात्तः

1.2.30 नीचैरनुदात्तः

1.2.31 समाहारः स्वरितः

1.2.32 तस्यादित उदात्तमर्धह्रस्वम्

(एकश्रुति-प्रकरणम्)

1.2.33 एकश्रुति दूरात् सम्बुद्धौ एकश्रुति 39

1.2.34 यज्ञकर्मण्यजप-न्यूङ्ख-सामसु यज्ञकर्मणि 35

1.2.35 उच्चैस्तरां वा वषट्कारः

1.2.36 विभाषा छन्दसि

1.2.37 न सुब्रह्मण्यायां स्वरितस्य तूदात्तः सुब्रह्मण्यायाम्, स्वरितस्य 38

1.2.38 देव-ब्रह्मणोरनुदात्तः

1.2.39 स्वरितात् संहितायामनुदात्तानाम् संहितायाम्, अनुदात्तानाम् 40

1.2.40 उदात्त-स्वरितपरस्य सन्नतरः

(अपृक्तादिसंज्ञा-प्रकरणम्)

1.2.41 अपृक्त एकाल् प्रत्ययः

1.2.42 तत्पुरुषः समानाधिकरणः कर्मधारयः

1.2.43 प्रथमानिर्दिष्टं समास उपसर्जनम्
समासे, उपसर्जनम् 44

1.2.44 एकविभक्ति चापूर्वनिपाते

1.2.45 अर्थवदधातुरप्रत्ययः प्रातिपदिकम्
प्रातिपदिकम् 46

1.2.46 कृत्-तद्धित-समासाश्च

1.2.47 ह्रस्वो नपुंसके प्रातिपदिकस्य
ह्रस्वः, प्रातिपदिकस्य 48

1.2.48 गो-स्त्रियोरुपसर्जनस्य
स्त्री, उपसर्जनस्य 49

1.2.49 लुक् तद्धितलुकि तद्धितलुकि 50

1.2.50 इद् गोण्याः

(सङ्ख्यातिदेश-प्रकरणम्)

1.2.51 लुपि युक्तवद् व्यक्तिवचने 52

1.2.52 विशेषणानां चाजातेः

1.2.53 तदशिष्यं संज्ञाप्रमाणत्वात्
तद् अशिष्यम् 57

1.2.54 लुब् योगाप्रख्यानात्

1.2.55 योगप्रमाणे च तदभावेऽदर्शनं स्यात्

1.2.56 प्रधानप्रत्ययार्थवचनमर्थस्यान्य-
प्रमाणत्वात् अर्थस्यान्यप्रमाणत्वात् 57

1.2.57 कालोपसर्जने च तुल्यम्

1.2.58 जात्याख्यायामेकस्मिन् बहुवचन-
मन्यतरस्याम् एकस्मिन् 59;
बहुवचनम् 60; अन्यतरस्याम् 62

1.2.59 अस्मदो द्वयोश्च द्वयोः 61

1.2.60 फल्गुनी-प्रोष्ठपदानां च नक्षत्रे नक्षत्रे 62

1.2.61 छन्दसि पुनर्वस्वोरेकवचनम्
छन्दसि, एकवचनम् 62

1.2.62 विशाखयोश्च

1.2.63 तिष्य-पुनर्वस्वोर्नक्षत्र-द्वन्द्वे बहुवचनस्य
द्विवचनं नित्यम्

(एकशेष-प्रकरणम्)

1.2.64 सरूपाणामेकशेष एकविभक्तौ
एकशेषः 73

(वा०) विरूपाणामपि समानार्थानाम्

1.2.65 वृद्धो यूना तल्लक्षणश्चेदेव विशेषः
वृद्धः, यूना 66; तल्लक्षणश्चेदेव विशेषः 69

1.2.66 स्त्री पुंवच्च

1.2.67 पुमान् स्त्रिया

1.2.68 भ्रातृ-पुत्रौ स्वसृ-दुहितृभ्याम्

1.2.69 नपुंसकमनपुंसकेनैकवच्चास्यान्यतरस्याम्
अन्यतरस्याम् 71

1.2.70 पिता मात्रा

1.2.71 श्वशुरः श्वश्र्वा

1.2.72 त्यदादीनि सर्वैर्नित्यम्

(वा०) त्यदादीनां मिथः सहोक्तौ यत्परं
तच्छिष्यते

(वा०) पूर्वशेषोऽपि दृश्यते

(वा०) त्यदादितः शेषे पुंनपुंसकतः लिङ्गवचनानि

1.2.73 ग्राम्यपशुसंघेष्वतरुणेषु स्त्री

॥ इति अष्टाध्यायीसूत्रपाठे प्रथमाध्यायस्य द्वितीयः पादः ॥

अथ प्रथमाध्यायस्य तृतीयः पादः

(संज्ञा-प्रकरणम्)

1.3.1 भूवादयो धातवः धातवः 13

1.3.2 उपदेशेऽजनुनासिक इत् उपदेशे, इत् 8

1.3.3 हलन्त्यम् 4

1.3.4 न विभक्तौ तु-स्-माः

1.3.5 आदिर्ञि-टु-डवः आदिः 8

1.3.6 षः प्रत्ययस्य प्रत्ययस्य 8

1.3.7 चु-टू

1.3.8 ल-श-क्वतद्धिते

1.3.9 तस्य लोपः

1.3.10 यथासङ्ख्यमनुदेशः समानाम्

1.3.11 स्वरितेनाधिकारः

(आत्मनेपद-प्रकरणम्)

1.3.12 अनुदात्त-ङित आत्मनेपदम् आत्मनेपदम् 77

1.3.13 भाव-कर्मणोः

1.3.14 कर्तरि कर्मव्यतिहारे कर्तरि 93; कर्मव्यतिहारे 16

1.3.15 न गति-हिंसार्थेभ्यः न 16

1.3.16 इतरेतरान्योऽन्योपपदाच्च

1.3.17 नेर्विशः

1.3.18 परि-व्यवेभ्यः क्रियः

1.3.19 वि-पराभ्यां जेः

1.3.20 आङो दोऽनास्यविहरणे आङः 21

1.3.21 क्रीडोऽनु-सं-परिभ्यश्च

1.3.22 समव-प्र-विभ्यः स्थः स्थः 26

1.3.23 प्रकाशन-स्थेयाख्ययोश्च

1.3.24 उदोऽनूर्ध्वकर्मणि

1.3.25 उपान् मन्त्रकरणे उपात् 26

1.3.26 अकर्मकाच्च अकर्मकात् 29

1.3.27 उद्-विभ्यां तपः

1.3.28 आङो यम-हनः

1.3.29 समो गम्यृच्छिभ्याम्

1.3.30 नि-समुप-विभ्यो ह्वः ह्वः 31

(वा०) उपसर्गादस्यत्यूह्योर्वेति वाच्यम्

1.3.31 स्पर्धायामाङः

1.3.32 गन्धनावक्षेपण-सेवन-साहसिक्य-प्रति-यत्न-प्रकथनोपयोगेषु कृञः कृञः 35

1.3.33 अधेः प्रसहने

1.3.34 वेः शब्दकर्मणः वेः 35

1.3.35 अकर्मकाच्च

1.3.36 सम्माननोत्सञ्जनाचार्यकरण-ज्ञान-भृति-विगणन-व्ययेषु नियः नियः 37

1.3.37 कर्तृस्थे चाशरीरे कर्मणि

1.3.38 वृत्ति-सर्ग-तायनेषु क्रमः वृत्तिसर्गतायनेषु 39; क्रमः 43

1.3.39 उप-पराभ्याम्

1.3.40 आङ उद्गमने

1.3.41 वेः पादविहरणे

1.3.42 प्रोपाभ्यां समर्थाभ्याम्

1.3.43 अनुपसर्गाद् वा

1.3.44 अपह्नवे ज्ञः ज्ञः 46

1.3.45 अकर्मकाच्च

1.3.46 संप्रतिभ्यामनाध्याने

1.3.47 भासनोपसम्भाषा-ज्ञान-यत्न-विमत्युप-मन्त्रणेषु वदः वदः 50

1.3.48 व्यक्तवाचां समुच्चारणे 50

1.3.49 अनोरकर्मकात्

1.3.50 विभाषा विप्रलापे

1.3.51 अवाद् ग्रः ग्रः 52

1.3.52 समः प्रतिज्ञाने

1.3.53 उदश्चरः सकर्मकात् चरः 54

1.3.54 समस्तृतीयायुक्तात् 55

1.3.55 दाणश्च सा चेच्चतुर्थ्यर्थे

(वा०) अशिष्ट-व्यवहारे तृतीया चतुर्थ्यर्थे

1.3.56 उपाद्यमः स्वकरणे

1.3.57 ज्ञा-श्रु-स्मृ-दृशां सनः सनः 59

1.3.58 नानोर्ज्ञः न 59

1.3.59 प्रत्याङ्भ्यां श्रुवः

1.3.60 शदेः शितः शितः 61

1.3.61 म्रियतेर्लुङ्-लिङोश्च

1.3.62 पूर्ववत् सनः

1.3.63 आम्प्रत्ययवत् कृञोऽनुप्रयोगस्य

1.3.64 प्रोपाभ्यां युजेरयज्ञपात्रेषु

1.3.65 समः क्ष्णुवः

1.3.66 भुजोऽनवने

1.3.67 णेरणौ यत्कर्म णौ चेत्स कर्ता-
ऽनाध्याने णे 71

1.3.68 भी-स्म्योर्हेतुभये

1.3.69 गृधि-वञ्च्योः प्रलम्भने प्रलम्भने 70

1.3.70 लियः संमानन-शालिनीकरणयोश्च

1.3.71 मिथ्योपपदात् कृञोऽभ्यासे

1.3.72 स्वरित-ञितः कर्त्रभिप्राये क्रियाफले
कर्त्रभिप्राये क्रियाफले 77

1.3.73 अपाद् वदः

1.3.74 णिचश्च

1.3.75 समुदाङ्भ्यो यमोऽग्रन्थे

1.3.76 अनुपसर्गाज् ज्ञः

1.3.77 विभाषोपपदेन प्रतीयमाने

(परस्मैपद-प्रकरणम्)

1.3.78 शेषात् कर्तरि परस्मैपदम्
कर्तरि परस्मैपदम् 93

1.3.79 अनु-पराभ्यां कृञः

1.3.80 अभि-प्रत्यतिभ्यः क्षिपः

1.3.81 प्राद् वहः

1.3.82 परेर्मृषः

1.3.83 व्याङ्-परिभ्यो रमः रमः 85

1.3.84 उपाच्च उपात् 85

1.3.85 विभाषाऽकर्मकात्

1.3.86 बुध-युध-नश-जनेङ्-प्रु-द्रु-स्रुभ्यो णेः
णेः 89

1.3.87 निगरण-चलनार्थेभ्यश्च

1.3.88 अणावकर्मकाच्चित्तवत्कर्तृकात्

1.3.89 न पा-दम्याङ्यमाङ्यस-परिमुह-रुचि-
नृति-वद-वसः

1.3.90 वा क्यषः वा 93

1.3.91 द्युद्भ्यो लुङि

1.3.92 वृद्भ्यः स्य-सनोः स्यसनोः 93

1.3.93 लुटि च क्लृपः

॥ इति अष्टाध्यायीसूत्रपाठे प्रथमाध्यायस्य तृतीयः पादः ॥

अथ प्रथमाध्यायस्य चतुर्थः पादः

(एकसंज्ञाधिकारः)

1.4.1 आ कडारादेका संज्ञा 2.2.38

1.4.2 विप्रतिषेधे परं कार्यम्

(नद्यादिसंज्ञा-प्रकरणम्)

1.4.3 यू स्त्र्याख्यौ नदी 6

(वा०) प्रथमलिङ्गग्रहणं च

1.4.4 नेयङुवङ्स्थानावस्त्री 6

1.4.5 वाऽऽमि वा 6

1.4.6 ङिति ह्रस्वश्च ह्रस्वः 7

1.4.7 शेषो घ्यसखि घि 9

1.4.8 पतिः समास एव पतिः 9

1.4.9 षष्ठीयुक्तश्छन्दसि वा

1.4.10 ह्रस्वं लघु ह्रस्वम् 11

1.4.11 संयोगे गुरु गुरु 12

1.4.12 दीर्घं च

1.4.13 यस्मात् प्रत्ययविधिस्तदादि प्रत्यये-ऽङ्गम्

(पदादिसंज्ञा-प्रकरणम्)

1.4.14 सुप्-तिङन्तं पदम् पदम् 17

1.4.15 नः क्ये

1.4.16 सिति च

1.4.17 स्वादिष्वसर्वनामस्थाने 18

1.4.18 यचि भम् भम् 19

1.4.19 त-सौ मत्वर्थे

1.4.20 अयस्मयादीनि च्छन्दसि

1.4.21 बहुषु बहुवचनम्

1.4.22 द्व्येकयोर्द्विवचनैकवचने

(कारकसंज्ञा-प्रकरणम्)

1.4.23 कारके 55

1.4.24 ध्रुवमपायेऽपादानम् अपादानम् 31

1.4.25 भी-त्रार्थानां भयहेतुः

1.4.26 पराजेरसोढः

1.4.27 वारणार्थानामीप्सितः

1.4.28 अन्तर्धौ येनादर्शनमिच्छति

1.4.29 आख्यातोपयोगे

1.4.30 जनिकर्तुः प्रकृतिः कर्तुः 31

1.4.31 भुवः प्रभवः

1.4.32 कर्मणा यमभिप्रैति स संप्रदानम् संप्रदानम् 41

(वा०) क्रियया यमभिप्रैति सोऽपि संप्रदानम्

1.4.33 रुच्यर्थानां प्रीयमाणः

1.4.34 श्लाघ-ह्नुङ्-स्था-शपां ज्ञीप्स्यमानः

1.4.35 धारेरुत्तमर्णः

1.4.36 स्पृहेरीप्सितः

1.4.37 क्रुध-द्रुहेर्ष्यासूयार्थानां यं प्रति कोपः यम्, प्रति कोपः 38

1.4.38 क्रुध-द्रुहोरुपसृष्टयोः कर्म

1.4.39 राधीक्ष्योर्यस्य विप्रश्नः

1.4.40 प्रत्याङ्भ्यां श्रुवः पूर्वस्य कर्ता पूर्वस्य कर्ता 41

1.4.41 अनु-प्रति-गृणश्च

1.4.42 साधकतमं करणम् 44

1.4.43 दिवः कर्म च

1.4.44 परिक्रयणे संप्रदानमन्यतरस्याम्

1.4.45 आधारोऽधिकरणम् आधारः 48

1.4.46 अधि-शीङ्-स्थासां कर्म कर्म 48

1.4.47 अभि-नि-विशश्च

1.4.48 उपान्वध्याङ्-वसः

(वा०) वसेरश्यर्थस्य प्रतिषेधो वक्तव्यः

1.4.49 कर्तुरीप्सिततमं कर्म कर्म 53

1.4.50 तथायुक्तं चानीप्सितम्

1.4.51 अकथितं च

(वा०) अकर्मकधातुभिर्योगे देशः कालो भावो गन्तव्योऽध्वा च कर्मसंज्ञक इति वाच्यम्

1.4.52 गति-बुद्धि-प्रत्यवसानार्थ-शब्दकर्मा-कर्मकाणामणि कर्ता स णौ

आणि कर्ता स णौ 53

(वा०) गत्यर्थेषु नीवह्योः प्रतिषेधो वक्तव्यः

(वा०) आदि-खाद्योः प्रतिषेधो वक्तव्यः

1.4.53 हृ-क्रोरन्यतरस्याम्

(वा०) अभिवादिदृशोरात्मनेपदे वेति वाच्यम्

1.4.54 स्वतन्त्रः कर्ता कर्ता 55

1.4.55 तत्प्रयोजको हेतुश्च

(निपातसंज्ञा-प्रकरणम्)

1.4.56 प्राग्रीश्वरान्निपाताः 98

1.4.57 चादयोऽसत्त्वे असत्त्वे 58

(वा०) उपसर्गविभक्तिस्वरप्रतिरूपकाश्च

1.4.58 प्रादयः 60

1.4.59 उपसर्गाः क्रियायोगे क्रियायोगे 79

(वा०) दुरः षत्वणत्वयोरुपसर्गत्वप्रतिषेधो वक्तव्यः

(गतिसंज्ञा-प्रकरणम्)

1.4.60 गतिश्च गतिः 79

1.4.61 ऊर्यादि-च्वि-डाचश्च

1.4.62 अनुकरणं चानितिपरम्

1.4.63 आदरानादरयोः सदसती

1.4.64 भूषणेऽलम्

1.4.65 अन्तरपरिग्रहे

(वा०) अन्तश्शब्दस्याङ्किविधिणत्वेषूपसर्गत्वं वाच्यम्

1.4.66 कणे-मनसी श्रद्धाप्रतीघाते

1.4.67 पुरोऽव्ययम् अव्ययम् 69

1.4.68 अस्तं च

1.4.69 अच्छ गत्यर्थ-वदेषु

1.4.70 अदोऽनुपदेशे

1.4.71 तिरोऽन्तर्धौ 72

1.4.72 विभाषा कृञि विभाषा 76; कृञि 79

1.4.73 उपाजेऽन्वाजे

1.4.74 साक्षात्प्रभृतीनि च

1.4.75 अनत्याधान उरसि-मनसी

अनत्याधाने 76

1.4.76 मध्ये पदे निवचने च

1.4.77 नित्यं हस्ते पाणावुपयमने

1.4.78 प्राध्वं बन्धने

1.4.79 जीविकोपनिषदावौपम्ये

1.4.80 ते प्राग्धातोः ते, धातोः 82; प्राक् 81

1.4.81 छन्दसि परेऽपि छन्दसि 82

1.4.82 व्यवहिताश्च

(कर्मप्रवचनीयसंज्ञा-प्रकरणम्)

1.4.83 कर्मप्रवचनीयाः 98

1.4.84 अनुर्लक्षणे अनुः 86

1.4.85 तृतीयार्थे

1.4.86 हीने 87

1.4.87 उपोऽधिके च

1.4.88 अप-परी वर्जने

1.4.89 आङ् मर्यादावचने

1.4.90 लक्षणेत्थम्भूताख्यान-भाग-वीप्सासु प्रति-पर्यनवः ल..सु 91

1.4.91 अभिरभागे

1.4.92 प्रतिः प्रतिनिधि-प्रतिदानयोः

1.4.93 अधि-परी अनर्थकौ

1.4.94 सुः पूजायाम् पूजायाम् 95

1.4.95 अतिरतिक्रमणे च

1.4.96 अपिः पदार्थसम्भावनान्ववसर्ग-गर्हा-समुच्चयेषु

1.4.97 अधिरीश्वरे अधिः 98

1.4.98 विभाषा कृञि

(लादेश-प्रकरणम्)

1.4.99 लः परस्मैपदम् लः 100

1.4.100 तङानावात्मनेपदम्

1.4.101 तिङस्त्रीणि त्रीणि प्रथम-मध्यमोत्तमाः तिङस्त्रीणि त्रीणि 104

1.4.102 तान्येकवचन-द्विवचन-बहुवचना-न्येकशः एक..शः 103

1.4.103 सुपः 104

1.4.104 विभक्तिश्च

1.4.105 युष्मद्युपपदे समानाधिकरणे स्थानिन्यपि मध्यमः युष्मदि, मध्यमः 106; उप..न्यपि 107

1.4.106 प्रहासे च मन्योपपदे मन्यतेरुत्तम एकवच्च

1.4.107 अस्मद्युत्तमः

1.4.108 शेषे प्रथमः

1.4.109 परः सन्निकर्षः संहिता

1.4.110 विरामोऽवसानम्

॥ इति अष्टाध्यायीसूत्रपाठे प्रथमाध्यायस्य चतुर्थः पादः ॥

॥ इति अष्टाध्यायीसूत्रपाठे प्रथमोऽध्यायः ॥

अथ द्वितीयोऽध्यायः

अथ प्रथमः पादः

(समास-प्रकरणम्)

2.1.1 समर्थः पदविधिः

2.1.2 सुबामन्त्रिते पराङ्गवत् स्वरे सुप् 2.2.29

2.1.3 प्राक् कडारात् समासः समासः 2.2.38

2.1.4 सह सुपा 2.2.22

(वा०) इवेन समासे विभक्त्यलोपश्च

(अव्ययीभावसमास-प्रकरणम्)

2.1.5 अव्ययीभावः 21

2.1.6 अव्ययं विभक्ति-समीप-समृद्धि-व्यृद्ध्यर्थाभावात्ययासम्प्रति-शब्दप्रादुर्भाव-पश्चाद्-यथाऽऽनुपूर्व्य-यौगपद्य-सादृश्य-सम्पत्ति-साकल्यान्तवचनेषु अव्ययम् 8

2.1.7 यथाऽसादृश्ये

2.1.8 यावदवधारणे

2.1.9 सुप् प्रतिना मात्रार्थे

2.1.10 अक्ष-शलाका-सङ्ख्याः परिणा

2.1.11 विभाषा 2.2.29

2.1.12 अप-परि-बहिरञ्चवः पञ्चम्या पञ्चम्या 13

2.1.13 आङ् मर्यादाऽभिविध्योः

2.1.14 लक्षणेनाभि-प्रती आभिमुख्ये ल..न 16

2.1.15 अनुर्यत्समया अनुः 16

2.1.16 यस्य चायामः

2.1.17 तिष्ठद्गु-प्रभृतीनि च

2.1.18 पारे मध्ये षष्ठ्या वा

2.1.19 सङ्ख्या वंश्येन सङ्ख्या 20

2.1.20 नदीभिश्च नदीभिः 21

(वा०) समाहारे चायमिष्यते

2.1.21 अन्यपदार्थे च संज्ञायाम्

(तत्पुरुषसमास-प्रकरणम्)

2.1.22 तत्पुरुषः 2.2.22

2.1.23 द्विगुश्च

2.1.24 द्वितीया श्रितातीत-पतित-गतात्यस्त-प्राप्तापन्नैः द्वितीया 29

2.1.25 स्वयं क्तेन क्तेन 28

2.1.26 खट्वा क्षेपे

2.1.27 सामि

2.1.28 कालाः 29

2.1.29 अत्यन्तसंयोगे च

2.1.30 तृतीया तत्कृतार्थेन गुणवचनेन तृतीया 35

2.1.31 पूर्व-सदृश-समोनार्थ-कलह-निपुण-मिश्र-श्लक्ष्णैः

2.1.32 कर्तृ-करणे कृता बहुलम् कर्तृकरणे 33

2.1.33 कृत्यैरधिकार्थवचने

2.1.34 अन्नेन व्यञ्जनम्

2.1.35 भक्ष्येण मिश्रीकरणम्

2.1.36 चतुर्थी तदर्थार्थ-बलि-हित-सुख-रक्षितैः

(वा०) तदर्थेन प्रकृतिविकृतभाव एवेष्टः

(वा०) अर्थेन नित्यसमासो विशेष्यलिङ्गता चेति वक्तव्यम्

2.1.37 पञ्चमी भयेन पञ्चमी 39
(वा०) भय-भीत-भीति-भीभिरिति वक्तव्यम्
2.1.38 अपेतापोढ-मुक्त-पतितापत्रस्तैरल्पशः
2.1.39 स्तोकान्तिक-दूरार्थ-कृच्छ्राणि क्तेन
(वा०) शतसहस्रौ परेणेति वक्तव्यम्
2.1.40 सप्तमी शौण्डैः सप्तमी 48
2.1.41 सिद्ध-शुष्क-पक्व-बन्धैश्च
2.1.42 ध्वाङ्क्षेण क्षेपे
2.1.43 कृत्यैर्ऋणे
2.1.44 संज्ञायाम्
2.1.45 क्तेनाहो-रात्रावयवाः क्तेन 47
2.1.46 तत्र
2.1.47 क्षेपे 48
2.1.48 पात्रेसमितादयश्च
2.1.49 पूर्वकालैक-सर्व-जरत्-पुराण-नव-केवलाः समानाधिकरणेन
समानाधिकरणेन 72
2.1.50 दिक्-सङ्ख्ये संज्ञायाम् दिक्संख्ये 51
2.1.51 तद्धितार्थोत्तरपद-समाहारे च
(वा०) द्वन्द्वतत्पुरुषयोरुत्तरपदे नित्यसमासवचनम्
(वा०) सर्वनाम्नो वृत्तिमात्रे पुंवद्भावः
2.1.52 सङ्ख्यापूर्वो द्विगुः
2.1.53 कुत्सितानि कुत्सनैः
2.1.54 पापाणके कुत्सितैः
2.1.55 उपमानानि सामान्यवचनैः
2.1.56 उपमितं व्याघ्रादिभिः सामान्याप्रयोगे
2.1.57 विशेषणं विशेष्येण बहुलम्
विशेषणं विशेष्येण 58
2.1.58 पूर्वापर-प्रथम-चरम-जघन्य-समान-मध्य-मध्यम-वीराश्च
2.1.59 श्रेण्यादयः कृतादिभिः
2.1.60 क्तेन नञ्विशिष्टेनानञ्
(वा०) शाकपार्थिवादीनां सिद्धय उत्तरपद-लोपस्योपसङ्ख्यानम्
2.1.61 सन्-महत्-परमोत्तमोत्कृष्टाः पूज्यमानैः
2.1.62 वृन्दारक-नाग-कुञ्जरैः पूज्यमानम्
2.1.63 कतर-कतमौ जातिपरिप्रश्ने
2.1.64 किं क्षेपे
2.1.65 पोटा-युवति-स्तोक-कतिपय-गृष्टि-धेनु-वशा-वेहद्-बष्कयणी-प्रवक्तृ-श्रोत्रिया-ऽध्यापक-धूर्तैर्जातिः जातिः 66
2.1.66 प्रशंसावचनैश्च
2.1.67 युवा खलति-पलित-वलिन-जरतीभिः
2.1.68 कृत्य-तुल्याख्या अजात्या
2.1.69 वर्णो वर्णेन
2.1.70 कुमारः श्रमणादिभिः
2.1.71 चतुष्पादो गर्भिण्या
2.1.72 मयूरव्यंसकादयश्च

॥ इति अष्टाध्यायीसूत्रपाठे द्वितीयाध्यायस्य प्रथमः पादः ॥

अथ द्वितीयाध्यायस्य द्वितीयः पादः

2.2.1 पूर्वापराधरोत्तरमेकदेशिनैकाधिकरणे
एकदेशिनैकाधिकरणे 3
2.2.2 अर्धं नपुंसकम्
2.2.3 द्वितीय-तृतीय-चतुर्थ-तुर्याण्यन्यतरस्याम् अन्यतरस्याम् 4
2.2.4 प्राप्तापन्ने च द्वितीयया
2.2.5 कालाः परिमाणिना
2.2.6 नञ्
2.2.7 ईषदकृता
2.2.8 षष्ठी 17
2.2.9 याजकादिभिश्च
2.2.10 न निर्धारणे न 16
2.2.11 पूरण-गुण-सुहितार्थ-सदव्यय-तव्य-समानाधिकरणेन
2.2.12 क्तेन च पूजायाम् क्तेन 13
2.2.13 अधिकरणवाचिना च
2.2.14 कर्मणि च
2.2.15 तृजकाभ्यां कर्तरि अकेन 17
2.2.16 कर्तरि च
2.2.17 नित्यं क्रीडा-जीविकयोः नित्यम् 19
2.2.18 कु-गति-प्रादयः
(वा०) प्रादयो गताद्यर्थे प्रथमया
(वा०) अत्यादयः क्रान्ताद्यर्थे द्वितीयया
(वा०) अवादयः क्रुष्टाद्यर्थे तृतीयया
(वा०) पर्यादयो ग्लानाद्यर्थे चतुर्थ्या
(वा०) निरादयः क्रान्ताद्यर्थे पञ्चम्या
2.2.19 उपपदमतिङ् उपपदम् 22
2.2.20 अमैवाव्ययेन 21
2.2.21 तृतीयाप्रभृतीन्यन्यतरस्याम् 22
2.2.22 क्त्वा च

(बहुव्रीहिसमास-प्रकरणम्)

2.2.23 शेषो बहुव्रीहिः 28
2.2.24 अनेकमन्यपदार्थे अनेकम् 29
(वा०) प्रादिभ्यो धातजस्य वाच्यो वा चोत्तरपदलोपः
(वा०) नञोऽस्त्यर्थानां वाच्यो वा चोत्तरपदलोपः
2.2.25 सङ्ख्ययाऽव्ययासन्नादूराधिकसङ्ख्याः सङ्ख्येये
2.2.26 दिङ्नामान्यन्तराले
2.2.27 तत्र तेनेदमिति सरूपे
2.2.28 तेन सहेति तुल्ययोगे

(द्वन्द्वसमास-प्रकरणम्)

2.2.29 चार्थे द्वन्द्वः

(पूर्वनिपात-प्रकरणम्)

2.2.30 उपसर्जनं पूर्वम् उपसर्जनम् 31; पूर्वम् 38
2.2.31 राजदन्तादिषु परम्
(वा०) धर्मादिष्वनियमः
2.2.32 द्वन्द्वे घि द्वन्द्वे 34
2.2.33 अजाद्यदन्तम्
2.2.34 अल्पाच्तरम्
2.2.35 सप्तमी-विशेषणे बहुव्रीहौ बहुव्रीहौ 37
2.2.36 निष्ठा 37
2.2.37 वाऽऽहिताग्न्यादिषु वा 38
2.2.38 कडाराः कर्मधारये

॥ इति अष्टाध्यायीसूत्रपाठे द्वितीयाध्यायस्य द्वितीयः पादः ॥

अथ द्वितीयाध्यायस्य तृतीयः पादः

(विभक्ति-प्रकरणम्)

2.3.1 अनभिहिते 73
2.3.2 कर्मणि द्वितीया कर्मणि 3; द्वितीया 5
(वा०) उभसर्वतसोः कार्या धिगुपर्यादिषु त्रिषु द्वितीयाम्रेडितान्तेषु ततोऽन्यत्रापि दृश्यते
(वा०) अभितः-परितः-समया-निकषा-हा-प्रतियोगेषु
2.3.3 तृतीया च होश्छन्दसि
2.3.4 अन्तरान्तरेण युक्ते
2.3.5 कालाध्वनोरत्यन्तसंयोगे कालाध्वनोः 7; अत्यन्तसंयोगे 6
2.3.6 अपवर्गे तृतीया
2.3.7 सप्तमी-पञ्चम्यौ कारकमध्ये
2.3.8 कर्मप्रवचनीययुक्ते द्वितीया क..क्ते 11
2.3.9 यस्मादधिकं यस्य चेश्वरवचनं तत्र सप्तमी
2.3.10 पञ्चम्यपाङ्-परिभिः पञ्चमी 11
2.3.11 प्रतिनिधि-प्रतिदाने च यस्मात्
2.3.12 गत्यर्थकर्मणि द्वितीया-चतुर्थ्यौ चेष्टायामनध्वनि
2.3.13 चतुर्थी संप्रदाने चतुर्थी 17
(वा०) तादर्थ्ये चतुर्थी वाच्या
(वा०) हितयोगे च
(वा०) क्लृपिसम्पद्यमाने चतुर्थी वक्तव्या
2.3.14 क्रियार्थोपपदस्य च कर्मणि स्थानिनः
2.3.15 तुमर्थाच्च भाववचनात्
2.3.16 नमःस्वस्ति-स्वाहा-स्वधा-ऽलं-वषड्-योगाच्च
2.3.17 मन्यकर्मण्यनादरे विभाषाऽप्राणिषु
2.3.18 कर्तृ-करणयोस्तृतीया तृतीया 23
(वा०) प्रकृत्यादिभ्य उपसङ्ख्यानम्
2.3.19 सहयुक्तेऽप्रधाने
2.3.20 येनाङ्गविकारः
2.3.21 इत्थंभूतलक्षणे
2.3.22 संज्ञोऽन्यतरस्यां कर्मणि
2.3.23 हेतौ 27
2.3.24 अकर्तर्यृणे पञ्चमी पञ्चमी 25
2.3.25 विभाषा गुणेऽस्त्रियाम्
2.3.26 षष्ठी हेतुप्रयोगे 27
2.3.27 सर्वनाम्नस्तृतीया च
(वा०) निमित्तपर्यायप्रयोगे सर्वासां प्रायदर्शनम्
2.3.28 अपादाने पञ्चमी पञ्चमी 35
(वा०) गम्यमानापि क्रिया कारकविभक्तीनां निमित्तम्
(वा०) पञ्चमीविधाने ल्यब्लोपे कर्मण्युपसङ्ख्यानम्
(वा०) अधिकरणे चोपसङ्ख्यानम्
(वा०) प्रश्नाख्यानयोश्च पञ्चमी वक्तव्या
(वा०) यतश्चाध्वकालनिर्माणं तत्र पञ्चमी वक्तव्या
(वा०) तद्युक्तात् काले सप्तमी वक्तव्या
(वा०) अध्वनः प्रथमा सप्तमी च वक्तव्या
2.3.29 अन्यारादितरर्ते-दिक्छब्दाञ्चूत्तरपदा-जाहि-युक्ते
2.3.30 षष्ठ्यतसर्थप्रत्ययेन
2.3.31 एनपा द्वितीया द्वितीया 32

2.3.32 पृथग्-विना-नानाभिस्तृतीयाऽन्य-तरस्याम् तृतीया 33
2.3.33 करणे च स्तोकाल्प-कृच्छ्र-कतिपय-स्यासत्त्ववचनस्य असत्त्ववचनस्य 35
2.3.34 दूरान्तिकार्थैः षष्ठ्यन्यतरस्याम्
2.3.35 दूरान्तिकार्थेभ्यो द्वितीया च दूरान्तिकार्थेभ्यः 36
2.3.36 सप्तम्यधिकरणे च सप्तमी 41
(वा०) निमित्तात् कर्मसंयोगे सप्तमी वक्तव्या
2.3.37 यस्य च भावेन भावलक्षणम् 38
2.3.38 षष्ठी चानादरे षष्ठी 41
2.3.39 स्वामीश्वराधिपति-दायाद-साक्षि-प्रतिभू-प्रसूतैश्च
2.3.40 आयुक्त-कुशलाभ्यां चासेवायाम्
2.3.41 यतश्च निर्धारणम् 42
2.3.42 पञ्चमी विभक्ते
2.3.43 साधु-निपुणाभ्यामर्चायां सप्तम्यप्रतेः सप्तमी 45
2.3.44 प्रसितोत्सुकाभ्यां तृतीया च तृतीया 45
2.3.45 नक्षत्रे च लुपि
2.3.46 प्रातिपदिकार्थ-लिङ्ग-परिमाण-वचन-मात्रे प्रथमा प्रथमा 49
(वा०) तिङ्-सामानाधिकरण्ये प्रथमा
2.3.47 सम्बोधने च सम्बोधने 49
2.3.48 साऽऽमन्त्रितम्
2.3.49 एकवचनं सम्बुद्धिः
2.3.50 षष्ठी शेषे षष्ठी 73; शेषे 64
2.3.51 ज्ञोऽविदर्थस्य करणे
2.3.52 अधीगर्थ-दयेशां कर्मणि कर्मणि 61
2.3.53 कृञः प्रतियत्ने
2.3.54 रुजार्थानां भाववचनानामज्वरेः
2.3.55 आशिषि नाथः
2.3.56 जासि-निप्रहण-नाट-क्राथ-पिषां हिंसायाम्
2.3.57 व्यवहृ-पणोः समर्थयोः
2.3.58 दिवस्तदर्थस्य 60
2.3.59 विभाषोपसर्गे
2.3.60 द्वितीया ब्राह्मणे
2.3.61 प्रेष्य-ब्रुवोर्हविषो देवतासम्प्रदाने
2.3.62 चतुर्थ्यर्थे बहुलं छन्दसि ब..सि 63
2.3.63 यजेश्च करणे
2.3.64 कृत्वोऽर्थप्रयोगे कालेऽधिकरणे
2.3.65 कर्तृ-कर्मणोः कृति
2.3.66 उभयप्राप्तौ कर्मणि
2.3.67 क्तस्य च वर्तमाने क्तस्य 68
2.3.68 अधिकरणवाचिनश्च
2.3.69 न लोकाव्यय-निष्ठा-खलर्थ-तृनाम् न 70
(वा०) कमेरनिषेधः
2.3.70 अकेनोर्भविष्यदाधमर्ण्ययोः
2.3.71 कृत्यानां कर्तरि वा
2.3.72 तुल्यार्थैरतुलोपमाभ्यां तृतीया-ऽन्यतरस्याम् अन्यतरस्याम् 73
2.3.73 चतुर्थी चाशिष्यायुष्य-मद्र-भद्र-कुशल-सुखार्थ-हितैः

॥ इति अष्टाध्यायीसूत्रपाठे द्वितीयाध्यायस्य तृतीयः पादः ॥

अथ द्वितीयाध्यायस्य चतुर्थः पादः

(एकवद्भाव-प्रकरणम्)

2.4.1 द्विगुरेकवचनम् एकवचनम् 16

(वा०) समाहारग्रहणं कर्तव्यम्

2.4.2 द्वन्द्वश्च प्राणि-तूर्य-सेनाङ्गानाम् द्वन्द्वः 16

2.4.3 अनुवादे चरणानाम्

2.4.4 अध्वर्युक्रतुरनपुंसकम्

2.4.5 अध्ययनतोऽविप्रकृष्टाख्यानाम्

2.4.6 जातिरप्राणिनाम्

2.4.7 विशिष्टलिङ्गो नदी-देशोऽग्रामाः

2.4.8 क्षुद्रजन्तवः

2.4.9 येषां च विरोधः शाश्वतिकः

2.4.10 शूद्राणामनिरवसितानाम्

2.4.11 गवाश्वप्रभृतीनि च

2.4.12 विभाषा वृक्ष-मृग-तृण-धान्य-व्यञ्जन-पशु-शकुन्यश्ववडव-पूर्वापरा-धरोत्तराणाम् विभाषा 13

2.4.13 विप्रतिषिद्धं चानधिकरणवाचि

2.4.14 न दधिपयआदीनि

2.4.15 अधिकरणैतावत्त्वे च अ..त्त्वे 16

2.4.16 विभाषा समीपे

(लिङ्ग-प्रकरणम्)

2.4.17 स नपुंसकम् नपुंसकम् 25

(वा०) सामान्ये नपुंसकम्

(वा०) अकारान्तोत्तरपदो द्विगुः स्त्रियां भाष्यते

2.4.18 अव्ययीभावश्च

(वा०) क्रियाविशेषणानां कर्मत्वं क्लीबता चेष्यते

2.4.19 तत्पुरुषोऽनञ्-कर्मधारयः 25

2.4.20 संज्ञायां कन्थोशीनरेषु

2.4.21 उपज्ञोपक्रमं तदाद्याचिख्यासायाम्

2.4.22 छाया बाहुल्ये

2.4.23 सभा राजाऽमनुष्यपूर्वा सभा 24

2.4.24 अशाला च

2.4.25 विभाषा सेना-सुरा-च्छाया-शाला-निशानाम्

2.4.26 परवल्लिङ्गं द्वन्द्व-तत्पुरुषयोः

(वा०) द्विगु-प्राप्तापन्नालम्पूर्व-गतिसमासेषु प्रतिषेधो वाच्यः

2.4.27 पूर्ववदश्व-वडवौ पूर्ववत् 28

2.4.28 हेमन्त-शिशिरावहो-रात्रे च च्छन्दसि

2.4.29 रात्राह्नाहाः पुंसि

(वा०) सङ्ख्यापूर्वं रात्रं क्लीबम्

2.4.30 अपथं नपुंसकम् नपुंसकम् 31

2.4.31 अर्धर्चाः पुंसि च

(अन्वादेश-प्रकरणम्)

2.4.32 इदमोऽन्वादेशेऽशनुदात्तस्तृतीयादौ इदमः, अन्वादेशे, अनुदात्तः 34; अश् 33

2.4.33 एतदस्त्र-तसोस्त्र-तसौ चानुदात्तौ एतद् 34

2.4.34 द्वितीया-टौस्स्वेनः

(वा०) अन्वादेशे नपुंसके वा एनद्वक्तव्यः

(धात्वादेश-प्रकरणम्)

2.4.35 आर्धधातुके 57

2.4.36 अदो जग्धिर्ल्यप्-ति किति अदः 40

2.4.37 लुङ्-सनोर्घस्लृ घस्लृ 40

2.4.38 घञपोश्च

2.4.39 बहुलं छन्दसि

2.4.40 लिट्यन्यतरस्याम् 41

2.4.41 वेञो वयिः

2.4.42 हनो वध लिङि हनः, वध 44

2.4.43 लुङि च लुङि 44

2.4.44 आत्मनेपदेष्वन्यतरस्याम्

2.4.45 इणो गा लुङि इणः 47

2.4.46 णौ गमिरबोधने गमिः 48; अबोधने 47

2.4.47 सनि च सनि 48

2.4.48 इङश्च इङः 51

2.4.49 गाङ् लिटि गाङ् 51

2.4.50 विभाषा लुङ्-लृङोः विभाषा 51

2.4.51 णौ च संश्चङोः

2.4.52 अस्तेर्भूः

2.4.53 ब्रुवो वचिः

2.4.54 चक्षिङः ख्याञ् 55

2.4.55 वा लिटि

2.4.56 अजेर्व्यघञपोः अजेः, वी 57

2.4.57 वा यौ

(लुक्-प्रकरणम्)

2.4.58 ण्य-क्षत्रियार्ष-ञितो यूनि लुगणिञोः
यूनि 61; लुक् 83

2.4.59 पैलादिभ्यश्च

2.4.60 इञः प्राचाम्

2.4.61 न तौल्वलिभ्यः

2.4.62 तद्राजस्य बहुषु तेनैवास्त्रियाम्
बहुषु तेनैव 70; अस्त्रियाम् 65

2.4.63 यस्कादिभ्यो गोत्रे गोत्रे 70

2.4.64 यञञोश्च

2.4.65 अत्रि-भृगु-कुत्स-वसिष्ठ-गोतमाङ्गिरोभ्यश्च

2.4.66 बह्वच इञः प्राच्य-भरतेषु

2.4.67 न गोपवनादिभ्यः

2.4.68 तिक-कितवादिभ्यो द्वन्द्वे

2.4.69 उपकादिभ्योऽन्यतरस्यामद्वन्द्वे

2.4.70 आगस्त्य-कौण्डिन्ययोरगस्तिकुण्डिनच्

2.4.71 सुपो धातु-प्रातिपदिकयोः

2.4.72 अदि-प्रभृतिभ्यः शपः
अदिप्रभृतिभ्यः 73; शपः 76

2.4.73 बहुलं छन्दसि

2.4.74 यङोऽचि च

2.4.75 जुहोत्यादिभ्यः श्लुः 76

2.4.76 बहुलं छन्दसि

2.4.77 गाति-स्था-घु-पा-भूभ्यः सिचः
परस्मैपदेषु सिचः 79; परस्मैपदेषु 78

(वा०) गा-पोर्ग्रहणे इण्पिबत्योर्ग्रहणम्

2.4.78 विभाषा घ्रा-धेट्-शा-च्छा-सः विभाषा 79

2.4.79 तनादिभ्यस्त-थासोः

2.4.80 मन्त्रे घस-ह्वर-णश-वृ-दहाद्-वृच्-कृ-
गमि-जनिभ्यो लेः लेः 81

2.4.81 आमः

2.4.82 अव्ययादाप्-सुपः सुपः 84

2.4.83 नाव्ययीभावादतोऽम् त्वपञ्चम्याः
अव्ययीभावाद् अतः अम् 84

2.4.84 तृतीया-सप्तम्योर्बहुलम्

2.4.85 लुटः प्रथमस्य डा-रौ-रसः

॥ इति अष्टाध्यायीसूत्रपाठे द्वितीयाध्यायस्य चतुर्थः पादः ॥

॥ इति अष्टाध्यायीसूत्रपाठे द्वितीयोऽध्यायः ॥

अथ तृतीयोऽध्यायः

अथ प्रथमः पादः

(प्रत्ययाधिकारः)

3.1.1 प्रत्ययः 5.4.160

3.1.2 परश्च 5.4.160

3.1.3 आद्युदात्तश्च 5.4.160

3.1.4 अनुदत्तौ सुप्-पितौ

(सनादयः)

3.1.5 गुप्-तिज्-किद्भ्यः सन् सन् 7

3.1.6 मान्-बध-दान्-शान्भ्यो दीर्घश्चाभ्यासस्य

3.1.7 धातोः कर्मणः समानकर्तृकादिच्छायां वा कर्मणः 10; इच्छायाम् 9; वा 22

(वा०) आशङ्कायामुपसङ्ख्यानम्

3.1.8 सुप आत्मनः क्यच् सुपः 11; आत्मनः 9; क्यच् 10

3.1.9 काम्यच्च

3.1.10 उपमानादाचारे 11

(वा०) अधिकरणाच्चेति वक्तव्यम्

3.1.11 कर्तुः क्यङ् सलोपश्च क्यङ् 18

(वा०) सर्वप्रातिपदिकेभ्यः क्विब्वा वक्तव्यः

3.1.12 भृशादिभ्यो भुव्यच्वेर्लोपश्च हलः भुवि अच्वेः 13

3.1.13 लोहितादि-डाज्भ्यः क्यष्

3.1.14 कष्टाय क्रमणे

3.1.15 कर्मणो रोमन्थ-तपोभ्यां वर्ति-चरोः कर्मणः 21

3.1.16 बाष्पोष्माभ्यामुद्वमने

3.1.17 शब्द-वैर-कलहाभ्र-कण्व-मेघेभ्यः करणे करणे 21

3.1.18 सुखादिभ्यः कर्तृ वेदनायाम्

3.1.19 नमो-वरिवश्-चित्रङः क्यच्

3.1.20 पुच्छ-भाण्ड-चीवराण् णिङ्

3.1.21 मुण्ड-मिश्र-श्लक्ष्ण-लवण-व्रत-वस्त्र-हल-कल-कृत-तूस्तेभ्यो णिच्

3.1.22 धातोरेकाचो हलादेः क्रियासमभिहारे यङ् धातोः 90; यङ् 24

3.1.23 नित्यं कौटिल्ये गतौ नित्यम् 24

3.1.24 लुप-सद-चर-जप-जभ-दह-दश-गृभ्यो भावगर्हायाम्

3.1.25 सत्याप-पाश-रूप-वीणा-तूल-श्लोक-सेना-लोम-त्वच-वर्म-वर्ण-चूर्ण-चुरादिभ्यो णिच् णिच् 26

(वा०) अर्थवेदसत्यानामापुग् वक्तव्यः

3.1.26 हेतुमति च

(वा०) आख्यानात्कृतस्तदाचष्टे, इति णिच्, कृल्लुक्, प्रकृतिप्रत्यापत्तिः, प्रकृतिवच्च कारकम्

3.1.27 कण्ड्वादिभ्यो यक्

3.1.28 गुपू-धूप-विच्छि-पणि-पनिभ्य आयः

3.1.29 ऋतेरीयङ्

3.1.30 कमेर्णिङ्

3.1.31 आयादय आर्धधातुके वा

3.1.32 सनाद्यन्ता धातवः

(विकरणाः)

3.1.33 स्य-तासी लृ-लुटोः

3.1.34 सिब्बहुलं लेटि

(वा०) सिब्बहुलं णिद्वक्तव्यः

3.1.35 कास्-प्रत्ययादाममन्त्रे लिटि
आम् 40; अमन्त्रे लिटि 39

(वा०) कास्यनेकाच आम् वक्तव्यः

3.1.36 इजादेश्च गुरुमतोऽनृच्छः

(वा०) ऊर्णोतेराम्नेति वाच्यम्

3.1.37 दयायासश्च

3.1.38 उष-विद-जागृभ्योऽन्यतरस्याम्
अन्यतरस्याम् 39

3.1.39 भी ह्री भृ हुवां श्लुवच्च

3.1.40 कृञ् चानुप्रयुज्यते लिटि

3.1.41 विदाङ्कुर्वन्त्वित्यन्यतरस्याम्
अन्यतरस्याम् 42

3.1.42 अभ्युत्सादयां-प्रजनयां-चिकयां-रमयामकः पावयांक्रियाद् विदामक्रन्निति च्छन्दसि

3.1.43 च्लि लुङि लुङि 66

3.1.44 च्लेः सिच् च्लेः 66

(वा०) स्पृश-मृश-कृष-तृप-दृपां च्लेः सिज्वा वाच्यः

3.1.45 शल इगुपधादनिटः क्सः क्सः 47

3.1.46 श्लिष आलिङ्गने

3.1.47 न दृशः

3.1.48 णि-श्रि-द्रु-स्रुभ्यः कर्तरि चङ्
कर्तरि 61; चङ् 51

(वा०) कमेश्च्लेश्चङ् वक्तव्यः

3.1.49 विभाषा धेट्-श्व्योः विभाषा 50

3.1.50 गुपेश्छन्दसि छन्दसि 51

3.1.51 नोनयति-ध्वनयत्येलयत्यर्दयतिभ्यः

3.1.52 अस्यति-वक्ति-ख्यातिभ्योऽङ् अङ् 59

3.1.53 लिपि-सिचि-ह्वश्च लिपिसिचिह्वः 54

3.1.54 आत्मनेपदेष्वन्यतरस्याम्

3.1.55 पुषादि-द्युताद्य्लृदितः परस्मैपदेषु
परस्मैपदेषु 59

3.1.56 सर्ति-शास्त्यर्तिभ्यश्च

3.1.57 इरितो वा वा 59

(वा०) इर इत्संज्ञा वाच्या

3.1.58 जॄ-स्तम्भु-म्रुचु-म्लुचु-ग्रुचु-ग्लुचु-ग्लुञ्चु-श्विभ्यश्च

3.1.59 कृ-मृ-दृ-रुहिभ्यश्छन्दसि

3.1.60 चिण् ते पदः चिण् 65; ते 66

3.1.61 दीप-जन-बुध-पूरि-तायि-प्यायिभ्योऽन्यतरस्याम् अन्यतरस्याम् 63

3.1.62 अचः कर्मकर्तरि कर्मकर्तरि 65

3.1.63 दुहश्च

3.1.64 न रुधः न 65

3.1.65 तपोऽनुतापे च

3.1.66 चिण् भाव-कर्मणोः भावकर्मणोः 67

3.1.67 सार्वधातुके यक् सार्वधातुके 82

3.1.68 कर्तरि शप् कर्तरि 88

3.1.69 दिवादिभ्यः श्यन् श्यन् 72

3.1.70 वा भ्राश-भ्लाश-भ्रमु-क्रमु-क्लमु-त्रसि-त्रुटि-लषः वा 72

3.1.71 यसोऽनुपसर्गात्

3.1.72 संयसश्च

3.1.73 स्वादिभ्यः श्नुः श्नुः 76

3.1.74 श्रुवः शृ च

3.1.75 अक्ष्णोऽन्यतरस्याम् अन्यतरस्याम् 76

3.1.76 तनूकरणे तक्षः

3.1.77 तुदादिभ्यः शः

3.1.78 रुधादिभ्यः श्नम्

3.1.79 तनादिकृञ्भ्य उः उः 80

3.1.80 धिन्वि-कृण्व्योर च

3.1.81 क्र्यादिभ्यः श्ना श्ना 82

3.1.82 स्तन्भु-स्तुन्भु-स्कन्भु-स्कुन्भु-स्कुञ्भ्यः श्नुश्च

3.1.83 हलः श्नः शानज्झौ श्नः शानज्झौ 84

3.1.84 छन्दसि शायजपि छन्दसि 86

3.1.85 व्यत्ययो बहुलम्

3.1.86 लिङ्याशिष्यङ्

(कर्मकर्तृ-प्रकरणम्)

3.1.87 कर्मवत् कर्मणा तुल्यक्रियः कर्मवत् 90

3.1.88 तपस्तपःकर्मकस्यैव

3.1.89 न दुह-स्नु-नमां यक्-चिणौ

3.1.90 कुषि-रञ्जोः प्राचां श्यन् परस्मैपदं च

(धात्वधिकारः)

3.1.91 धातोः 3.4.117

3.1.92 तत्रोपपदं सप्तमीस्थम् तत्र 94

(कृत्प्रत्ययाः)

3.1.93 कृदतिङ् कृत् 3.4.76

3.1.94 वाऽसरूपोऽस्त्रियाम्

(कृत्सु कृत्यप्रत्ययाः)

3.1.95 कृत्याः 132

3.1.96 तव्यत्-तव्यानीयरः

(वा०) केलिमर उपसङ्ख्यानम्

(वा०) वसेस्तव्यत्कर्तरि णिच्च

3.1.97 अचो यत् यत् 106

(वा०) तकि-शसि-चति-यति-जनिभ्यो यद्वाच्यः

(वा०) हनो वा यद् वधश्च वक्तव्यः

3.1.98 पोरदुपधात्

3.1.99 शकि-सहोश्च

3.1.100 गद-मद-चर-यमश्चानुपसर्गे अनुपसर्गे 108

(वा०) चरेराङि चागुरौ

3.1.101 अवद्य-पण्य-वर्या गर्ह्य-पणितव्या-निरोधेषु

3.1.102 वह्यं करणम्

3.1.103 अर्यः स्वामि-वैश्ययोः

3.1.104 उपसर्या काल्या प्रजने

3.1.105 अजर्यं संगतम्

3.1.106 वदः सुपि क्यप् च सुपि 108; क्यप् 121

3.1.107 भुवो भावे भावे 108

3.1.108 हनस्त च

3.1.109 एति-स्तु-शास्-वृ-दृ-जुषः क्यप्

3.1.110 ऋदुपधाच्चाक्लृपि-चृतेः

3.1.111 ई च खनः

3.1.112 भृञोऽसंज्ञायाम्

3.1.113 मृजेर्विभाषा

3.1.114 राजसूय-सूर्य-मृषोद्य-रुच्य-कुप्य-कृष्टपच्याव्यथ्याः

3.1.115 भिद्योद्ध्यौ नदे

3.1.116 पुष्य-सिध्यौ नक्षत्रे
3.1.117 विपूय-विनीय-जित्या मुञ्ज-कल्क-हलिषु
3.1.118 प्रत्यपिभ्यां ग्रहेः ग्रहेः 119
3.1.119 पदास्वैरि-बाह्या-पक्ष्येषु च
3.1.120 विभाषा कृ-वृषोः
3.1.121 युग्यं च पत्रे
3.1.122 अमावस्यदन्यतरस्याम्
3.1.123 छन्दसि निष्टर्क्य-देवहूय-प्रणीयो-न्नीयोच्छिष्य-मर्य-स्तर्या-ध्वर्य-खन्य-खान्य-देवयज्याऽऽपृच्छ्य-प्रतिषीव्य-ब्रह्मवाद्य-भाव्य-स्ताव्योपचाय्यपृडानि
3.1.124 ऋ-हलोर्ण्यत् ण्यत् 131
3.1.125 ओरावश्यके
3.1.126 आसु-यु-वपि-रपि-लपि-त्रपि-चमश्च
3.1.127 आनाय्योऽनित्ये
3.1.128 प्रणाय्योऽसम्मतौ
3.1.129 पाय्य-सान्नाय्य-निकाय्य-धाय्या मान-हविर्निवास-सामिधेनीषु
3.1.130 क्रतौ कुण्डपाय्य-सञ्चाय्यौ
3.1.131 अग्नौ परिचाय्योपचाय्य-समूह्याः अग्नौ 132
3.1.132 चित्याग्निचित्ये च

(पूर्वकृदन्त-प्रकरणम्)

3.1.133 ण्वुल्-तृचौ
3.1.134 नन्दि-ग्रहि-पचादिभ्यो ल्यु-णिन्यचः
(वा०) अज्विधिः सर्वधातुभ्यः पठ्यन्ते च पचादयः । अण्बाधनार्थमेव स्यात् सिध्यन्ति श्वपचादयः ॥
3.1.135 इगुपध-ज्ञा-प्री-किरः कः कः 136
3.1.136 आतश्चोपसर्गे
3.1.137 पा-घ्रा-ध्मा-धेट्-दृशः शः शः 139
3.1.138 अनुपसर्गाल्लिम्प-विन्द-धारि-पारि-वेद्युदेजि-चेति-साति-साहिभ्यश्च अनुपसर्गात् 140
(वा०) गवादिषु विन्देः संज्ञायाम्
3.1.139 ददाति-दधात्योर्विभाषा विभाषा 140
3.1.140 ज्वलिति-कसन्तेभ्यो णः णः 143
3.1.141 श्याद्-व्यधास्रु-संस्रुवतीणवसावहृ-लिह-श्लिष-श्वसश्च
3.1.142 दुन्योरनुपसर्गे
3.1.143 विभाषा ग्रहः ग्रहः 144
(वा०) भवतेश्चेति वक्तव्यम्
3.1.144 गेहे कः
3.1.145 शिल्पिनि ष्वुन् शिल्पिनि 147
(वा०) नृति-खनि-रञ्जिभ्य एव
3.1.146 गस्थकन् गः 147
3.1.147 ण्युट् च ण्युट् 148
3.1.148 हश्च व्रीहि-कालयोः
3.1.149 प्रु-सृ-ल्वः समभिहारे वुन् वुन् 150
3.1.150 आशिषि च

॥ इति अष्टाध्यायीसूत्रपाठे तृतीयाध्यायस्य प्रथमः पादः ॥

अथ तृतीयाध्यायस्य द्वितीयः पादः

(पूर्वकृदन्तेषूपपद-प्रकरणम्)

3.2.1 कर्मण्यण् कर्मणि 57; अण् 2

(वा०) शीलि-कामि-भक्ष्याचारिभ्यो णः

3.2.2 ह्वा-वा-मश्च

3.2.3 आतोऽनुपसर्गे कः अनुपसर्गे 60; कः 7

(वा०) मूलविभुजादिभ्यः कः

3.2.4 सुपि स्थः सुपि 83

3.2.5 तुन्द-शोकयोः परिमृजापनुदोः

(वा०) क-प्रकरणे मूलविभुजादिभ्य उपङ्ख्यानम्

3.2.6 प्रे दा-ज्ञः

3.2.7 समि ख्यः

3.2.8 गा-पोष्टक्

3.2.9 हरतेरनुद्यमनेऽच् हरतेः 11; अच् 15

3.2.10 वयसि च

3.2.11 आङि ताच्छील्ये

3.2.12 अर्हः

3.2.13 स्तम्ब-कर्णयो रमि-जपोः

3.2.14 शमि धातोः संज्ञायाम्

3.2.15 अधिकरणे शेतेः अधिकरणे 16

3.2.16 चरेष्टः चरेः 17; टः 23

3.2.17 भिक्षा-सेनाऽऽदायेषु च

3.2.18 पुरोऽग्रतोऽग्रेषु सर्तेः सर्तेः 19

3.2.19 पूर्वे कर्तरि

3.2.20 कृञो हेतु-ताच्छील्यानुलोम्येषु कृञः 24

3.2.21 दिवा-विभा-निशा-प्रभा-भास्-कारान्तानन्तादि-बहु-नान्दी-किं-लिपि-लिबि-बलि-भक्ति-कर्तृ-चित्र-क्षेत्र-सङ्ख्या-जङ्घा-बाह्वहर्-यत्-तद्-धनुररुष्षु

(वा०) किंयत्तद्बहुषु कृञोऽज्विधानम्

3.2.22 कर्मणि भृतौ

3.2.23 न शब्द-श्लोक-कलह-गाथा-वैर-चाटु-सूत्र-मन्त्र-पदेषु

3.2.24 स्तम्ब-शकृतोरिन् इन् 27

3.2.25 हरतेर्दृति-नाथयोः पशौ

3.2.26 फलेग्रहिरात्मम्भरिश्च

3.2.27 छन्दसि वन-सन-रक्षि-मथाम्

3.2.28 एजेः खश् खश् 37

3.2.29 नासिका-स्तनयोर्ध्मा-धेटोः ध्माधेटोः 30

3.2.30 नाडी-मुष्ट्योश्च

3.2.31 उदि कूले रुजि-वहोः

3.2.32 वहाभ्रे लिहः

3.2.33 परिमाणे पचः पचः 34

3.2.34 मित-नखे च

3.2.35 विध्वरुषोस्तुदः

3.2.36 असूर्य-ललाटयोर्दृशि-तपोः

3.2.37 उग्रम्पश्येरम्मद-पाणिन्धमाश्च

3.2.38 प्रिय-वशे वदः खच् खच् 47

(वा०) गमेः सुपि वाच्यः

(वा०) विहायसो विह च

(वा०) खच्च डिद्वा वक्तव्यः

(वा०) डे च विहायसो विहादेशो वक्तव्यः

3.2.39 द्विषत्-परयोस्तापेः

3.2.40 वाचि यमो व्रते

3.2.41 पूः-सर्वयोर्दारि-सहोः
3.2.42 सर्व-कूलाभ्र-करीषेषु कषः
3.2.43 मेघर्ति-भयेषु कृञः कृञः 44
3.2.44 क्षेम-प्रिय-मद्रेऽण् च
3.2.45 आशिते भुवः करण-भावयोः
3.2.46 संज्ञायां भृ-तृ-वृ-जि-धारि-सहि-तपि-दमः संज्ञायाम् 47
3.2.47 गमश्च गमः 48
3.2.48 अन्तात्यन्ताध्व-दूर-पार-सर्वानन्तेषु डः डः 50
(वा०) अन्यत्रापि दृश्यत इति वक्तव्यम्
3.2.49 आशिषि हनः हनः 55
(वा०) कर्मणि सामे च
3.2.50 अपे क्लेश-तमसोः
3.2.51 कुमार-शीर्षयोर्णिनिः
3.2.52 लक्षणे जाया-पत्योष्टक् टक् 54
3.2.53 अमनुष्यकर्तृके च
3.2.54 शक्तौ हस्ति-कपाटयोः
3.2.55 पाणिघ-ताडघौ शिल्पिनि
3.2.56 आढ्य-सुभग-स्थूल-पलित-नग्नान्ध-प्रियेषु च्व्यर्थेष्वच्वौ कृञः करणे ख्युन् आ..च्वौ 57
3.2.57 कर्तरि भुवः खिष्णुच्-खुकञौ
3.2.58 स्पृशोऽनुदके क्विन् क्विन् 60
3.2.59 ऋत्विग्-दधृक्-स्रग्-दिगुष्णिगञ्चु-युजि-क्रुञ्चां च
3.2.60 त्यदादिषु दृशोऽनालोचने कञ् च
(वा०) समानान्ययोश्चेति वक्तव्यम्
(वा०) दृशेः क्सश्च वक्तव्यः

3.2.61 सत्-सू-द्विष-द्रुह-दुह-युज-विद-भिद-च्छिद-जि-नी-राजामुपसर्गेऽपि क्विप् उपसर्गे, अपि 77
3.2.62 भजो ण्विः ण्विः 64
3.2.63 छन्दसि सहः छन्दसि 67
3.2.64 वहश्च वहः 66
3.2.65 कव्य-पुरीष-पुरीष्येषु ञ्युट् ञ्युट् 66
3.2.66 हव्येऽनन्तः पादम्
3.2.67 जन-सन-खन-क्रम-गमो विट् विट् 69
3.2.68 अदोऽनन्ने अदः 69
3.2.69 क्रव्ये च
3.2.70 दुहः कब् घश्च
3.2.71 मन्त्रे श्वेतवहोक्थशस्-पुरोडाशो ण्विन् मन्त्रे, ण्विन् 72
3.2.72 अवे यजः यजः 73
3.2.73 विजुपे छन्दसि विच् 75; छन्दसि 74
3.2.74 आतो मनिन्-क्वनिब्-वनिपश्च मनिन्क्वनिब्वनिपश्च 75
3.2.75 अन्येभ्योऽपि दृश्यन्ते
3.2.76 क्विप् च क्विप् 77
3.2.77 स्थः क च
3.2.78 सुप्यजातौ णिनिस्ताच्छिल्ये णिनिः 86
(वा०) साधुकारिणि च
(वा०) ब्रह्मणि वदः
3.2.79 कर्तर्युपमाने
3.2.80 व्रते
3.2.81 बहुलमाभीक्ष्ण्ये
3.2.82 मनः 83
3.2.83 आत्ममाने खश् च

(भूतार्थकप्रत्यय-प्रकरणम्)

3.2.84 भूते 122
3.2.85 करणे यजः
3.2.86 कर्मणि हनः कर्मणि 92; हनः 88
3.2.87 ब्रह्म-भ्रूण-वृत्रेषु क्विप् क्विप् 92
3.2.88 बहुलं छन्दसि
3.2.89 सु-कर्म-पाप-मन्त्र-पुण्येषु कृञः
3.2.90 सोमे सुञः
3.2.91 अग्नौ चेः चेः 92
3.2.92 कर्मण्यग्न्याख्यायाम्
3.2.93 कर्मणीनिर्विक्रियः कर्मणि 95
3.2.94 दृशेः क्वनिप् क्वनिप् 96
3.2.95 राजनि युधि-कृञः युधिकृञः 96
3.2.96 सहे च
3.2.97 सप्तम्यां जनेर्डः जनेः, डः 101
3.2.98 पञ्चम्यामजातौ
3.2.99 उपसर्गे च संज्ञायाम्
3.2.100 अनौ कर्मणि
3.2.101 अन्येष्वपि दृश्यते
3.2.102 निष्ठा
3.2.103 सु-यजोर्ङ्वनिप्
3.2.104 जीर्यतेरतृन्
3.2.105 छन्दसि लिट् छन्दसि 107
3.2.106 लिटः कानज् वा लिटः, वा 109
3.2.107 क्वसुश्च क्वसुः 108
3.2.108 भाषायां सद-वस-श्रुवः
3.2.109 उपेयिवाननाश्वाननूचानश्च
3.2.110 लुङ्
3.2.111 अनद्यतने लङ् अनद्यतने 119
3.2.112 अभिज्ञावचने लृट् 114
3.2.113 न यदि
3.2.114 विभाषा साकाङ्क्षे
3.2.115 परोक्षे लिट् परोक्षे 118; लिट् 117
3.2.116 ह-शश्वतोर्लङ् च लङ् 117
3.2.117 प्रश्ने चासन्नकाले
3.2.118 लट् स्मे लट् 122; स्मे 119
3.2.119 अपरोक्षे च
3.2.120 ननौ पृष्टप्रतिवचने पृष्टप्रतिवचने 121
3.2.121 न-न्वोर्विभाषा विभाषा 122
3.2.122 पुरि लुङ् चास्मे

(वर्तमानार्थकप्रत्यय-प्रकरणम्)

3.2.123 वर्तमाने लट् वर्तमाने 3.3.1
3.2.124 लटः शतृ-शानचावप्रथमा-
समानाधिकरणे लटः, शतृशानचौ 126
3.2.125 सम्बोधने च
3.2.126 लक्षण-हेत्वोः क्रियायाः
3.2.127 तौ सत्
3.2.128 पूङ्-यजोः शानन्
3.2.129 ताच्छील्य-वयो-वचन-शक्तिषु चानश्
3.2.130 इङ्-धार्योः शत्रकृच्छ्रिणि शतृ 133
3.2.131 द्विषोऽमित्रे
3.2.132 सुञो यज्ञसंयोगे
3.2.133 अर्हः प्रशंसायाम्
3.2.134 आ क्वेस्तच्छील-तद्धर्म-तत्साधुकारिषु
तच्छीलतद्धर्मतत्साधुकारिषु 177
3.2.135 तृन्

3.2.136 अलंकृञ्-निराकृञ्-प्रजनोत्पचो-त्पतोन्मद-रुच्यपत्रप-वृतु-वृधु-सह-चर इष्णुच् इष्णुच् 138

3.2.137 णेश्छन्दसि छन्दसि 138

3.2.138 भुवश्च भुवः 139

3.2.139 ग्ला-जि-स्थश्च क्स्नुः

3.2.140 त्रसि-गृधि-धृषि-क्षिपेः क्नुः

3.2.141 शमित्यष्टाभ्यो घिनुण् घिनुण् 145

3.2.142 संपृचानुरुधाङ्यमाङ्यस-परिसृ-संसृज-परिदेवि-संज्वर-परिक्षिप-परिरट-परिवद-परिदह-परिमुह-दुष-द्विष-द्रुह-दुह-युजाक्रीड-विविच-त्यज-रज-भजातिचरापचरामुषाभ्या-हनश्च

3.2.143 वौ कष-लस-कत्थ-स्रम्भः वौ 144

3.2.144 अपे च लषः

3.2.145 प्रे लप-सृ-द्रु-मथ-वद-वसः

3.2.146 निन्द-हिंस-क्लिश-खाद-विनाश-परिक्षिप-परिरट-परिवादि-व्याभाषा-सूयो वुञ् वुञ् 147

3.2.147 देवि-क्रुशोश्चोपसर्गे

3.2.148 चलन-शब्दार्थादकर्मकाद् युच्

अकर्मकाद् 149; युच् 153

3.2.149 अनुदात्तेतश्च हलादेः

3.2.150 जु-चङ्क्रम्य-दन्द्रम्य-सृ-गृधि-ज्वल-शुच-लष-पत-पदः

3.2.151 क्रुध-मण्डार्थेभ्यश्च

3.2.152 न यः न 153

3.2.153 सूद-दीप-दीक्षश्च

3.2.154 लष-पत-पद-स्था-भू-वृष-हन-कम-गम-शृभ्य उकञ्

3.2.155 जल्प-भिक्ष-कुट्ट-लुण्ट-वृङः षाकन्

3.2.156 प्रजोरिनिः इनिः 157

3.2.157 जि-दृ-क्षि-विश्रीण्-वमाव्यथाभ्यम-परिभू-प्रसूभ्यश्च

3.2.158 स्पृहि-गृहि-पति-दयि-निद्रा-तन्द्रा-श्रद्धाभ्य आलुच्

3.2.159 दा-धेट्-सि-शद-सदो रुः

3.2.160 सृ-घस्यदः क्मरच्

3.2.161 भञ्ज-भास-मिदो घुरच्

3.2.162 विदि-भिदि-च्छिदेः कुरच्

3.2.163 इण्-नश्-जि-सर्तिभ्यः क्वरप्

क्वरप् 164

3.2.164 गत्वरश्च

3.2.165 जागुरूकः ऊकः 166

3.2.166 यज-जप-दशां यङः

3.2.167 नमि-कम्पि-स्म्यजस-कम-हिंस-दीपो रः

3.2.168 सनाशंस-भिक्ष उः उः 170

3.2.169 विन्दुरिच्छुः

3.2.170 क्याच्छन्दसि छन्दसि 171

3.2.171 आदृ-गम-हन-जनः कि-किनौ लिट् च

(वा०) भाषायां धाञ्-कृ-सृ-गमि-जनि-नमिभ्यः

3.2.172 स्वपि-तृषोर्नजिङ्

3.2.173 शॄ-वन्द्योरारुः

3.2.174 भियः क्रु-क्लुकनौ

3.2.175 स्थेश-भास-पिस-कसो वरच्

वरच् 176

3.2.176 यश्च यङः

3.2.177 भ्राज-भास-धुर्-विद्युतोर्जि-पृ-जु-ग्रावस्तुवः क्विप् क्विप् 179

3.2.178 अन्येभ्योऽपि दृश्यते

(वा०) क्विब्वचिप्रच्छ्यायतस्तुकटप्रुजुश्रीणां दीर्घोऽसम्प्रसारणं च

3.2.179 भुवः संज्ञान्तरयोः भुवः 180

3.2.180 वि-प्र-सम्भ्यो ड्वसंज्ञायाम्

(वा०) डुप्रकरणे मितद्र्वादिभ्य उपसङ्ख्यानम्

3.2.181 धः कर्मणि ष्ट्रन् ष्ट्रन् 183

3.2.182 दाम्-नी-शस-यु-युज-स्तु-तुद-सि-सिच-मिह-पत-दश-नहः करणे करणे 186

3.2.183 हल-सूकरयोः पुवः

3.2.184 अर्ति-लू-धू-सू-खन-सह-चर इत्रः इत्रः 186

3.2.185 पुवः संज्ञायाम् पुवः 186

3.2.186 कर्तरि चर्षि-देवतयोः

3.2.187 ञीतः क्तः क्तः 188

3.2.188 मति-बुद्धि-पूजार्थेभ्यश्च

॥ इति अष्टाध्यायीसूत्रपाठे तृतीयाध्यायस्य द्वितीयः पादः ॥

अथ तृतीयाध्यायस्य तृतीयः पादः

(उत्तरकृदन्त-प्रकरणम्)

3.3.1 उणादयो बहुलम् उणादयः 3

3.3.2 भूतेऽपि दृश्यन्ते

(भविष्यदर्थकप्रत्यय-प्रकरणम्)

3.3.3 भविष्यति गम्यादयः भविष्यति 15

3.3.4 यावत्पुरानिपातयोर्लट्

3.3.5 विभाषा कदा-कर्ह्योः विभाषा 9

3.3.6 किंवृत्ते लिप्सायाम्

3.3.7 लिप्स्यमानसिद्धौ च

3.3.8 लोडर्थलक्षणे च लोडर्थलक्षणे 9

3.3.9 लिङ् चोर्ध्वमौहूर्तिके

3.3.10 तुमुन्-ण्वुलौ क्रियायां क्रियार्थायाम् क्रियायां क्रियार्थायाम् 13

3.3.11 भाववचनाश्च

3.3.12 अण् कर्मणि च

3.3.13 लृट् शेषे च

3.3.14 लृटः सद् वा

3.3.15 अनद्यतने लुट्

3.3.16 पद-रुज-विश-स्पृशो घञ् घञ् 55

3.3.17 सृ स्थिरे

(भावाधिकारः)

3.3.18 भावे 112

3.3.19 अकर्तरि च कारके संज्ञायाम् 112

3.3.20 परिमाणाख्यायां सर्वेभ्यः

(वा०) दार-जारौ कर्तरि णिलुक् च

3.3.21 इङश्च

3.3.22 उपसर्गे रुवः

3.3.23 समि यु-द्रु-दुवः

3.3.24 श्रि-णी-भुवोऽनुपसर्गे

3.3.25 वौ क्षु-श्रुवः

3.3.26 अवोदोर्नियः

3.3.27 प्रे द्रु-स्तु-स्रुवः
3.3.28 निरभ्योः पू-ल्वोः
3.3.29 उन्न्योर्ग्रः उन्न्योः 30
3.3.30 कॄ धान्ये
3.3.31 यज्ञे समि स्तुवः
3.3.32 प्रे स्त्रोऽयज्ञे स्त्रः 34
3.3.33 प्रथने वावशब्दे वौ 34
3.3.34 छन्दोनाम्नि च
3.3.35 उदि ग्रहः ग्रहः 36
3.3.36 समि मुष्टौ
3.3.37 परि-न्योर्नीणोर्द्यूताभ्रेषयोः
3.3.38 परावनुपात्यय इणः
3.3.39 व्युपयोः शेतेः पर्याये
3.3.40 हस्तादाने चेरस्तेये चेः 42
3.3.41 निवास-चिति-शरीरोपसमाधानेष्वादेश्च कः आदेश्च कः 42
3.3.42 सङ्घे चानौत्तराधर्ये
3.3.43 कर्मव्यतिहारे णच् स्त्रियाम्
3.3.44 अभिविधौ भाव इनुण्
3.3.45 आक्रोशेऽव-न्योर्ग्रहः ग्रहः 47
3.3.46 प्रे लिप्सायाम्
3.3.47 परौ यज्ञे
3.3.48 नौ वृ धान्ये
3.3.49 उदि श्रयति-यौति-पू-द्रुवः
3.3.50 विभाषाऽऽङि रु-प्लुवोः विभाषा 55
3.3.51 अवे ग्रहो वर्षप्रतिबन्धे ग्रहः 53
3.3.52 प्रे वणिजाम् प्रे 54
3.3.53 रश्मौ च
3.3.54 वृणोतेराच्छादने
3.3.55 परौ भुवोऽवज्ञाने
3.3.56 एरच्
(वा०) भयादीनामुपसङ्ख्यानम्
3.3.57 ॠदोरप् अप् 87
3.3.58 ग्रह-वृ-दृ-निश्चि-गमश्च
(वा०) घञर्थे कविधानम्
3.3.59 उपसर्गेऽदः अदः 60
3.3.60 नौ ण च
3.3.61 व्यध-जपोरनुपसर्गे अनुपसर्गे 65
3.3.62 स्वन-हसोर्वा वा 65
3.3.63 यमः समुप-नि-विषु च
3.3.64 नौ गद-नद-पठ-स्वनः नौ 65
3.3.65 क्वणो वीणायां च
3.3.66 नित्यं पणः परिमाणे
3.3.67 मदोऽनुपसर्गे
3.3.68 प्रमद-सम्मदौ हर्षे
3.3.69 समुदोरजः पशुषु
3.3.70 अक्षेषु ग्लहः
3.3.71 प्रजने सर्तेः
3.3.72 ह्वः संप्रसारणं च न्यभ्युप-विषु ह्वः सम्प्रसारणं च 75
3.3.73 आङि युद्धे
3.3.74 निपानमाहावः
3.3.75 भावेऽनुपसर्गस्य 76
3.3.76 हनश्च वधः हनः 87
3.3.77 मूर्तौ घनः
3.3.78 अन्तर्घनो देशे
3.3.79 अगारैकदेशे प्रघणः प्रघाणश्च
3.3.80 उद्घनोऽत्याधानम्

3.3.81 अपघनोऽङ्गम्

3.3.82 करणेऽयो-वि-द्रुषु करणे 84

3.3.83 स्तम्बे क च

3.3.84 परौ घः

3.3.85 उपघ्न आश्रये

3.3.86 सङ्घोद्घौ गण-प्रशंसयोः

3.3.87 निघो निमितम्

3.3.88 ड्वितः क्त्रिः

3.3.89 ट्वितोऽथुच्

3.3.90 यज-याच-यत-विच्छ-प्रच्छ-रक्षो नङ्

3.3.91 स्वपो नन्

3.3.92 उपसर्गे घोः किः घोः किः 93

3.3.93 कर्मण्यधिकरणे च

(स्त्र्याधिकारः)

3.3.94 स्त्रियां क्तिन् स्त्रियाम् 112; क्तिन् 97

(वा०) श्रु-यजि-स्तुभ्यः करणे

(वा०) ग्ला-म्ला-ज्या-हाभ्यो निः

(वा०) ॠकार-ल्वादिभ्यः क्तिन्निष्ठावद्वाच्यः

(वा०) सम्पदादिभ्यः क्विप्

(वा०) क्तिन्नपीष्यते

3.3.95 स्था-गा-पा-पचो भावे भावे 96

3.3.96 मन्त्रे वृषेष-पच-मन-विद-भू-वी-रा उदात्तः उदात्तः 100

3.3.97 ऊति-यूति-जूति-साति-हेति-कीर्तयश्च

3.3.98 व्रज-यजोर्भावे क्यप् क्यप् 100

3.3.99 संज्ञायां समज-निषद-निपत-मन-विद-षुञ्-शीङ्-भृञिणः

3.3.100 कृञः श च श 101

3.3.101 इच्छा

(वा०) परिचर्या-परिसर्या-मृगयाटाट्यानामुपसङ्ख्यानम्

3.3.102 अ प्रत्ययात् अ 103

3.3.103 गुरोश्च हलः

3.3.104 षिद्भिदादिभ्योऽङ् अङ् 106

(वा०) क्रपेः सम्प्रसारणं च

3.3.105 चिन्ति-पूजि-कथि-कुम्बि-चर्चश्च

3.3.106 आतश्चोपसर्गे

3.3.107 ण्यास-श्रन्थो युच्

3.3.108 रोगाख्यायां ण्वुल् बहुलम् ण्वुल् 110

(वा०) धात्वर्थनिर्देशे ण्वुल्वक्तव्यः

(वा०) इक्श्तिपौ धातुनिर्देशे

(वा०) वर्णात्कारः । रादिफः

(वा०) मत्वर्थाच्छः

(वा०) इक् कृष्यादिभ्यः

3.3.109 संज्ञायाम्

3.3.110 विभाषाख्यान-परिप्रश्नयोरिञ् च विभाषा 111

3.3.111 पर्यायार्हर्णोत्पत्तिषु ण्वुच्

3.3.112 आक्रोशे नञ्यनिः

3.3.113 कृत्य-ल्युटो बहुलम्

3.3.114 नपुंसके भावे क्तः नपुंसके भावे 116

3.3.115 ल्युट् च ल्युट् 117

3.3.116 कर्मणि च येन संस्पर्शात् कर्तुः शरीरसुखम्

3.3.117 करणाधिकरणयोश्च 125

3.3.118 पुंसि संज्ञायां घः प्रायेण पुंसि संज्ञायाम् 125; घः 119; प्रायेण 121

3.3.119 गोचर-संचर-वह-व्रज-व्यजापण-निगमाश्च
3.3.120 अवे तृ-स्त्रोर्घञ् घञ् 125
3.3.121 हलश्च
3.3.122 अध्याय-न्यायोद्याव-संहाराश्च
3.3.123 उदङ्कोऽनुदके
3.3.124 जालमानायः
3.3.125 खनो घ च
3.3.126 ईषद्दुः-सुषु कृच्छ्राकृच्छ्रार्थेषु खल्
ईष..र्थेषु 130; खल् 127
3.3.127 कर्तृ-कर्मणोश्च भू-कृञोः
3.3.128 आतो युच् युच् 130
3.3.129 छन्दसि गत्यर्थेभ्यः छन्दसि 130
3.3.130 अन्येभ्योऽपि दृश्यते
(वा०) भाषायां शासि-युधि-दृशि-धृषि-मृषिभ्यो युज्वाच्यः

(लकारार्थ-प्रकरणम्)

3.3.131 वर्तमान-सामीप्ये वर्तमानवद् वा
वर्तमानवद्वा 132
3.3.132 आशंसायां भूतवच्च आशंसायाम् 133
3.3.133 क्षिप्रवचने लृट्
3.3.134 आशंसावचने लिङ्
3.3.135 नानद्यतनवत् क्रियाप्रबन्ध-सामीप्ययोः
न, अनद्यतनवत् 138
3.3.136 भविष्यति मर्यादावचनेऽवरस्मिन्
भ..ति 139; म..ने 138; अवरस्मिन् 137
3.3.137 कालविभागे चानहोरात्राणाम् 138
3.3.138 परस्मिन् विभाषा
3.3.139 लिङ्निमित्ते लृङ् क्रियातिपत्तौ
141
3.3.140 भूते च 159
3.3.141 वोताप्योः 151
3.3.142 गर्हायां लडपि-जात्वोः
गर्हायाम् 144; लट् 143
3.3.143 विभाषा कथमि लिङ् च
3.3.144 किंवृत्ते लिङ्-लृटौ लिङ्लृटौ 145
3.3.145 अनवक्लृप्त्यमर्षयोरकिंवृत्तेऽपि
अनवक्लृप्त्यमर्षयोः 148
3.3.146 किंकिलास्त्यर्थेषु लृट्
3.3.147 जातु-यदोर्लिङ् लिङ् 150
3.3.148 यच्च-यत्रयोः 150
3.3.149 गर्हायां च
3.3.150 चित्रीकरणे च चित्रीकरणे 151
3.3.151 शेषे लृडयदौ
3.3.152 उताप्योः समर्थयोर्लिङ् लिङ् 155
3.3.153 कामप्रवेदनेऽकच्चिति
3.3.154 सम्भावनेऽलमिति चेत् सिद्धाप्रयोगे
155
3.3.155 विभाषा धातौ सम्भावन-वचनेऽयदि
विभाषा 156
3.3.156 हेतु-हेतुमतोर्लिङ्
3.3.157 इच्छार्थेषु लिङ्-लोटौ इच्छार्थेषु 159
3.3.158 समानकर्तृकेषु तुमुन् स..षु 159
3.3.159 लिङ् च लिङ् 160
3.3.160 इच्छार्थेभ्यो विभाषा वर्तमाने
3.3.161 विधि-निमन्त्रणामन्त्रणाधीष्ट-सम्प्रश्न-प्रार्थनेषु लिङ् वि..षु 162
3.3.162 लोट् च लोट् 163
3.3.163 प्रैषातिसर्ग-प्राप्तकालेषु कृत्याश्च
प्रैषातिसर्गप्राप्तकालेषु 165

3.3.164 लिङ् चोर्ध्वमौहूर्तिके ऊर्ध्व..के 165
3.3.165 स्मे लोट् 166
3.3.166 अधीष्टे च
3.3.167 काल-समय-वेलासु तुमुन्
कालसमयवेलासु 168
3.3.168 लिङ् यदि लिङ् 169
3.3.169 अर्हे कृत्य-तृचश्च
3.3.170 आवश्यकाधमर्ण्ययोर्णिनिः
आवश्यकाधमर्ण्ययोः 172
3.3.171 कृत्याश्च कृत्याः 172
3.3.172 शकि लिङ् च
3.3.173 आशिषि लिङ्-लोटौ आशिषि 174
3.3.174 क्तिच्-क्तौ च संज्ञायाम्
3.3.175 माङि लुङ् 176
3.3.176 स्मोत्तरे लङ् च

॥ इति अष्टाध्यायीसूत्रपाठे तृतीयाध्यायस्य तृतीयः पादः ॥

अथ तृतीयाध्यायस्य चतुर्थः पादः

3.4.1 धातु-सम्बन्धे प्रत्ययाः धातुसम्बन्धे 6
3.4.2 क्रियासमभिहारे लोट् लोटो हिस्वौ वा च त-ध्वमोः लोट्..मोः 3
3.4.3 समुच्चयेऽन्यतरस्याम्
3.4.4 यथाविध्यनुप्रयोगः पूर्वस्मिन्
अनुप्रयोगः 5
3.4.5 समुच्चये सामान्यवचनस्य
3.4.6 छन्दसि लुङ्-लङ्-लिटः छन्दसि 17
3.4.7 लिङर्थे लेट् लेट् 8
3.4.8 उपसंवादाशङ्कयोश्च
3.4.9 तुमर्थे से-सेनसे-ऽसेन्-क्से-कसेनध्यै-अध्यैन्-कध्यै-कध्यैन्-शध्यै-शध्यैन्-तवै-तवेङ्-तवेनः तुमर्थे 17
3.4.10 प्रयै रोहिष्यै अव्यथिष्यै
3.4.11 दृशे विख्ये च
3.4.12 शकि णमुल्-कमुलौ
3.4.13 ईश्वरे तोसुन्-कसुनौ
3.4.14 कृत्यार्थे तवै-केन्-केन्य-त्वनः
कृत्यार्थे 15
3.4.15 अवचक्षे च
3.4.16 भावलक्षणे स्थेण्-कृञ्-वदि-चरि-हु-तमि-जनिभ्यस्तोसुन् भावलक्षणे 17
3.4.17 सृपि-तृदोः कसुन्

(क्त्वादिप्रत्यय-प्रकरणम्)

3.4.18 अलं-खल्वोः प्रतिषेधयोः प्राचां क्त्वा
क्त्वा 24
3.4.19 उदीचां माङो व्यतीहारे
3.4.20 परावरयोगे च
3.4.21 समानकर्तृकयोः पूर्वकाले 26
3.4.22 आभीक्ष्ण्ये णमुल् च
आभीक्ष्ण्ये 23; णमुल् 24
3.4.23 न यद्यनाकाङ्क्षे
3.4.24 विभाषाऽग्रे-प्रथम-पूर्वेषु
3.4.25 कर्मण्याक्रोशे कृञः खमुञ् कृञः 28

(णमुलादिप्रत्यय-प्रकरणम्)

3.4.26 स्वादुमि णमुल् णमुल् 58
3.4.27 अन्यथैवं-कथमित्थंसु सिद्धाप्रयोगश्चेत् सिद्धाप्रयोगश्चेत् 28
3.4.28 यथा-तथयोरसूया-प्रतिवचने
3.4.29 कर्मणि दृशि-विदोः साकल्ये कर्मणि 36
3.4.30 यावति विन्द-जीवोः
3.4.31 चर्मोदरयोः पूरेः पूरेः 32
3.4.32 वर्षप्रमाण ऊलोपश्चास्यान्यतरस्यम् वर्षप्रमाणे 33
3.4.33 चेले क्नोपेः
3.4.34 निमूल-समूलयोः कषः
3.4.35 शुष्क-चूर्ण-रूक्षेषु पिषः
3.4.36 समूलाकृत-जीवेषु हन्-कृञ्-ग्रहः
3.4.37 करणे हनः करणे 40
3.4.38 स्नेहने पिषः
3.4.39 हस्ते वर्त्ति-ग्रहोः
3.4.40 स्वे पुषः
3.4.41 अधिकरणे बन्धः बन्धः 42
3.4.42 संज्ञायाम्
3.4.43 कर्त्रोर्जीव-पुरुषयोर्नशि-वहोः कर्त्रोः 45
3.4.44 ऊर्ध्वे शुषि-पूरोः
3.4.45 उपमाने कर्मणि च
3.4.46 कषादिषु यथाविध्यनुप्रयोगः
3.4.47 उपदंशस्तृतीयायाम् तृतीयायाम् 51
3.4.48 हिंसार्थानां च समानकर्मकाणाम्
3.4.49 सप्तम्यां चोप-पीड-रुध-कर्षः सप्तम्याम् 51
3.4.50 समासत्तौ
3.4.51 प्रमाणे च
3.4.52 अपादाने परीप्सायाम् परीप्सायाम् 53
3.4.53 द्वितीयायां च द्वितीयायाम् 58
3.4.54 स्वाङ्गेऽध्रुवे स्वाङ्गे 55
3.4.55 परिक्लिश्यमाने च
3.4.56 विशि-पति-पदि-स्कन्दां व्याप्यमाना-सेव्यमानयोः
3.4.57 अस्यति-तृषोः क्रियान्तरे कालेषु
3.4.58 नाम्न्यादिशि-ग्रहोः
3.4.59 अव्ययेऽयथाभिप्रेताख्याने कृञः क्त्वा-णमुलौ कृञः 60; क्त्वाणमुलौ 64
3.4.60 तिर्यच्यपवर्गे
3.4.61 स्वाङ्गे तस्प्रत्यये कृ-भ्वोः कृभ्वोः 62
3.4.62 ना-धार्थप्रत्यये च्व्यर्थे
3.4.63 तूष्णीमि भुवः भुवः 64
3.4.64 अन्वच्यानुलोम्ये
3.4.65 शक-धृष-ज्ञा-ग्ला-घट-रभ-लभ-क्रम-सहार्हास्त्यर्थेषु तुमुन् तुमुन् 66
3.4.66 पर्याप्तिवचनेष्वलमर्थेषु

(कृत्प्रत्ययार्थ-प्रकरणम्)

3.4.67 कर्तरि कृत् कर्तरि 69
3.4.68 भव्य-गेय-प्रवचनीयोपस्थानीय-जन्याप्लाव्यापात्या वा
3.4.69 लः कर्मणि च भावे चाकर्मकेभ्यः कर्मणि, भावे चाकर्मकेभ्यः 72
3.4.70 तयोरेव कृत्य-क्त-खलर्थाः
3.4.71 आदिकर्मणि क्तः कर्तरि च क्तः, कर्तरि 72

3.4.72 गत्यर्थाकर्मक-श्लिष-शीङ्-स्थास-वस-जन-रुह-जीर्यतिभ्यश्च
3.4.73 दाश-गोघ्नौ सम्प्रदाने
3.4.74 भीमादयोऽपादाने
3.4.75 ताभ्यामन्यत्रोणादयः
3.4.76 क्तोऽधिकरणे च ध्रौव्य-गति-प्रत्यवसानार्थेभ्यः

(लादेश-प्रकरणम्)

3.4.77 लस्य 117
3.4.78 तिप्-तस्-झि-सिप्-थस्-थ-मिब्-वस्-मस्-तातां-झ-थासाथां-ध्वमिड्-वहि-महिङ्
3.4.79 टित आत्मनेपदानां टेरे टितः 80
3.4.80 थासः से
3.4.81 लिटस्त-झयोरेशिरेच् लिटः 82
3.4.82 परस्मैपदानां णलतुसुस्-थलथुस-णल्-व-माः 84
3.4.83 विदो लटो वा लटः, वा 84
3.4.84 ब्रुवः पञ्चानामादित आहो ब्रुवः
3.4.85 लोटो लङ्वत् लोटः 93
3.4.86 एरुः
3.4.87 सेर्ह्यपिच्च सेः, हि, अपित् 88
3.4.88 वा छन्दसि
3.4.89 मेर्निः
3.4.90 आमेतः एतः 91
3.4.91 स-वाभ्यां वामौ
3.4.92 आडुत्तमस्य पिच्च उत्तमस्य 93
3.4.93 एत ऐ
3.4.94 लेटोऽडाटौ लेटः 98
3.4.95 आत ऐ ऐ 96
3.4.96 वैतोऽन्यत्र वा 98
3.4.97 इतश्च लोपः परस्मैपदेषु लोपः 100
3.4.98 स उत्तमस्य 99
3.4.99 नित्यं ङितः नित्यम् 100; ङितः 101
3.4.100 इतश्च
3.4.101 तस्-थस्-थ-मिपां ताम्-तम्-तामः
3.4.102 लिङः सीयुट् लिङः 108
3.4.103 यासुट् परस्मैपदेषूदात्तो ङिच्च यासुट् परस्मैपदेषूदात्तः 104
3.4.104 किदाशिषि
3.4.105 झस्य रन्
3.4.106 इटोऽत्
3.4.107 सुट् ति-थोः
3.4.108 झेर्जुस् 112
3.4.109 सिजभ्यस्त-विदिभ्यश्च
3.4.110 आतः 111
3.4.111 लङः शाकटायनस्यैव 112
3.4.112 द्विषश्च

(सार्वधातुकार्धधातुकसंज्ञा-प्रकरणम्)

3.4.113 तिङ्-शित् सार्वधातुकम्
3.4.114 आर्धधातुकं शेषः आर्धधातुकम् 116
3.4.115 लिट् च
3.4.116 लिङाशिषि
3.4.117 छन्दस्युभयथा

॥ इति अष्टाध्यायीसूत्रपाठे तृतीयाध्यायस्य चतुर्थः पादः ॥

॥ इति अष्टाध्यायीसूत्रपाठे तृतीयोऽध्यायः॥

अथ चतुर्थोऽध्यायः

अथ चतुर्थोऽध्यायस्य प्रथमः पादः

(सुप्प्रत्यय-प्रकरणम्)

4.1.1 ङ्याप्-प्रातिपदिकात् 5.4.160

4.1.2 स्वौजसमौट्-छष्टाभ्याम्-भिस्-ङे-भ्याम्-भ्यस्-ङसि-भ्याम्-भ्यस्-ङसोसाम्-ङ्योस्-सुप्

(स्त्रीप्रत्यय-प्रकरणम्)

4.1.3 स्त्रियाम् 81

4.1.4 अजाद्यतष्टाप्

4.1.5 ऋन्नेभ्यो ङीप् ङीप् 24

4.1.6 उगितश्च

4.1.7 वनो र च

4.1.8 पादोऽन्यतरस्याम् पादः 9

4.1.9 टाबृचि टाप् 10

4.1.10 न षट्-स्वस्रादिभ्यः न 12

4.1.11 मनः

4.1.12 अनो बहुव्रीहेः

4.1.13 डाबुभाभ्यामन्यतरस्याम्

4.1.14 अनुपसर्जनात् 77

4.1.15 टिड्-ढाणञ्-द्वयसज्-दघ्नञ्-मात्रच्-तयप्-ठक्-ठञ्-कञ्-क्वरपः

(वा०) नञ्-स्नञीकक्-ख्युंस्तरुण-तलुनाना-मुपसङ्ख्यानम्

4.1.16 यञश्च यञः 18

4.1.17 प्राचां ष्फ तद्धितः ष्फ 19

4.1.18 सर्वत्र लोहितादि-कतन्तेभ्यः

4.1.19 कौरव्य-माण्डूकाभ्यां च

4.1.20 वयसि प्रथमे

4.1.21 द्विगोः 24

4.1.22 अपरिमाण-बिस्ताचित-कम्बल्येभ्यो न तद्धितलुकि न तद्धितलुकि 24

4.1.23 काण्डान्तात् क्षेत्रे

4.1.24 पुरुषात् प्रमाणेऽन्यतरस्याम्

4.1.25 बहुव्रीहेरूधसो ङीष्
बहुव्रीहेः 29; ऊधसः 26

4.1.26 सङ्ख्याव्ययादेर्ङीप्
सङ्ख्यादेः 27; ङीप् 39

4.1.27 दाम-हायनान्ताच्च

4.1.28 अन उपधालोपिनोऽन्यतरस्याम्
अनः, उपधालोपिनः 29

4.1.29 नित्यं संज्ञा-छन्दसोः संज्ञाछन्दसोः 31

4.1.30 केवल-मामक-भागधेय-पापापर-समानार्य-कृत-सुमङ्गल-भेषजाच्च

4.1.31 रात्रेश्चाजसौ

4.1.32 अन्तर्वत्-पतिवतोर्नुक्

4.1.33 पत्युर्नो यज्ञसंयोगे पत्युः, नः 35

4.1.34 विभाषा सपूर्वस्य

4.1.35 नित्यं सपत्न्यादिषु

4.1.36 पूतक्रतोरै च ऐ 38

4.1.37 वृषाकप्यग्नि-कुसित-कुसीदानामुदात्तः
उदात्तः 38

4.1.38 मनोरौ वा वा 39

4.1.39 वर्णादनुदात्तात् तोपधात् तो नः
वर्णाद् अनुदात्तात् 40

4.1.40 अन्यतो ङीष् ङीष् 65

4.1.41 षिद्-गौरादिभ्यश्च
(वा०) पिप्पल्यादयश्च
4.1.42 जानपद-कुण्ड-गोण-स्थल-भाज-नाग-काल-नील-कुश-कामुक-कबराद् वृत्त्यमत्रावपनाकृत्रिमा-श्राणा-स्थौल्य-वर्णानाच्छादनायोविकार-मैथुनेच्छा-केशवेशेषु
4.1.43 शोणात् प्राचाम्
4.1.44 वोतो गुणवचनात् वा 45
4.1.45 बह्वादिभ्यश्च बह्वादिभ्यः 46
(वा०) कृदिकारादक्तिनः
(वा०) सर्वतोऽक्तिन्नर्थादित्येके
4.1.46 नित्यं छन्दसि छन्दसि 47
4.1.47 भुवश्च
4.1.48 पुंयोगादाख्यायाम् पुंयोगात् 49
(वा०) पालकान्तान्न
(वा०) सूर्याद्देवतायां चाप् वाच्यः
(वा०) सूर्यागस्त्ययोश्छे च ङ्यां च
4.1.49 इन्द्र-वरुण-भव-शर्व-रुद्र-मृड-हिमारण्य-यव-यवन-मातुलाचार्याणामानुक्
(वा०) हिमारण्ययोर्महत्त्वे
(वा०) यवाद्दोषे
(वा०) यवनाल्लिप्याम्
(वा०) मातुलोपाध्याययोरानुग्वा
(वा०) अर्यक्षत्रियाभ्यां वा स्वार्थे
4.1.50 क्रीतात् करणपूर्वात् करणपूर्वात् 51
4.1.51 क्तादल्पाख्यायाम् क्तात् 53
4.1.52 बहुव्रीहेश्चान्तोदात्तात् बहुव्रीहेः, अन्तोदात्तात् 53
4.1.53 अस्वाङ्गपूर्वपदाद् वा वा 55
4.1.54 स्वाङ्गाच्चोपसर्जनादसंयोगोपधात्
(वा०) अङ्गगात्रकण्ठेभ्य इति वक्तव्यम्
4.1.55 नासिकोदरौष्ठ-जङ्घा-दन्त-कर्णशृङ्गाच्च
4.1.56 न क्रोडादि-बह्वचः न 58
4.1.57 सह-नञ्-विद्यमानपूर्वाच्च
4.1.58 नख-मुखात् संज्ञायाम्
4.1.59 दीर्घजिह्वी च च्छन्दसि
4.1.60 दिक्पूर्वपदान् ङीप्
4.1.61 वाहः
4.1.62 सख्यशिश्वीति भाषायाम्
4.1.63 जातेरस्त्रीविषयादयोपधात् जातेः 64
(वा०) योपधप्रतिषेधे हयगवयमुकयमनुष्य-मत्स्यानामप्रतिषेधः
(वा०) मत्स्यस्य ङ्याम्
4.1.64 पाक-कर्ण-पर्ण-पुष्प-फल-मूल-बालोत्तरपदाच्च
4.1.65 इतो मनुष्यजातेः मनुष्यजातेः 66
4.1.66 ऊङ् उतः ऊङ् 72
4.1.67 बाह्वन्तात् संज्ञायाम्
4.1.68 पङ्गोश्च
(वा०) श्वशुरस्योकाराकारलोपश्च
4.1.69 ऊरूत्तरपदाद् औपम्ये ऊ..त् 70
4.1.70 संहित-शफ-लक्षण-वामादेश्च
4.1.71 कद्रु-कमण्डल्वोश्छन्दसि क..ल्वोः 72
4.1.72 संज्ञायाम्
4.1.73 शार्ङ्गरवाद्यञो ङीन्
(वा०) नृ-नरयोर्वृद्धिश्च

4.1.74 यङश्चाप् चाप् 75

4.1.75 आवट्याच्च

4.1.76 तद्धिताः 5.4.160

4.1.77 यूनस्तिः

4.1.78 अणिञोरनार्षयोर्गुरूपोत्तमयोः ष्यङ् गोत्रे अणिञोः 79; ष्यङ् 81; गोत्रे 80

4.1.79 गोत्रावयवात्

4.1.80 क्रौड्यादिभ्यश्च

4.1.81 दैवयज्ञि-शौचिवृक्षि-सात्यमुग्रि-काण्ठेविद्धिभ्योऽन्यतरस्याम्

(तद्धितप्रत्यय-प्रकरणम्)

4.1.82 समर्थानां प्रथमाद्वा
समर्थानां प्रथमाद् 5.2.140; वा 5.4.67

4.1.83 प्राग्दीव्यतोऽण् अण् 4.3.168

4.1.84 अश्वपत्यादिभ्यश्च

(वा०) गोरजादिप्रसङ्गे यत्

4.1.85 दित्यदित्यादित्य-पत्युत्तरपदाण्ण्यः

(वा०) देवाद्यञञौ

(वा०) बहिषष्टिलोपो यञ् च

(वा०) ईकक् च

4.1.86 उत्सादिभ्योऽञ्

4.1.87 स्त्रीपुंसाभ्यां नञ्-स्नञौ भवनात् 5.2.1

4.1.88 द्विगोर्लुगनपत्ये

4.1.89 गोत्रेऽलुगचि अचि 91

4.1.90 यूनि लुक् 91

4.1.91 फक्फिञोरन्यतरस्याम्

(तद्धितेष्वपत्याधिकार-प्रकरणम्)

4.1.92 तस्यापत्यम् 178

4.1.93 एको गोत्रे

4.1.94 गोत्राद्यून्यस्त्रियाम्

4.1.95 अत इञ् इञ् 97

4.1.96 बाह्वादिभ्यश्च

4.1.97 सुधातुरकङ् च

4.1.98 गोत्रे कुञ्जादिभ्यश्च्फञ् गोत्रे 111

4.1.99 नडादिभ्यः फक् फक् 103

4.1.100 हरितादिभ्योऽञः

4.1.101 यञिञोश्च

4.1.102 शरद्वच्छुनक-दर्भाद् भृगु-वत्साग्रायणेषु

4.1.103 द्रोण-पर्वत-जीवन्तादन्यतरस्याम्

4.1.104 अनृष्यानन्तर्ये बिदादिभ्योऽञ्

4.1.105 गर्गादिभ्यो यञ् यञ् 109

4.1.106 मधु-बभ्र्वोर्ब्राह्मण-कौशिकयोः

4.1.107 कपि-बोधादाङ्गिरसे आङ्गिरसे 109

4.1.108 वतण्डाच्च वतण्डात् 109

4.1.109 लुक् स्त्रियाम्

4.1.110 अश्वादिभ्यः फञ् फञ् 111

4.1.111 भर्गात् त्रैगर्ते

4.1.112 शिवादिभ्योऽण् अण् 119

4.1.113 अवृद्धाभ्यो नदी-मानुषीभ्यस्तन्नामिकाभ्यः

4.1.114 ऋष्यन्धक-वृष्णि-कुरुभ्यश्च

4.1.115 मातुरुत् सङ्ख्या-सं-भद्रपूर्वायाः

4.1.116 कन्यायाः कनीन च

4.1.117 विकर्ण-शुङ्ग-च्छगलाद् वत्स-भरद्वाजात्रिषु

4.1.118 पीलाया वा

4.1.119 ढक् च मण्डूकात्

4.1.120 स्त्रीभ्यो ढक् स्त्रीभ्यः 121; ढक् 127

4.1.121 द्व्यचः 122
4.1.122 इतश्चानिञः
4.1.123 शुभ्रादिभ्यश्च
4.1.124 विकर्ण-कुषीतकात् काश्यपे
4.1.125 भ्रुवो वुक् च
4.1.126 कल्याण्यादीनामिनङ् इनङ् 127
4.1.127 कुलटाया वा
4.1.128 चटकाया ऐरक्
4.1.129 गोधाया ढ्रक् गोधायाः 130; ढ्रक् 131
4.1.130 आरगुदीचाम्
4.1.131 क्षुद्राभ्यो वा
4.1.132 पितृष्वसुश्छण् पि..सुः 133; छण् 134
4.1.133 ढकि लोपः 134
4.1.134 मातृष्वसुश्च
4.1.135 चतुष्पाद्भ्यो ढञ् ढञ् 136
4.1.136 गृष्ट्यादिभ्यश्च
4.1.137 राज-श्वशुराद् यत्
(वा०) राज्ञो जातावेवेति वाच्यम्
4.1.138 क्षत्राद् घः
4.1.139 कुलात् खः कुलात् 140
4.1.140 अपूर्वपदादन्यतरस्यां यड्-ढकञौ
अन्यतरस्याम् 142
4.1.141 महाकुलादञ्-खञौ
4.1.142 दुष्कुलाड् ढक्
4.1.143 स्वसुश्छः छः 144
4.1.144 भ्रातुर्व्यच्च भ्रातुः 145
4.1.145 व्यन् सपत्ने
4.1.146 रेवत्यादिभ्यष्ठक् ठक् 147
4.1.147 गोत्रस्त्रियाः कुत्सने ण च कु..ने 149
4.1.148 वृद्धाट् ठक् सौवीरेषु बहुलम्
वृद्धात्, ठक् 149; सौवीरेषु बहुलम् 150
4.1.149 फेश्छ च
4.1.150 फाण्टाहृति-मिमताभ्यां ण-फिञौ
4.1.151 कुर्वादिभ्यो ण्यः ण्यः 152
(वा०) सम्राजः क्षत्रिये
4.1.152 सेनान्त-लक्षण-कारिभ्यश्च 153
4.1.153 उदीचामिञ्
4.1.154 तिकादिभ्यः फिञ् फिञ् 159
4.1.155 कौसल्य-कार्मार्याभ्यां च
4.1.156 अणो द्व्यचः
4.1.157 उदीचां वृद्धादगोत्रात् 159
4.1.158 वाकिनादीनां कुक् च कुक् 159
4.1.159 पुत्रान्तादन्यतरस्याम्
4.1.160 प्राचामवृद्धात् फिन् बहुलम्
4.1.161 मनोर्जातावञ्-यतौ षुक् च
4.1.162 अपत्यं पौत्रप्रभृति गोत्रम्
अपत्यं पौत्रप्रभृति 165
4.1.163 जीवति तु वंश्ये युवा
जीवति 164; युवा 165
4.1.164 भ्रातरि च ज्यायसि
4.1.165 वाऽन्यस्मिन् सपिण्डे स्थविरतरे जीवति
4.1.166 वृद्धस्य च पूजायाम्
4.1.167 यूनश्च कुत्सायाम्
4.1.168 जनपदशब्दात् क्षत्रियादञ्
जनपदशब्दात् क्षत्रियाद् 178; अञ् 169
(वा०) क्षत्त्रियसमानशब्दाज्जनपदात्तस्य राजन्यपत्यवत्
(वा०) पूरोण् वक्तव्यः
(वा०) पाण्डोर्ड्यण्

4.1.169 साल्वेय-गान्धारिभ्यां च

4.1.170 द्व्यञ्-मगध-कलिङ्ग-सूरमसादण्

4.1.171 वृद्धेत्-कोसलाजादाञ् ञ्यङ्

4.1.172 कुरु-नादिभ्यो ण्यः

4.1.173 साल्वावयव-प्रत्यग्रथ-कलकूटा-श्मकादिञ्

4.1.174 ते तद्राजाः तद्राजाः 178

4.1.175 कम्बोजाल्लुक् लुक् 178

(वा०) कम्बोजादिभ्य इति वक्तव्यम्

4.1.176 स्त्रियामवन्ति-कुन्ति-कुरुभ्यश्च स्त्रियाम् 178

4.1.177 अतश्च

4.1.178 न प्राच्य-भर्गादि-यौधेयादिभ्यः

॥ इति अष्टाध्यायीसूत्रपाठे चतुर्थाध्यायस्य प्रथमः पादः ॥

अथ चतुर्थोऽध्यायस्य द्वितीयः पादः

(तद्धितेषु रक्ताद्यर्थ-प्रकरणम्)

4.2.1 तेन रक्तं रागात् तेन 12; रक्तं रागात् 2

4.2.2 लाक्षा-रोचनाट् ठक्

(वा०) नील्या अन्, पीतात् कन्, हरिद्रा-महारजनाभ्यामञ् इति वक्तव्यम्

4.2.3 नक्षत्रेण युक्तः कालः 6

4.2.4 लुबविशेषे लुप् 5

4.2.5 संज्ञायां श्रवणाश्वत्थाभ्याम्

4.2.6 द्वन्द्वाच्छः

4.2.7 दृष्टं साम 9

4.2.8 कलेर्ढक्

4.2.9 वामदेवाड् ड्यड्-ड्यौ

4.2.10 परिवृतो रथः 12

4.2.11 पाण्डु-कम्बलादिनिः

4.2.12 द्वैप-वैयाघ्रादञ्

4.2.13 कौमारापूर्ववचने

4.2.14 तत्रोद्धृतममत्रेभ्यः तत्र 20

4.2.15 स्थण्डिलाच्छयितरि व्रते

4.2.16 संस्कृतं भक्षाः संस्कृतम् 20; भक्षाः 19

4.2.17 शूलोखाद्यत्

4.2.18 दध्नष्ठक् ठक् 19

4.2.19 उदश्वितोऽन्यतरस्याम्

4.2.20 क्षीराड् ढञ्

4.2.21 साऽस्मिन् पौर्णमासीति 23

4.2.22 आग्रहायण्यश्वत्थाट् ठक् ठक् 23

4.2.23 विभाषा फाल्गुनी-श्रवणा-कार्त्तिकी-चैत्रीभ्यः

4.2.24 साऽस्य देवता 35

4.2.25 कस्येत्

4.2.26 शुक्राद् घन्

4.2.27 अपोनप्त्रपान्नप्तृभ्यां घः अ..म् 28

4.2.28 छ च छ 29

(वा०) शतरुद्राद् घश्च

4.2.29 महेन्द्राद् घाणौ च

4.2.30 सोमाट् ट्यण्

4.2.31 वाय्वृतु-पित्रुषसो यत् यत् 32
4.2.32 द्यावापृथिवी-शुनासीर-मरुत्वदग्नीषोम-वास्तोष्पति-गृहमेधाच्छ च
4.2.33 अग्नेर्ढक्
4.2.34 कालेभ्यो भववत्
4.2.35 महाराज-प्रोष्ठपदाट् ठञ्
(वा०) पूर्णमासादण् वक्तव्यः
4.2.36 पितृव्य-मातुल-मातामह-पितामहाः
4.2.37 तस्य समूहः तस्य 54; समूहः 51
4.2.38 भिक्षादिभ्योऽण्
4.2.39 गोत्रोक्षोष्ट्रोरभ्र-राज-राजन्य-राजपुत्र-वत्स-मनुष्याजाद् वुञ् वुञ् 40
(वा०) वृद्धाच्चेति वक्तव्यम्
4.2.40 केदाराद् यञ् च केदाराद् 41
4.2.41 ठञ् कवचिनश्च
4.2.42 ब्राह्मण-माणव-वाडवाद् यन्
4.2.43 ग्राम-जन-बन्धुभ्यस्तल्
(वा०) गजसहायाभ्यां चेति वक्तव्यम्
(वा०) अह्नः खः क्रतौ
4.2.44 अनुदात्तादेरञ् अञ् 45
4.2.45 खण्डिकादिभ्यश्च
4.2.46 चरणेभ्यो धर्मवत्
4.2.47 अचित्त-हस्ति-धेनोष्ठक्
4.2.48 केशाश्वाभ्यां यञ्-छावन्यतरस्याम्
4.2.49 पाशादिभ्यो यः यः 50
4.2.50 खल-गो-रथात्
4.2.51 इनि-त्र-कट्यचश्च
(वा०) खलादिभ्यः इनिर्वक्तव्यः
4.2.52 विषयो देशे 54
4.2.53 राजन्यादिभ्यो वुञ्
4.2.54 भौरिक्याद्यैषुकार्यादिभ्यो विधल्भक्तलौ
4.2.55 सोऽस्यादिरिति च्छन्दसः प्रगाथेषु सोऽस्य 56
4.2.56 संग्रामे प्रयोजन-योद्धृभ्यः
4.2.57 तदस्यां प्रहरणमिति क्रीडायां णः
4.2.58 घञः सास्यां क्रियेति ञः
4.2.59 तदधीते तद्वेद 66
4.2.60 क्रतूक्थादि-सूत्रान्ताट् ठक्
4.2.61 क्रमादिभ्यो वुन्
4.2.62 अनुब्राह्मणादिनिः
4.2.63 वसन्तादिभ्यष्ठक्
4.2.64 प्रोक्ताल्लुक् प्रोक्तात् 66; लुक् 65
4.2.65 सूत्राच्च कोपधात्
4.2.66 च्छन्दोब्राह्मणानि च तद्विषयाणि

(तद्धितेषु चातुरर्थिक-प्रकरणम्)

4.2.67 तदस्मिन्नस्तीति देशे तन्नाम्नि देशे तन्नाम्नि 70
4.2.68 तेन निर्वृत्तम्
4.2.69 तस्य निवासः तस्य 70
4.2.70 अदूरभवश्च
4.2.71 ओरञ् अञ् 76
4.2.72 मतोश्च बह्वजङ्गात्
4.2.73 बह्वचः कूपेषु कूपेषु 74
4.2.74 उदक् च विपाशः
4.2.75 सङ्कलादिभ्यश्च
4.2.76 स्त्रीषु सौवीर-साल्व-प्राक्षु
4.2.77 सुवास्त्वादिभ्योऽण् अण् 79
4.2.78 रोणी
4.2.79 कोपधाच्च

4.2.80 वुञ्-छण्-क-ठजिल-सेनि-र-ढञ्-ण्य-य-फक्-फिञ्-इञ्-ञ्य-कक्-ठकोऽरीहण-कृशाश्वर्श्य-कुमुद-काश-तृण-प्रेक्षाश्म-सखि-संकाश-बल-पक्ष-कर्ण-सुतङ्गम-प्रगदिन्-वराह-कुमुदादिभ्यः

4.2.81 जनपदे लुप् लुप् 83

4.2.82 वरणादिभ्यश्च

4.2.83 शर्कराया वा

4.2.84 ठक्-छौ च

4.2.85 नद्यां मतुप् मतुप् 86

4.2.86 मध्वादिभ्यश्च

4.2.87 कुमुद-नड-वेतसेभ्यो ड्मतुप्

4.2.88 नड-शादाड् ड्वलच्

4.2.89 शिखाया वलच्

4.2.90 उत्करादिभ्यश्छः छः 91

4.2.91 नडादीनां कुक् च

(तद्धितेषु शैषिक-प्रकरणम्)

4.2.92 शेषे 4.3.133

4.2.93 राष्ट्रावारपाराद् घ-खौ

(वा०) अवरापारद्विगृहीतादपि विपरीताच्चेति वक्तव्यम्

4.2.94 ग्रामाद् य-खञौ ग्रामाद् 95

4.2.95 कत्त्र्यादिभ्यो ढकञ् ढकञ् 96

4.2.96 कुल-कुक्षि-ग्रीवाभ्यः श्वास्यलङ्कारेषु

4.2.97 नद्यादिभ्यो ढक्

4.2.98 दक्षिणा-पश्चात्-पुरसस्त्यक्

4.2.99 कापिश्याः ष्फक् ष्फक् 100

4.2.100 रङ्कोरमनुष्येऽण् च

4.2.101 द्यु-प्रागपागुदक्-प्रतीचो यत्

4.2.102 कन्थायाष्ठक् कन्थायाः 103

4.2.103 वर्णौ वुक्

4.2.104 अव्ययात् त्यप् त्यप् 105

(वा०) अमेहक्व-तसि-त्रेभ्य एव

(वा०) त्यब्नेर्ध्रुव इति वक्तव्यम्

4.2.105 ऐषमो-ह्यः-श्वसोऽन्यतरस्याम्

4.2.106 तीर-रूप्योत्तरपदादञ्-ञ्यौ

4.2.107 दिक्पूर्वपदादसंज्ञायां ञः दि..पदाद् 108

4.2.108 मद्रेभ्योऽञ् अञ् 109

4.2.109 उदीच्यग्रामाच्च बह्वचोऽन्तोदात्तात्

4.2.110 प्रस्थोत्तरपद-पलद्यादि-कोपधादण् अण् 113

4.2.111 कण्वादिभ्यो गोत्रे गोत्रे 113

4.2.112 इञश्च इञः 113

4.2.113 न द्व्यचः प्राच्य-भरतेषु

4.2.114 वृद्धाच्छः वृद्धात् 118

4.2.115 भवतष्ठक्-छसौ

4.2.116 काश्यादिभ्यष्ठञ्-ञिठौ ठञ्ञिठौ 118

(वा०) आपदादिपूर्वपदात् कालान्तात्

4.2.117 वाहीकग्रामेभ्यश्च

4.2.118 विभाषोशीनरेषु

4.2.119 ओर्देशे ठञ् ओः, ठञ् 120; देशे 145

4.2.120 वृद्धात् प्राचाम् वृद्धात् 126

4.2.121 धन्व-योपधाद् वुञ् वुञ् 130

4.2.122 प्रस्थ-पुर-वहान्ताच्च

4.2.123 रोपधेतोः प्राचाम्

4.2.124 जनपद-तदवध्योश्च ज..ध्योः 125

4.2.125 अवृद्धादपि बहुवचनविषयात् अवृद्धादपि 126

4.2.126 कच्छाग्नि-वक्त्र-वर्तोत्तरपदात्
4.2.127 धूमादिभ्यश्च
4.2.128 नगरात् कुत्सन-प्रावीण्ययोः
4.2.129 अरण्यान्मनुष्ये
4.2.130 विभाषा कुरु-युगन्धराभ्याम्
4.2.131 मद्र-वृज्योः कन्
4.2.132 कोपधादण् — अण् 133
4.2.133 कच्छादिभ्यश्च — क..भ्यः 134
4.2.134 मनुष्य-तत्स्थयोर्वुञ् — म..योः 135; वुञ् 136
4.2.135 अपदातौ साल्वात् — साल्वात् 136
4.2.136 गो-यवाग्वोश्च
4.2.137 गर्तोत्तरपदाच्छः — छः 4.3.1
4.2.138 गहादिभ्यश्च
(वा०) कुग्जनस्य परस्य च, देवस्य च, स्वस्य च, वेणुकादिभ्यश्छण् वाच्यः
4.2.139 प्राचां कटादेः
4.2.140 राज्ञः क च
4.2.141 वृद्धादकेकान्त-खोपधात् — वृद्धात् 142
4.2.142 कन्था-पलद-नगर-ग्राम-ह्रदोत्तरपदात्
4.2.143 पर्वताच्च — पर्वतात् 144
4.2.144 विभाषाऽमनुष्ये
4.2.145 कृकण-पर्णाद्भारद्वाजे

॥ इति अष्टाध्यायीसूत्रपाठे चतुर्थाध्यायस्य द्वितीयः पादः ॥

अथ चतुर्थोऽध्यायस्य तृतीयः पादः

4.3.1 युष्मदस्मदोरन्यतरस्यां खञ् च — युष्म..दोः 3
4.3.2 तस्मिन्नणि च युष्माकास्माकौ — तस्मिन्नणि च 3
4.3.3 तवक-ममकावेकवचने
4.3.4 अर्धाद् यत् — अर्धाद् 7; यत् 6
4.3.5 परावराधमोत्तम-पूर्वाच्च
4.3.6 दिक्पूर्वपदाट् ठञ् च — दिक्..दात् 7
4.3.7 ग्राम-जनपदैकदेशादञ्-ठञौ
4.3.8 मध्यान्मः — मध्यात् 9
(वा०) आदेश्च
(वा०) अवोधसोर्लोपश्च
4.3.9 अ सांप्रतिके
4.3.10 द्वीपादनुसमुद्रं यञ्
4.3.11 कालाट् ठञ् — कालाट् 24; ठञ् 15
4.3.12 श्राद्धे शरदः — शरदः 13
4.3.13 विभाषा रोगातपयोः — विभाषा 15
4.3.14 निशा-प्रदोषाभ्यां च
4.3.15 श्वसस्तुट् च
4.3.16 सन्धिवेलाद्यृतु-नक्षत्रेभ्योऽण्
4.3.17 प्रावृष एण्यः
4.3.18 वर्षाभ्यष्ठक् — वर्षाभ्यः 19
4.3.19 छन्दसि ठञ् — 21
4.3.20 वसन्ताच्च
4.3.21 हेमन्ताच्च — हेमन्तात् 22
4.3.22 सर्वत्राण् च तलोपश्च

4.3.23 सायं-चिरं-प्राह्णे-प्रगेऽव्ययेभ्यष्ट्यु-ट्युलौ तुट् च ट्युट्युलौ तुट् 24
4.3.24 विभाषा पूर्वाह्णापराह्णाभ्याम्
4.3.25 तत्र जातः तत्र 51; जातः 37
4.3.26 प्रावृषष्ठप्
4.3.27 संज्ञायां शरदो वुञ् संज्ञायाम् 28
4.3.28 पूर्वाह्णापराह्णार्द्रा-मूल-प्रदोषावस्कराद् वुन् वुन् 30
4.3.29 पथः पन्थ च
4.3.30 अमावास्याया वा अमावास्यायाः 31
4.3.31 अ च
4.3.32 सिन्ध्वपकराभ्यां कन् सि..भ्याम् 33
4.3.33 अणञौ च
4.3.34 श्रविष्ठा-फल्गुन्यनुराधा-स्वाति-तिष्य-पुनर्वसु-हस्त-विशाखाऽषाढा-बहुलाल् लुक् लुक् 37
4.3.35 स्थानान्त-गोशाल-खरशालाच्च
4.3.36 वत्सशालाभिजिदश्वयुक्-छतभिषजो वा
4.3.37 नक्षत्रेभ्यो बहुलम्
4.3.38 कृत-लब्ध-क्रीत-कुशलाः
4.3.39 प्रायभवः 40
4.3.40 उपजानूपकर्णोपनीवेष्ठक्
4.3.41 सम्भूते 43
4.3.42 कोशाड् ढञ्
4.3.43 कालात् साधु-पुष्प्यत्-पच्यमानेषु कालात् 52
4.3.44 उप्ते च उप्ते 46
4.3.45 आश्वयुज्या वुञ् वुञ् 46
4.3.46 ग्रीष्म-वसन्तादन्यतरस्याम्
4.3.47 देयमृणे 50
4.3.48 कलाप्यश्वत्थ-यवबुसाद् वुन्
4.3.49 ग्रीष्मावरसमाद् वुञ् वुञ् 50
4.3.50 संवत्सराग्रहायणीभ्यां ठञ् च
4.3.51 व्याहरति मृगः
4.3.52 तदस्य सोढम्
4.3.53 तत्र भवः 73
4.3.54 दिगादिभ्यो यत् यत् 55
4.3.55 शरीरावयवाच्च
4.3.56 दृति-कुक्षि-कलशि-वस्त्यस्त्यहेर्ढञ् ढञ् 57
4.3.57 ग्रीवाभ्योऽण् च
4.3.58 गम्भीराञ्ञ्यः ञ्यः 59
(वा०) बहिर्देव-पञ्चजनेभ्यश्च
4.3.59 अव्ययीभावाच्च अव्ययीभावात् 61
4.3.60 अन्तःपूर्वपदाट् ठञ् ठञ् 61
(वा०) अध्यात्मादेष्ठञिष्यते
4.3.61 ग्रामात् पर्यनुपूर्वात्
4.3.62 जिह्वामूलाङ्गुलेश्छः छः 63
4.3.63 वर्गान्ताच्च वर्गान्तात् 64
4.3.64 अशब्दे यत्-खावन्यतरस्याम्
4.3.65 कर्ण-ललाटात् कनलङ्कारे
4.3.66 तस्य व्याख्यान इति च व्याख्यात-व्यनाम्नः तस्य व्याख्यानः व्या..म्नः 73
4.3.67 बह्वचोऽन्तोदात्ताट् ठञ् ठञ् 69
4.3.68 क्रतु-यज्ञेभ्यश्च
4.3.69 अध्यायेष्वेवर्षेः
4.3.70 पौरोडाश-पुरोडाशात् ष्ठन्

4.3.71 छन्दसो यदणौ
4.3.72 द्व्यजृद्-ब्राह्मणर्क्-प्रथमाध्वर-पुरश्चरण-नामाख्याताट् ठक्
4.3.73 अणृगयनादिभ्यः
4.3.74 तत आगतः ततः 84; आगतः 82
4.3.75 ठगायस्थानेभ्यः
4.3.76 शुण्डिकादिभ्योऽण्
4.3.77 विद्या-योनिसम्बन्धेभ्यो वुञ् वि..भ्यः 78
4.3.78 ऋतष्ठञ् ठञ् 79
4.3.79 पितुर्यच्च
4.3.80 गोत्रादङ्कवत्
4.3.81 हेतु-मनुष्येभ्योऽन्यतरस्यां रूप्यः हेतुमनुष्येभ्यः 82
4.3.82 मयट् च
4.3.83 प्रभवति 84
4.3.84 विदूराञ्ञ्यः
4.3.85 तद् गच्छति पथि-दूतयोः तद् 88
4.3.86 अभिनिष्क्रामति द्वारम्
4.3.87 अधिकृत्य कृते ग्रन्थे 88
4.3.88 शिशुक्रन्द-यमसभ-द्वन्द्वेन्द्रजननादि-भ्यश्छः
4.3.89 सोऽस्य निवासः सोऽस्य 100
4.3.90 अभिजनश्च अभिजनः 94
4.3.91 आयुधजीविभ्यश्छः पर्वते
4.3.92 शण्डिकादिभ्यो ञ्यः
4.3.93 सिन्धु-तक्षशिलादिभ्योऽणञौ
4.3.94 तूदी-शलातुर-वर्मती-कूचवाराड्-ढक्-छण्-ढञ्-यकः
4.3.95 भक्तिः 100
4.3.96 अचित्ताददेशकालाट् ठक्
4.3.97 महाराजाट् ठञ्
4.3.98 वासुदेवार्जुनाभ्यां वुन्
4.3.99 गोत्र-क्षत्रियाख्येभ्यो बहुलं वुञ्
4.3.100 जनपदिनां जनपदवत् सर्वं जनपदेन समानशब्दानां बहुवचने
4.3.101 तेन प्रोक्तम् 111
4.3.102 तित्तिरि-वरतन्तु-खण्डिकोखाच्छण्
4.3.103 काश्यप-कौशिकाभ्यामृषिभ्यां णिनिः णिनिः 106
4.3.104 कलापि-वैशम्पायनान्तेवासिभ्यश्च
4.3.105 पुराणप्रोक्तेषु ब्राह्मणकल्पेषु
4.3.106 शौनकादिभ्यश्छन्दसि
4.3.107 कठ-चरकाल्लुक्
4.3.108 कलापिनोऽण्
4.3.109 छगलिनो ढिनुक्
4.3.110 पाराशर्य-शिलालिभ्यां भिक्षु-नटसूत्रयोः भि..योः 111
4.3.111 कर्मन्द-कृशाश्वादिनिः
4.3.112 तेनैकदिक् तेन 119; एकदिक् 114
4.3.113 तसिश्च तसिः 114
4.3.114 उरसो यच्च
4.3.115 उपज्ञाते
4.3.116 कृते ग्रन्थे कृते 119
4.3.117 संज्ञायाम् 119
4.3.118 कुलालादिभ्यो वुञ्
4.3.119 क्षुद्रा-भ्रमर-वटर-पादपादञ्
4.3.120 तस्येदम् 133
4.3.121 रथाद्यत् रथात् 122

4.3.122 पत्त्रपूर्वादञ् अञ् 123

4.3.123 पत्त्राध्वर्यु-परिषदश्च

4.3.124 हल-सीराट् ठक्

4.3.125 द्वन्द्वाद् वुन् वैर-मैथुनिकयोः

4.3.126 गोत्र-चरणाद् वुञ्

4.3.127 सङ्घाङ्कलक्षणेष्वञ्यञिञामण्
संघाङ्कलक्षणेषु 128

4.3.128 शाकलाद् वा

4.3.129 छन्दोगौक्थिक-याज्ञिक-बह्वृचनटाञ्ञ्यः

4.3.130 न दण्डमाणवान्तेवासिषु

4.3.131 रैवतिकादिभ्यश्छः

4.3.132 कौपिञ्जल-हास्तिपदादण् अण् 133

4.3.133 आथर्वणिकस्येकलोपश्च

(तद्धितेषु प्राग्दीव्यतीय-प्रकरणम्)

4.3.134 तस्य विकारः 138

4.3.135 अवयवे च प्राण्योषधि-वृक्षेभ्यः
अवयवे च 138

4.3.136 बिल्वादिभ्योऽण् अण् 138

4.3.137 कोपधाच्च

4.3.138 त्रपु-जतुनोः षुक्

4.3.139 ओरञ् अञ् 141

4.3.140 अनुदात्तादेश्च

4.3.141 पलाशादिभ्यो वा

4.3.142 शम्याः ष्लञ्

4.3.143 मयड् वैतयोर्भाषायामभक्ष्याच्छादनयोः मयट् 151; भा..म, अभ..योः 144

4.3.144 नित्यं वृद्ध-शरादिभ्यः

(वा०) एकाचो नित्यम्

4.3.145 गोश्च पुरीषे

4.3.146 पिष्टाच्च पिष्टात् 147

4.3.147 संज्ञायां कन्

4.3.148 व्रीहेः पुरोडाशे

4.3.149 असंज्ञायां तिल-यवाभ्याम्

4.3.150 द्व्यचश्छन्दसि 151

4.3.151 नोत्वद् वर्ध्र-बिल्वात्

4.3.152 तालादिभ्योऽण् अण् 153

4.3.153 जातरूपेभ्यः परिमाणे

4.3.154 प्राणि-रजतादिभ्योऽञ् अञ् 155

4.3.155 ञितश्च तत्प्रत्ययात्

4.3.156 क्रीतवत् परिमाणात्

4.3.157 उष्ट्राद् वुञ् वुञ् 158

4.3.158 उमोर्णयोर्वा

4.3.159 एण्या ढञ्

4.3.160 गो-पयसोर्यत् यत् 161

4.3.161 द्रोश्च द्रोः 162

4.3.162 माने वयः

4.3.163 फले लुक् फले 167

4.3.164 प्लक्षादिभ्योऽण् अण् 165

4.3.165 जम्ब्वा वा 166

4.3.166 लुप् च लुप् 167

(वा०) फल-पाक-शुषामुपसङ्ख्यानम्

(वा०) पुष्पमूलेषु बहुलम्

4.3.167 हरीतक्यादिभ्यश्च

4.3.168 कंसीय-परशव्ययोर्यञञौ लुक् च

॥ इति अष्टाध्यायीसूत्रपाठे चतुर्थाध्यायस्य तृतीयः पादः ॥

अथ चतुर्थोऽध्यायस्य चतुर्थः पादः

(तद्धितेषु प्राग्वहतीय-प्रकरणम्)

4.4.1 प्राग्वहतेष्ठक् ठक् 74
(वा०) गच्छतौ परदारादिभ्यः
4.4.2 तेन दीव्यति खनति जयति जितम् तेन 27
4.4.3 संस्कृतम् 4
4.4.4 कुलत्थ-कोपधादण्
4.4.5 तरति 7
4.4.6 गोपुच्छाट् ठञ्
4.4.7 नौ-द्व्यचष्ठन्
4.4.8 चरति 11
4.4.9 आकर्षात् ष्ठल्
4.4.10 पर्पादिभ्यः ष्ठन् ष्ठन् 11
4.4.11 श्वगणाट् ठञ्च
4.4.12 वेतनादिभ्यो जीवति जीवति 14
4.4.13 वस्न-क्रयविक्रयाट् ठन् ठन् 14
4.4.14 आयुधाच्छ च
4.4.15 हरत्युत्सङ्गादिभ्यः हरति 18
4.4.16 भस्त्रादिभ्यः ष्ठन् ष्ठन् 17
4.4.17 विभाषा विवधात्
4.4.18 अण् कुटिलिकायाः
4.4.19 निर्वृत्तेऽक्षद्यूतादिभ्यः निर्वृत्ते 21
4.4.20 त्रेर्मम्नित्यं
4.4.21 अपमित्य-याचिताभ्यां कक्-कनौ
4.4.22 संसृष्टे 25
4.4.23 चूर्णादिनिः
4.4.24 लवणाल्लुक्
4.4.25 मुद्गादण्
4.4.26 व्यञ्जनैरुपसिक्ते
4.4.27 ओजः-सहो-ऽम्भसा वर्तते वर्तते 29
4.4.28 तत् प्रत्यनुपूर्वमीपलोमकूलम् तत् 46
4.4.29 परिमुखं च
4.4.30 प्रयच्छति गर्ह्यम् 31
4.4.31 कुसीद-दशैकादशात् ष्ठन्-ष्ठचौ
4.4.32 उञ्छति
4.4.33 रक्षति
4.4.34 शब्द-दर्दुरं करोति
4.4.35 पक्षि-मत्स्य-मृगान् हन्ति
4.4.36 परिपन्थं च तिष्ठति
4.4.37 माथोत्तरपद-पदव्यनुपदं धावति धावति 38
4.4.38 आक्रन्दाट् ठञ् च
4.4.39 पदोत्तरपदं गृह्णाति गृह्णाति 40
4.4.40 प्रतिकण्ठार्थ-ललामं च
4.4.41 धर्मं चरति
(वा०) अधर्माच्चेति वक्तव्यम्
4.4.42 प्रतिपथमेति ठंश्च
4.4.43 समवायान् समवैति समवैति 45
4.4.44 परिषदो ण्यः ण्यः 45
4.4.45 सेनाया वा
4.4.46 संज्ञायां ललाट-कुक्कुट्यौ पश्यति
4.4.47 तस्य धर्म्यम् तस्य 50; धर्म्यम् 49
4.4.48 अण् महिष्यादिभ्यः
4.4.49 ऋतोऽञ्
4.4.50 अवक्रयः

4.4.51 तदस्य पण्यम् तदस्य 65; पण्यम् 54
4.4.52 लवणाट् ठञ्
4.4.53 किशरादिभ्यः ष्ठन् ष्ठन् 54
4.4.54 शलालुनोऽन्यतरस्याम्
4.4.55 शिल्पम् 56
4.4.56 मड्डुक-झर्झरादणन्यतरस्याम्
4.4.57 प्रहरणम् 59
4.4.58 परश्वधाट् ठञ् च
4.4.59 शक्ति-यष्ट्योरीकक्
4.4.60 अस्ति नास्ति दिष्टं मतिः
4.4.61 शीलम् 62
4.4.62 छत्रादिभ्यो णः
4.4.63 कर्माध्ययने वृत्तम् 64
4.4.64 बह्वच्पूर्वपदाट् ठच्
4.4.65 हितं भक्षाः
4.4.66 तदस्मै दीयते नियुक्तम् 68
4.4.67 श्राणा-मांसौदनाट् टिठन्
4.4.68 भक्तादणन्यतरस्याम्
4.4.69 तत्र नियुक्तः तत्र 74; नियुक्तः 70
4.4.70 अगारान्ताट् ठन्
4.4.71 अध्यायिन्यदेशकालात्
4.4.72 कठिनान्त-प्रस्तार-संस्थानेषु व्यवहरति
4.4.73 निकटे वसति वसति 74
4.4.74 आवसथात् ष्ठल्

(तद्धितेषु प्राग्घितीय-प्रकरणम्)

4.4.75 प्राग्घिताद् यत् यत् 5.1.4
4.4.76 तद्वहति रथ-युग-प्रासङ्गम् तद् 86; वहति 82
4.4.77 धुरो यड्-ढकौ
4.4.78 खः सर्वधुरात् खः 79
4.4.79 एकधुराल्लुक् च
4.4.80 शकटादण्
4.4.81 हल-सीराट् ठक्
4.4.82 संज्ञायां जन्याः
4.4.83 विध्यत्यधनुषा
4.4.84 धन-गणं लब्धा लब्धा 85
4.4.85 अन्नाण्णः
4.4.86 वशं गतः
4.4.87 पदमस्मिन् दृश्यम्
4.4.88 मूलमस्याबर्हि
4.4.89 संज्ञायां धेनुष्या
4.4.90 गृहपतिना संयुक्ते ञ्यः
4.4.91 नौ-वयो-धर्म-विष-मूल-मूल-सीता-तुलाभ्यस्तार्य-तुल्य-प्राप्य-वध्यानाम्य-सम-समित-सम्मितेषु
4.4.92 धर्म-पथ्यर्थ-न्यायादनपेते
4.4.93 छन्दसो निर्मिते निर्मिते 94
4.4.94 उरसोऽण् च
4.4.95 हृदयस्य प्रियः हृदयस्य 96
4.4.96 बन्धने चर्षौ
4.4.97 मत-जन-हलात् करण-जल्प-कर्षेषु
4.4.98 तत्र साधुः तत्र 119; साधुः 106
4.4.99 प्रतिजनादिभ्यः खञ्
4.4.100 भक्ताण्णः
4.4.101 परिषदो ण्यः
4.4.102 कथादिभ्यष्ठक्
4.4.103 गुडादिभ्यष्ठञ्
4.4.104 पथ्यतिथि-वसति-स्वपतेर्ढञ्

4.4.105 सभाया यः सभायाः 106
4.4.106 ढश्छन्दसि
4.4.107 समानतीर्थे वासी
4.4.108 समानोदरे शयित ओ चोदात्तः शयितः 109
4.4.109 सोदराद् यः
4.4.110 भवे छन्दसि भवे 118; छन्दसि 144
4.4.111 पाथो-नदीभ्यां ड्यण्
4.4.112 वेशन्त-हिमवद्भ्यामण्
4.4.113 स्रोतसो विभाषा ड्यड्-ड्यौ
4.4.114 सगर्भ-सयूथ-सनुताद् यन्
4.4.115 तुग्राद् घन्
4.4.116 अग्राद् यत् अग्राद् 117
4.4.117 घ-च्छौ च
4.4.118 समुद्राभ्राद् घः
4.4.119 बर्हिषि दत्तम्
4.4.120 दूतस्य भाग-कर्मणी
4.4.121 रक्षो-यातूनां हननी
4.4.122 रेवती-जगती-हविष्याभ्यः प्रशस्ये
4.4.123 असुरस्य स्वम् असुरस्य 124
4.4.124 मायायामण्
4.4.125 तद्वानासामुपधानो मन्त्र इतीष्टकासु लुक् च मतोः 127
4.4.126 अश्विमानण्
4.4.127 वयस्यासु मूर्ध्नो मतुप्
4.4.128 मत्वर्थे मास-तन्वोः मत्वर्थे 132
(वा०) लगकारेकाररफाश्च वक्तव्याः
4 4.129 मधोर्ञ च
4.4.130 ओजसोऽहनि यत्-खौ
4.4.131 वेशो-यशआदेर्भगाद् यल् 132
4.4.132 ख च ख 133
4.4.133 पूर्वैः कृतमिन-यौ च
4.4.134 अद्भिः संस्कृतम्
4.4.135 सहस्रेण संमितौ घः सहस्रेण, घः 136
4.4.136 मतौ च
4.4.137 सोममर्हति यः सोमम्, यः 137
4.4.138 मये च मये 140
4.4.139 मधोः
4.4.140 वसोः समूहे च
4.4.141 नक्षत्राद् घः
4.4.142 सर्व-देवात् तातिल् तातिल् 144
4.4.143 शिव-शमरिष्टस्य करे शि..स्य 144
4.4.144 भावे च

॥ इति अष्टाध्यायीसूत्रपाठे चतुर्थाध्यायस्य चतुर्थः पादः ॥

॥ इति अष्टाध्यायीसूत्रपाठे चतुर्थोऽध्यायः ॥

अथ पञ्चमोऽध्यायः

अथ प्रथमः पादः

(तद्धितेषु छ-यद्विधि-प्रकरणम्)

5.1.1 प्राक् क्रीताच्छः 35

5.1.2 उगवादिभ्यो यत् यत् 4

(वा०) शुनः सम्प्रसारणं वा च दीर्घत्वम्

(वा०) नाभि नभं च

5.1.3 कम्बलाच्च संज्ञायाम्

5.1.4 विभाषा हविरपूपादिभ्यः

5.1.5 तस्मै हितम् 11

5.1.6 शरीरावयवाद् यत् यत् 7

5.1.7 खल-यव-माष-तिल-वृष-ब्रह्मणश्च

5.1.8 अजाविभ्यां थ्यन्

5.1.9 आत्मन्-विश्वजन-भोगोत्तरपदात् खः

(वा०) सर्वजनाट् ठञ् खश्च

5.1.10 सर्व-पुरुषाभ्यां ण-ढञौ

5.1.11 माणव-चरकाभ्यां खञ्

5.1.12 तदर्थं विकृतेः प्रकृतौ 15

5.1.13 छदिरुपधि-बलेर्ढञ्

5.1.14 ऋषभोपानहोर्ञ्यः

5.1.15 चर्मणोऽञ्

5.1.16 तदस्य तदस्मिन् स्यादिति 17

5.1.17 परिखाया ढञ्

(तद्धितेषु प्राग्वतीयाः)

5.1.18 प्राग्वतेष्ठञ् ठञ् 114

(प्राग्वतीयेष्वार्हीय-प्रकरणम्)

5.1.19 आर्हादगोपुच्छ-सङ्ख्या-परिमाणाट् ठक् आर्हात् 36; ठक् 71

5.1.20 असमासे निष्कादिभ्यः

5.1.21 शताच्च ठन्-यतावशते

5.1.22 सङ्ख्याया अति-शदन्तायाः कन् कन् 24

5.1.23 वतोरिड् वा

5.1.24 विंशति-त्रिंशद्भ्यां ड्वुन्नसंज्ञायाम्

5.1.25 कंसाट् टिठन्

5.1.26 शूर्पादञन्यतरस्याम्

5.1.27 शतमान-विंशतिक-सहस्र-वसनादण्

5.1.28 अध्यर्धपूर्व-द्विगोर्लुगसंज्ञायाम् अ..गोः 35; लुक् 31

5.1.29 विभाषा कार्षापण-सहस्राभ्याम् विभाषा 31

5.1.30 द्वि-त्रिपूर्वान्निष्कात् द्वि..र्वात् 31

5.1.31 बिस्ताच्च

5.1.32 विंशतिकात् खः

5.1.33 खार्या ईकन्

5.1.34 पण-पाद-माष-शताद् यत् यत् 36

5.1.35 शाणाद् वा शाणात् 36

5.1.36 द्वि-त्रिपूर्वादण् च

5.1.37 तेन क्रीतम्

5.1.38 तस्य निमित्तं संयोगोत्पातौ 41

5.1.39 गो-द्व्यचोऽसङ्ख्या-परिमाणाश्वादेर्यत् यत् 40

5.1.40 पुत्राच्छ च

5.1.41 सर्वभूमि-पृथिवीभ्यामणञौ 43

5.1.42 तस्येश्वरः

5.1.43 तत्र विदित इति च तत्र विदितः 44

5.1.44 लोकसर्वलोकाट् ठञ्

5.1.45 तस्य वापः 46
5.1.46 पात्रात् ष्ठन्
5.1.47 तदस्मिन् वृद्ध्याय-लाभ-शुल्कोपदा दीयते 49
5.1.48 पूरणार्द्धाट् ठन् ठन् 49
5.1.49 भागाद् यच्च
5.1.50 तद्धरति वहत्यावहति भाराद्वंशादिभ्यः तद् 55; हरति वहत्यावहति 51
5.1.51 वस्न-द्रव्याभ्यां ठन्-कनौ
5.1.52 सम्भवत्यवहरति पचति 55
5.1.53 आढकाचित-पात्रात् खोऽन्यतरस्याम् आ..त्रात् 54; अन्य..म् 55
5.1.54 द्विगोः ष्ठंश्च द्विगोः ष्ठन् 55
5.1.55 कुलिजाल् लुक्-खौ च
5.1.56 सोऽस्यांश-वस्न-भृतयः
5.1.57 तदस्य परिमाणम् 62
5.1.58 सङ्ख्यायाः संज्ञा-संघ-सूत्राध्ययनेषु
5.1.59 पङ्क्ति-विंशति-त्रिंशच्-चत्वारिंशत्-पञ्चाशत्-षष्टि-सप्तत्यशीति-नवति-शतम्
5.1.60 पञ्चद्-दशतौ वर्गे वा वर्गे 61
5.1.61 सप्तनोऽञ् च्छन्दसि
5.1.62 त्रिंशच्-चत्वारिंशतोर्ब्राह्मणे संज्ञायां डण्
5.1.63 तदर्हति तद् 76; अर्हति 71
5.1.64 छेदादिभ्यो नित्यम् नित्यम् 65
5.1.65 शीर्षच्छेदाद् यच्च यत् 70
5.1.66 दण्डादिभ्यः
5.1.67 छन्दसि च
5.1.68 पात्राद् घंश्च
5.1.69 कडङ्गर-दक्षिणाच्छ च
5.1.70 स्थालीबिलात्
5.1.71 यज्ञर्त्विग्भ्यां घ-खञौ

(प्राग्वतीयाः)

5.1.72 पारायण-तुरायण-चान्द्रायणं वर्तयति
5.1.73 संशयमापन्नः
5.1.74 योजनं गच्छति गच्छति 77
5.1.75 पथः ष्कन् पथः 76
5.1.76 पन्थो ण नित्यम्
5.1.77 उत्तरपथेनाहृतं च

(प्राग्वतीयेषु कालाधिकार-प्रकरणम्)

5.1.78 कालात् 96
5.1.79 तेन निर्वृत्तम्
5.1.80 तमधीष्टो भृतो भूतो भावी
5.1.81 मासाद्वयसि यत्-खञौ मासात् 82; वयसि 83
5.1.82 द्विगोर्यप् यप् 83
5.1.83 षण्मासाण्ण्यच्च षण्..ण्यत् 84
5.1.84 अवयसि ठंश्च
5.1.85 समायाः खः समायाः 86; खः 88
5.1.86 द्विगोर्वा द्विगोः 89; वा 88
5.1.87 रात्र्यहःसंवत्सराच्च
5.1.88 वर्षाल्लुक् च वर्षात् 89
5.1.89 चित्तवति नित्यम्
5.1.90 षष्टिकाः षष्टिरात्रेण पच्यन्ते
5.1.91 वत्सरान्ताच्छश्छन्दसि 92
5.1.92 सं-परिपूर्वात् ख च
5.1.93 तेन परिजय्य-लभ्य-कार्य-सुकरम्

5.1.94 तदस्य ब्रह्मचर्यम्

(वा०) गुणवचनेभ्यो मतुपो लुगिष्टः

5.1.95 तस्य च दक्षिणा यज्ञाख्येभ्यः

5.1.96 तत्र च दीयते कार्यं भववत्

तत्र 97; दीयते कार्यम् 98

(प्राग्वतीयाः)

5.1.97 व्युष्टादिभ्योऽण्

5.1.98 तेन यथाकथाच-हस्ताभ्यां ण-यतौ

5.1.99 सम्पादिनि 100

5.1.100 कर्म-वेषाद् यत्

5.1.101 तस्मै प्रभवति संतापादिभ्यः

तस्मै प्रभवति 103

5.1.102 योगाद्यच्च

5.1.103 कर्मण उकञ्

5.1.104 समयस्तदस्य प्राप्तम्

तदस्य 114; प्राप्तम् 107

5.1.105 ऋतोरण् ऋतोः 106

5.1.106 छन्दसि घस्

5.1.107 कालाद् यत् कालात् 108

5.1.108 प्रकृष्टे ठञ्

5.1.109 प्रयोजनम् 113

5.1.110 विशाखाषाढादण् मन्थ-दण्डयोः

5.1.111 अनुप्रवचनादिभ्यश्छः छः 112

5.1.112 समापनात् सपूर्वपदात्

5.1.113 ऐकागारिकट् चौरे

5.1.114 आकालिकडाद्यन्तवचने

(तद्धितेषु वतिप्रत्ययः)

5.1.115 तेन तुल्यं क्रिया चेद् वतिः वतिः 118

5.1.116 तत्र तस्येव

5.1.117 तदर्हम्

5.1.118 उपसर्गाच्छन्दसि धात्वर्थे

(तद्धितेषु भावकर्मार्थ-प्रकरणम्)

5.1.119 तस्य भावस्त्व-तलौ

तस्य भावः 136; त्वतलौ 135

5.1.120 आ च त्वात् 135

5.1.121 न नञ्पूर्वात् तत्पुरुषादचतुर-सङ्गत-लवण-वट-युध-कत-रस-लसेभ्यः

5.1.122 पृथ्वादिभ्य इमनिज् वा इमनिज्वा 123

5.1.123 वर्ण-दृढादिभ्यः ष्यञ् च ष्यञ् 124

5.1.124 गुणवचन-ब्राह्मणादिभ्यः कर्मणि च

कर्मणि 136

(वा०) चातुर्वर्ण्यादीनां स्वार्थ उपसङ्ख्यानम्

5.1.125 स्तेनाद् यन् नलोपश्च

5.1.126 सख्युर्यः

5.1.127 कपि-ज्ञात्योर्ढक्

5.1.128 पत्यन्त-पुरोहितादिभ्यो यक्

5.1.129 प्राणभृज्जाति-वयोवचनोद्गात्रादिभ्योऽञ्

5.1.130 हायनान्त-युवादिभ्योऽण् अण् 131

5.1.131 इगन्ताच्च लघुपूर्वात्

5.1.132 योपधाद् गुरूपोत्तमाद् वुञ् वुञ् 134

(वा०) सहायाद् वा

5.1.133 द्वन्द्व-मनोज्ञादिभ्यश्च

5.1.134 गोत्र-चरणाच्छ्लाघात्याकारतदवेतेषु

5.1.135 होत्राभ्यश्छः होत्राभ्यः 136

5.1.136 ब्रह्मणस्त्वः

॥ इति अष्टाध्यायीसूत्रपाठे पञ्चमाध्यायस्य प्रथमः पादः ॥

अथ पञ्चमोऽध्यायस्य द्वितीयः पादः

(तद्धितेषु पाञ्चमिक-प्रकरणम्)

5.2.1 धान्यानां भवने क्षेत्रे खञ् धा..त्रे 4
5.2.2 व्रीहि-शाल्योर्ढक्
5.2.3 यव-यवक-षष्टिकाद् यत् यत् 4
5.2.4 विभाषा तिल-माषोमा-भङ्गाणुभ्यः
5.2.5 सर्वचर्मणः कृतः ख-खञौ
5.2.6 यथामुख-संमुखस्य दर्शनः खः खः 15
5.2.7 तत् सर्वादेः पथ्यङ्ग-कर्म-पत्र-पात्रं व्याप्नोति तत् 17
5.2.8 आप्रपदं प्राप्नोति
5.2.9 अनुपद-सर्वान्नायानयं बद्धा-भक्षयति-नेयेषु
5.2.10 परोवर-परम्पर-पुत्रपौत्रमनुभवति
5.2.11 अवारपारात्यन्तानुकामं गामी
5.2.12 समांसमां विजायते विजायते 13
5.2.13 अद्यश्वीनाऽवष्टब्धे
5.2.14 आगवीनः
5.2.15 अनुग्वलङ्गामी अलङ्गामी 17
5.2.16 अध्वनो यत्-खौ यत्खौ 17
5.2.17 अभ्यमित्राच्छ च
5.2.18 गोष्ठात् खञ् भूतपूर्वे खञ् 23
5.2.19 अश्वस्यैकाहगमः
5.2.20 शालीन-कौपीने अधृष्टाकार्ययोः
5.2.21 व्रातेन जीवति
5.2.22 साप्तपदीनं सख्यम्
5.2.23 हैयङ्गवीनं संज्ञायाम्
5.2.24 तस्य पाकमूले पील्वदि-कर्णादिभ्यः कुणब्-जाहचौ तस्य मूलम् 25
5.2.25 पक्षात् तिः
5.2.26 तेन वित्तश्चुञ्चुप्-चणपौ
5.2.27 वि-नञ्भ्यां ना-नाञौ न सह
5.2.28 वेः शालच्-छङ्कटचौ वेः 29
5.2.29 संप्रोदश्च कटच् कटच् 30
(वा०) विकारे स्नेहे तैलच्
5.2.30 अवात् कुटारच्च अवात् 31
5.2.31 नते नासिकायाः संज्ञायां टीटञ्-नाटज्-भ्रटचः नते नासिकायाः 33; संज्ञायाम् 34
5.2.32 नेर्बिडज्-बिरीसचौ नेः 33
5.2.33 इनच्-पिटच् चिक-चि च
5.2.34 उपाधिभ्यां त्यकन्नासन्नारूढयोः
5.2.35 कर्मणि घटोऽठच्
5.2.36 तदस्य सञ्जातं तारकादिभ्य इतच् तदस्य 44
5.2.37 प्रमाणे द्वयसज्-दघ्नञ्-मात्रचः 38
5.2.38 पुरुष-हस्तिभ्यामण् च
5.2.39 यत्-तदेतेभ्यः परिमाणे वतुप् वतुप् 41
5.2.40 किमिदम्भ्यां वो घः वो घः 41
5.2.41 किमः सङ्ख्यापरिमाणे डति च
5.2.42 सङ्ख्याया अवयवे तयप्
5.2.43 द्वि-त्रिभ्यां तयस्यायज् वा त..वा 44
5.2.44 उभादुदात्तो नित्यम्

(तद्धितेषु डादिप्रत्यय-प्रकरणम्)

5.2.45 तदस्मिन्नधिकमिति दशान्ताड् डः तदस्मिन्नधिकमिति 46

5.2.46 शदन्त-विंशतेश्च
5.2.47 सङ्ख्याया गुणस्य निमाने मयट्
सङ्ख्यायाः 58
5.2.48 तस्य पूरणे डट् तस्य पूरणे 58; डट् 53
5.2.49 नान्तादसङ्ख्यादेर्मट् ना..देः 50
5.2.50 थट् च छन्दसि
5.2.51 षट्-कति-कतिपय-चतुरां थुक्
(वा०) चतुरश्छयतावाद्यक्षरलोपश्च
5.2.52 बहु-पूग-गण-संघस्य तिथुक्
5.2.53 वतोरिथुक्
5.2.54 द्वेस्तीयः तीयः 55
5.2.55 त्रेः संप्रसारणं च
5.2.56 विंशत्यादिभ्यस्तमडन्यतरस्याम्
तमट् 58
5.2.57 नित्यं शतादि-मासार्धमास-संवत्सराच्च
5.2.58 षष्ट्यादेश्चासङ्ख्यादेः
5.2.59 मतौ छः सूक्त-साम्नोः मतौ छः 62
5.2.60 अध्यायानुवाकयोर्लुक् अ..योः 62
5.2.61 विमुक्तादिभ्योऽण्
5.2.62 गोषदादिभ्यो वुन् वुन् 63
5.2.63 तत्र कुशलः पथः तत्र 67; कुशलः 64
5.2.64 आकर्षादिभ्यः कन् कन् 82
5.2.65 धन-हिरण्यात् कामे
5.2.66 स्वाङ्गेभ्यः प्रसिते प्रसिते 67
5.2.67 उदराट् ठगाद्यूने
5.2.68 सस्येन परिजातः
5.2.69 अंशं हारी
5.2.70 तन्त्रादचिरापहृते
5.2.71 ब्राह्मणकोष्णिके संज्ञायाम्
5.2.72 शीतोष्णाभ्यां कारिणि
5.2.73 अधिकम्
5.2.74 अनुकाभिकाभीकः कमिता
5.2.75 पार्श्वेनान्विच्छति अन्विच्छति 76
5.2.76 अयःशूल-दण्डाजिनाभ्यां ठक्-ठञौ
5.2.77 तावतिथं ग्रहणमिति लुग् वा
5.2.78 स एषां ग्रामणीः
5.2.79 शृङ्खलमस्य बन्धनं करभे
5.2.80 उत्क उन्मनाः
5.2.81 काल-प्रयोजनाद् रोगे
5.2.82 तदस्मिन्नन्नं प्राये संज्ञायाम् 83
5.2.83 कुल्माषादञ्
5.2.84 श्रोत्रियंश्छन्दोऽधीते
5.2.85 श्राद्धमनेन भुक्तमिनि-ठनौ अनेन 88
5.2.86 पूर्वादिनिः पूर्वात् 87; इनिः 91
5.2.87 सपूर्वाच्च
5.2.88 इष्टादिभ्यश्च
5.2.89 छन्दसि परिपन्थि-परिपरिणौ पर्यवस्थातरि
5.2.90 अनुपद्यन्वेष्टा
5.2.91 साक्षाद् द्रष्टरि संज्ञायाम्
5.2.92 क्षेत्रियच् परक्षेत्रे चिकित्स्यः
5.2.93 इन्द्रियमिन्द्रलिङ्गमिन्द्रदृष्टमिन्द्रसृष्ट-
मिन्द्रजुष्टमिन्द्रदत्तमिति वा

(तद्धितेषु मत्वर्थीय-प्रकरणम्)

5.2.94 तदस्यास्त्यस्मिन्निति मतुप् 140
5.2.95 रसादिभ्यश्च
5.2.96 प्राणिस्थादातो लजन्यतरस्याम्
लच् 99; अन्यतरस्याम् 140
5.2.97 सिध्मादिभ्यश्च

5.2.98 वत्सांसाभ्यां काम-बले
5.2.99 फेनादिलच् च
5.2.100 लोमादि-पामादि-पिच्छादिभ्यः श-नेलचः
5.2.101 प्रज्ञा-श्रद्धार्चाभ्यो णः
5.2.102 तपः-सहस्राभ्यां विनीनी त..म् 103
5.2.103 अण् च अण् 105
5.2.104 सिकता-शर्कराभ्यां च सि..म् 105
5.2.105 देशे लुबिलचौ च
5.2.106 दन्त उन्नत उरच्
5.2.107 ऊष-सुषि-मुष्क-मधो रः
(वा०) रप्रकरणे ख-मुख-कुञ्जेभ्य उपसङ्ख्यानम्
5.2.108 द्यु-द्रुभ्यां मः
5.2.109 केशाद् वोऽन्यतरस्याम् वः 110
(वा०) अन्येभ्योऽपि दृश्यते
(वा०) अर्णसो लोपश्च
5.2.110 गाण्ड्यजगात् संज्ञायाम्
5.2.111 काण्डाण्डादीरन्नीरचौ
5.2.112 रजः-कृष्यासुती-परिषदो वलच् वलच् 113
(वा०) वलच्प्रकरणेऽन्येभ्योऽपि दृश्यते
5.2.113 दन्त-शिखात् संज्ञायाम् सं..म् 114
5.2.114 ज्योत्स्ना-तमिस्रा-शृङ्गिणोर्जस्विन्नूर्ज-स्वल-गोमिन्-मलिन-मलीमसाः
5.2.115 अत इनि-ठनौ इनिठनौ 117
5.2.116 व्रीह्यादिभ्यश्च
5.2.117 तुन्दादिभ्य इलच् च
5.2.118 एक-गोपूर्वाट् ठञ् नित्यम् ठञ् 119
5.2.119 शत-सहस्रान्ताच्च निष्कात्
5.2.120 रूपादाहत-प्रशंसयोर्यप्
(वा०) यप्प्रकरणेऽन्येभ्योऽपि दृश्यते
5.2.121 अस्-माया-मेधा-स्रजो विनिः विनिः 122
5.2.122 बहुलं छन्दसि छन्दसि 123
5.2.123 ऊर्णाया युस्
5.2.124 वाचो ग्मिनिः वाचः 125
5.2.125 आलजाटचौ बहुभाषिणि
5.2.126 स्वामिन्नैश्वर्ये
5.2.127 अर्शआदिभ्योऽच्
5.2.128 द्वन्द्वोपताप-गर्ह्यात् प्राणिस्थादिनिः इनिः 137
5.2.129 वातातिसाराभ्यां कुक् च
5.2.130 वयसि पूरणात्
5.2.131 सुखादिभ्यश्च
5.2.132 धर्म-शील-वर्णान्ताच्च
5.2.133 हस्ताज्जातौ
5.2.134 वर्णाद् ब्रह्मचारिणि
5.2.135 पुष्करादिभ्यो देशे
(वा०) अर्थाच्चासन्निहिते
(वा०) तदन्ताच्चेति वक्तव्यम्
5.2.136 बलादिभ्यो मतुबन्यतरस्याम्
5.2.137 संज्ञायां मन्-माभ्याम्
5.2.138 कं-शम्भ्यां ब-भ-युस्-ति-तु-त-यसः
5.2.139 तुन्दि-वलि-वटेर्भः
5.2.140 अहम्-शुभमोर्युस्

॥ इति अष्टाध्यायीसूत्रपाठे पञ्चमाध्यायस्य द्वितीयः पादः ॥

अथ पञ्चमोऽध्यायस्य तृतीयः पादः

अथ स्वार्थिकाः

(तद्धितेषु प्राग्दिशीय-प्रकरणम्)

5.3.1 प्राग्दिशो विभक्तिः 26

5.3.2 किं-सर्वनाम-बहुभ्योऽद्व्यादिभ्यः 26

5.3.3 इदम इश् इदमः 4

5.3.4 एतेतौ र-थोः

5.3.5 एतदोऽन्

5.3.6 सर्वस्य सोऽन्यतरस्यां दि

5.3.7 पञ्चम्यास्तसिल् तसिल् ९

5.3.8 तसेश्च

5.3.9 पर्यभिभ्यां च

5.3.10 सप्तम्यास्त्रल् सप्तम्याः 22

5.3.11 इदमो हः

5.3.12 किमोऽत् किमः 13

5.3.13 वा ह च च्छन्दसि

5.3.14 इतराभ्योऽपि दृश्यन्ते

5.3.15 सर्वैकान्य-किं-यत्तदः काले दा
काले 22

5.3.16 इदमो र्हिल् इदमः 18

5.3.17 अधुना

5.3.18 दानीं च दानीम् 19

5.3.19 तदो दा च

5.3.20 तयोर्दा-र्हिलौ च च्छन्दसि

5.3.21 अनद्यतने र्हिलन्यतरस्याम्

5.3.22 सद्यः परुत् परार्यैषमः परेद्यव्यद्य पूर्वेद्युरन्येद्युरन्यतरेद्युरितरेद्युरपरेद्युर-धरेद्युरुभयेद्युरुत्तरेद्युः

5.3.23 प्रकारवचने थाल् प्र..ने 26

5.3.24 इदमस्थमुः थमुः 25

(वा०) एतदोऽपि वाच्यः

5.3.25 किमश्च किमः 26

5.3.26 था हेतौ च च्छन्दसि

(तद्धितेषु दिगाद्यर्थकाः)

5.3.27 दिक्शब्देभ्यः सप्तमी-पञ्चमी-प्रथमाभ्यो दिग्-देश-कालेष्वस्तातिः दिक्श..षु 41

5.3.28 दक्षिणोत्तराभ्यामतसुच् अतसुच् 29

5.3.29 विभाषा परावराभ्याम्

5.3.30 अञ्चेर्लुक्

5.3.31 उपर्युपरिष्टात्

5.3.32 पश्चात्

5.3.33 पश्च पश्चा च च्छन्दसि

5.3.34 उत्तराधर-दक्षिणादातिः उत्त..णात् 35

5.3.35 एनबन्यतरस्यामदूरेऽपञ्चम्याः
अपञ्चम्याः 38

5.3.36 दक्षिणादाच् दक्षिणात् 37; आच् 38

5.3.37 आहि च दूरे आहि, दूरे 38

5.3.38 उत्तराच्च

5.3.39 पूर्वाधरावराणामसि पुरधवश्चैषाम्
पू..णाम्, पुरधवः 40

5.3.40 अस्ताति च अस्ताति 41

5.3.41 विभाषाऽवरस्य

5.3.42 सङ्ख्याया विधार्थे धा
सङ्ख्यायाः, धा 43

5.3.43 अधिकरणविचाले च

5.3.44 एकाद्धो ध्यमुञन्यारयाम्
धः, अन्यतरस्याम् 46

5.3.45 द्वि-त्र्योश्च धमुञ् द्वित्र्योः 46
5.3.46 एधाच्च
5.3.47 याप्ये पाशप्
5.3.48 पूरणाद्भागे तीयादन्
पूरणात् 49; भागे 51; अन् 50
5.3.49 प्रागेकादशभ्योऽच्छन्दसि
अच्छन्दसि 50
5.3.50 षष्ठाष्टमाभ्यां ञ च ष..भ्याम् 51
5.3.51 मान-पश्वङ्गयोः कन्-लुकौ च
कन्लुकौ 52
5.3.52 एकादाकिनिच्चासहाये
5.3.53 भूतपूर्वे चरट् चरट् 54
5.3.54 षष्ठ्या रूप्य च
5.3.55 अतिशायने तमबिष्ठनौ
अतिशायने 57; तमप् 56
5.3.56 तिङश्च 85
5.3.57 द्विवचन-विभज्योपपदे तरबीयसुनौ
5.3.58 अजादी गुणवचनादेव अजादी 65
5.3.59 तुश्छन्दसि
5.3.60 प्रशस्यस्य श्रः प्रशस्यस्य 61
5.3.61 ज्य च ज्य 62
5.3.62 वृद्धस्य च
5.3.63 अन्तिक-बाढयोर्नेद-साधौ
5.3.64 युवाल्पयोः कनन्यतरस्याम्
5.3.65 विन्-मतोर्लुक्
5.3.66 प्रशंसायां रूपप्
5.3.67 ईषदसमाप्तौ कल्पब्-देश्य-देशीयरः
ईषदसमाप्तौ 68
5.3.68 विभाषा सुपो बहुच् पुरस्तात्तु सुपः 69
5.3.69 प्रकारवचने जातीयर्

(तद्धितेषु प्रागिवीय-प्रकरणम्)

5.3.70 प्रागिवात् कः 95
5.3.71 अव्यय-सर्वनाम्नामकच् प्राक् टेः 95
(वा०) ओकारसकारभकारादौ सुपि सर्वनाम्नष्टेः प्रागकच्, अन्यत्र सुबन्तस्य
5.3.72 कस्य च दः 95
5.3.73 अज्ञाते
5.3.74 कुत्सिते 75
5.3.75 संज्ञायां कन्
5.3.76 अनुकम्पायाम् 82
5.3.77 नीतौ च तद्युक्तात्
नीतौ 81; तद्युक्तात् 80
5.3.78 बह्वचो मनुष्यनाम्नष्ठज् वा
बह्वचः, ठज्वा 80; मनुष्यनाम्नः 82
5.3.79 घनिलचौ च घनिलचौ 80
5.3.80 प्राचामुपादेरडज्-वुचौ च
5.3.81 जातिनाम्नः कन् कन् 82
5.3.82 अजिनान्तस्योत्तरपदलोपश्च लोपः 84
5.3.83 ठाजादावूर्ध्वं द्वितीयादचः
ठा..र्ध्वम्, अचः 84
5.3.84 शेवल-सुपरि-विशाल-वरुणार्य-मादीनां तृतीयात्
5.3.85 अल्पे
5.3.86 ह्रस्वे 87
5.3.87 संज्ञायां कन्
5.3.88 कुटी-शमी-शुण्डाभ्यो रः
5.3.89 कुत्वा डुपच्
5.3.90 कासू-गोणीभ्यां ष्टरच् ष्टरच् 91
5.3.91 वत्सोक्षाश्वर्षभेभ्यश्च तनुत्वे

5.3.92 किं-यत्तदो निर्धारणे द्वयोरेकस्य डतरच् किंयत्तदः, निर्धारणे, एकस्य 93
5.3.93 वा बहूनां जातिपरिप्रश्ने डतमच्
5.3.94 एकाच्च प्राचाम्
5.3.95 अवक्षेपणे कन् कन् 100
(तद्धितेषु स्वार्थिकाः)
5.3.96 इवे प्रतिकृतौ इवे 111; प्रतिकृतौ 100
5.3.97 संज्ञायां च संज्ञायाम् 100
5.3.98 लुम्मनुष्ये लुप् 100
5.3.99 जीविकार्थे चापण्ये
5.3.100 देवपथादिभ्यश्च
5.3.101 वस्तेर्ढञ्
5.3.102 शिलाया ढः
5.3.103 शाखादिभ्यो यः यः 104
5.3.104 द्रव्यं च भव्ये
5.3.105 कुशाग्राच्छः छः 106
5.3.106 समासाच्च तद्विषयात्
5.3.107 शर्करादिभ्योऽण्
5.3.108 अङ्गुल्यादिभ्यष्ठक् ठक् 109
5.3.109 एकशालायाष्ठजन्यतरस्याम्
5.3.110 कर्क-लोहितादीकक्
5.3.111 प्रत्न-पूर्व-विश्वेमात् थाल् छन्दसि
5.3.112 पूगाञ् ञ्योऽग्रामणीपूर्वात् ञ्यः 113
5.3.113 व्रात-च्फञोरस्त्रियाम्
5.3.114 आयुधजीविसंघाञ् ञ्यड् वाहीकेष्व-ब्राह्मण-राजन्यात् आ..घात् 117
5.3.115 वृकाट् टेण्यण्
5.3.116 दामन्यादि-त्रिगर्तषष्ठाच्छः
5.3.117 पर्श्वादि-यौधेयादिभ्योऽणञौ
5.3.118 अभिजिद्-विदभृच्-छालावच्-छिखावच्-छमीवदूर्णावच्-छ्रुमदणो यञ्
5.3.119 ञ्यादयस्तद्राजाः

॥ इति अष्टाध्यायीसूत्रपाठे पञ्चमाध्यायस्य तृतीयः पादः ॥

अथ पञ्चमोऽध्यायस्य चतुर्थः पादः

5.4.1 पाद-शतस्य सङ्ख्यादेर्वीप्सायां वुन् लोपश्च 2
5.4.2 दण्ड-व्यवसर्गयोश्च
5.4.3 स्थूलादिभ्यः प्रकारवचने कन् कन् 6
5.4.4 अनत्यन्तगतौ क्तात् क्तात् 5
5.4.5 न सामिवचने
5.4.6 बृहत्या आच्छादने
5.4.7 अषडक्षाशितङ्ग्वलङ्कर्मालम्पुरुषाध्यु-त्तरपदात् खः खः 8
5.4.8 विभाषाञ्चेरदिक्-स्त्रियाम्
5.4.9 जात्यन्ताच्छ बन्धुनि छ 10
5.4.10 स्थानान्ताद्विभाषा सस्थानेनेति चेत्
5.4.11 किमेत्तिङव्ययघादाम्वद्रव्यप्रकर्षे 12
5.4.12 अमु च च्छन्दसि
5.4.13 अनुगादिनष्ठक्

5.4.14 णचः स्त्रियामञ्

5.4.15 अणिनुणः अण् 16

5.4.16 विसारिणो मत्स्ये

5.4.17 सङ्ख्यायाः क्रियाऽभ्यावृत्तिगणने कृत्वसुच् क्रियाऽभ्यावृत्तिगणने 20

5.4.18 द्वि-त्रि-चतुर्भ्यः सुच् सुच् 19

5.4.19 एकस्य सकृच्च

5.4.20 विभाषा बहोर्धाऽविप्रकृष्टकाले

5.4.21 तत्प्रकृतवचने मयट् 22

5.4.22 समूहवच्च बहुषु

5.4.23 अनन्तावसथेतिह-भेषजाञ् ञ्यः

5.4.24 देवतान्तात् तादर्थ्ये यत् तादर्थ्ये 26; यत् 25

5.4.25 पादार्घाभ्यां च

(वा०) भाग-रूप-नामभ्यो धेयः

5.4.26 अतिथेर्ञ्यः

5.4.27 देवात् तल्

5.4.28 अवेः कः

5.4.29 यावादिभ्यः कन् कन् 33

5.4.30 लोहितान् मणौ लोहितान् 32

5.4.31 वर्णे चानित्ये 33

5.4.32 रक्ते 33

5.4.33 कालाच्च

5.4.34 विनयादिभ्यष्ठक् ठक् 35

5.4.35 वाचो व्याहृतार्थायाम् व्या..म् 36

5.4.36 तद्युक्तात् कर्मणोऽण् अण् 38

5.4.37 ओषधेरजातौ

5.4.38 प्रज्ञादिभ्यश्च

5.4.39 मृदस्तिकन् मृदः 40

5.4.40 स-स्नौ प्रशंसायाम् प्रशंसायाम् 41

5.4.41 वृक-ज्येष्ठाभ्यां तिल्-तातिलौ च च्छन्दसि

5.4.42 बह्वल्पार्थाच्छस् कारकादन्यतरस्याम् कारकात् 43; अन्यतरस्याम् 50

5.4.43 सङ्ख्यैकवचनाच्च वीप्सायाम्

5.4.44 प्रतियोगे पञ्चम्यास्तसिः पञ्चम्याः 45; तसिः 49

(वा०) आद्यादिभ्यस्तसोरुपसङ्ख्यानम्

5.4.45 अपादाने चाहीय-रुहोः

5.4.46 अतिग्रहाव्यथन-क्षेपेष्वकर्तरि तृतीयायाः अकर्तरि तृतीयायाः 47

5.4.47 हीयमान-पापयोगाच्च

5.4.48 षष्ठ्या व्याश्रये षष्ठ्याः 49

5.4.49 रोगाच्चापनयने

5.4.50 कृ-भ्वस्तियोगे संपद्यकर्तरि च्विः कृ..गे 57; सं..रि 52; च्विः 51

(वा०) अभूततद्भाव इति वक्तव्यम्

5.4.51 अरुर्-मनश्-चक्षुश्-चेतो-रहो-रजसां लोपश्च

5.4.52 विभाषा साति कार्त्स्न्ये विभाषा 53; साति 55

5.4.53 अभिविधौ सम्पदा च सम्पदा 55

5.4.54 तदधीनवचने 55

5.4.55 देये त्रा च त्रा 56

5.4.56 देव-मनुष्य-पुरुष-पुरु-मर्त्येभ्यो द्वितीया-सप्तम्योर्बहुलम्

5.4.57 अव्यक्तानुकरणाद् द्व्यजवरार्धादनितौ डाच् डाच् 67

5.4.58 कृञो द्वितीय-तृतीय-शम्ब-बीजात् कृषौ कृञः 67; कृषौ 59

5.4.59 सङ्ख्यायाश्च गुणान्तायाः

5.4.60 समयाच्च यापनायाम्

5.4.61 सपत्त्र-निष्पत्त्रादतिव्यथने

5.4.62 निष्कुलान्निष्कोषणे

5.4.63 सुख-प्रियादानुलोम्ये

5.4.64 दुःखात् प्रातिलोम्ये

5.4.65 शूलात् पाके

5.4.66 सत्यादशपथे

5.4.67 मद्रात् परिवापणे

(तद्धितेषु समासान्त-प्रकरणम्)

5.4.68 समासान्ताः 160

5.4.69 न पूजनात् न 71

5.4.70 किमः क्षेपे

5.4.71 नञस्तत्पुरुषात् 72

5.4.72 पथो विभाषा

5.4.73 बहुव्रीहौ सङ्ख्येये डजबहु-गणात्

(सर्वसमासान्ताः)

5.4.74 ऋक्-पूरब्-धूः-पथामानक्षे

5.4.75 अच् प्रत्यन्ववपूर्वात् साम-लोम्नः अच् 87

5.4.76 अक्ष्णोऽदर्शनात्

5.4.77 अचतुर-विचतुर-सुचतुर-स्त्रीपुंस-धेन्वनडुह-र्क्साम-वाङ्मनसाक्षिभ्रुव-दारगवोर्वष्ठीव-पदष्ठीव-नक्तन्दिव-रात्रिन्दिवाहर्दिव-सरजस-निःश्रेयस-पुरुषायुष-द्व्यायुष-त्र्यायुषर्ग्यजुष-जातोक्ष-महोक्ष-वृद्धोक्षोपशुन-गोष्ठश्वाः

5.4.78 ब्रह्म-हस्तिभ्याम् वर्चसः

5.4.79 अव-समन्धेभ्यस्तमसः

5.4.80 श्वसो वसीयः-श्रेयसः

5.4.81 अन्वव-तप्ताद् रहसः

5.4.82 प्रतेरुरसः सप्तमीस्थात्

5.4.83 अनुगवमायामे

5.4.84 द्विस्तावा त्रिस्तावा वेदिः

5.4.85 उपसर्गादध्वनः

(तत्पुरुषसमासान्ताः)

5.4.86 तत्पुरुषस्याङ्गुलेः सङ्ख्याव्ययादेः तत्पुरुषस्य 105; सङ्ख्याव्ययादेः 88

5.4.87 अहस्-सर्वैकदेश-सङ्ख्यात-पुण्याच्च रात्रेः

5.4.88 अह्नोऽह्न एतेभ्यः अह्नोऽह्नः 90

5.4.89 न सङ्ख्यादेः समाहारे न 90

5.4.90 उत्तमैकाभ्यां च

5.4.91 राजाहःसखिभ्यष्टच् टच् 112

5.4.92 गोरतद्धितलुकि

5.4.93 अग्राख्यायामुरसः

5.4.94 अनो-ऽश्मायस्-सरसां जाति-संज्ञयोः

5.4.95 ग्राम-कौटाभ्यां च तक्ष्णः

5.4.96 अतेः शुनः शुनः 97

5.4.97 उपमानादप्राणिषु उपमानात् 98

5.4.98 उत्तर-मृग-पूर्वाच्च सक्थ्नः

5.4.99 नावो द्विगोः नावः 100; द्विगोः 101

5.4.100 अर्धाच्च 101

5.4.101 खार्याः प्राचाम्

5.4.102 द्वि-त्रिभ्यामञ्जलेः

5.4.103 अनसन्तान्नपुंसकाच्छन्दसि

5.4.104 ब्रह्मणो जानपदाख्यायाम्
ब्रह्मणः 105

5.4.105 कु-महद्भ्यामन्यतरस्याम्

(द्वन्द्वसमासान्तविधिः)

5.4.106 द्वन्द्वाच् चु-द-ष-हान्तात् समाहारे

(अव्ययीभावसमासान्तविधिः)

5.4.107 अव्ययीभावे शरत्प्रभृतिभ्यः
अव्ययीभावे 112

5.4.108 अनश्च अनः 109

5.4.109 नपुंसकादन्यतरस्याम् अ..म् 112

5.4.110 नदी-पौर्णमास्याग्रहायणीभ्यः

5.4.111 झयः

5.4.112 गिरेश्च सेनकस्य

(बहुव्रीहिसमासान्तविधिः)

5.4.113 बहुव्रीहौ सक्थ्यक्ष्णोः स्वाङ्गात् षच्
बहुव्रीहौ 160; षच् 114

5.4.114 अङ्गुलेर्दारुणि

5.4.115 द्वि-त्रिभ्यां ष मूर्ध्नः

5.4.116 अप् पूरणी-प्रमाण्योः अप् 117

5.4.117 अन्तर्बहिर्भ्यां च लोम्नः

5.4.118 अच् नासिकायाः संज्ञायां नसं चास्थूलात्
अच् 121; नासिकायाः, नसम् 119

5.4.119 उपसर्गाच्च

5.4.120 सुप्रात-सुश्व-सुदिव-शारिकुक्ष-चतुरश्रैणीपदाजपद-प्रोष्ठपदाः

5.4.121 नञ्-दुः-सुभ्यो हलि-सक्थ्योरन्यतरस्याम् न..भ्यः 122

5.4.122 नित्यमसिच् प्रजा-मेधयोः
असिच् 123

5.4.123 बहुप्रजाश्छन्दसि

5.4.124 धर्मादनिच् केवलात् अनिच् 126

5.4.125 जम्भा सु-हरित-तृण-सोमेभ्यः

5.4.126 दक्षिणेर्मा लुब्धयोगे

5.4.127 इच् कर्मव्यतिहारे इच् 128

5.4.128 द्विदण्ड्यादिभ्यश्च

5.4.129 प्र-सम्भ्यां जानुनोर्ज्ञुः जा..ज्ञुः 130

5.4.130 ऊर्ध्वाद् विभाषा

5.4.131 ऊधसोऽनङ् अनङ् 133

5.4.132 धनुषश्च धनुषः 133

5.4.133 वा संज्ञायाम्

5.4.134 जायाया निङ्

5.4.135 गन्धस्येदुत्-पूति-सु-सुरभिभ्यः
गन्धस्य, इत् 137

5.4.136 अल्पाख्यायाम्

5.4.137 उपमानाच्च उपमानात् 138

5.4.138 पादस्य लोपोऽहस्त्यादिभ्यः
पादस्य लोपः 140

5.4.139 कुम्भपदीषु च

5.4.140 सङ्ख्या-सुपूर्वस्य

5.4.141 वयसि दन्तस्य दतृ दन्तस्य दतृ 145

5.4.142 छन्दसि च

5.4.143 स्त्रियां संज्ञायाम्

5.4.144 विभाषा श्यावारोकाभ्याम् विभाषा 145

5.4.145 अग्रान्त-शुद्ध-शुभ्र-वृष-वराहेभ्यश्च

5.4.146 ककुदस्यावस्थायां लोपः लोपः 149

5.4.147 त्रिककुत् पर्वते

5.4.148 उद्-विभ्यां काकुदस्य काकुदस्य 149

5.4.149 पूर्णाद् विभाषा

5.4.150 सुहृद्-दुर्हृदौ मित्रामित्रयोः

5.4.151 उरःप्रभृतिभ्यः कप् कप् 160

5.4.152 इनः स्त्रियाम्

5.4.153 नद्यृतश्च

5.4.154 शेषाद्विभाषा

5.4.155 न संज्ञायाम् न 160

5.4.156 ईयसश्च

5.4.157 वन्दिते भ्रातुः

5.4.158 ऋतश्छन्दसि

5.4.159 नाडी-तन्त्र्योः स्वाङ्गे

5.4.160 निष्प्रवाणिश्च

॥ इति अष्टाध्यायीसूत्रपाठे पञ्चमाध्यायस्य चतुर्थः पादः ॥

॥ इति अष्टाध्यायीसूत्रपाठे पञ्चमोऽध्यायः॥

अथ षष्ठोऽध्यायः

अथ प्रथमः पादः

(द्वित्व-प्रकरणम्)

6.1.1 एकाचो द्वे प्रथमस्य 11

6.1.2 अजादेर्द्वितीयस्य 11

6.1.3 न न्-द्-राःसंयोगादयः

(वा०) यथेष्टं नामधातुष्विति वक्तव्यम्

6.1.4 पूर्वोऽभ्यासः

6.1.5 उभे अभ्यस्तम् अभ्यस्तम् 6

6.1.6 जक्षित्यादयः षट्

6.1.7 तुजादीनां दीर्घोऽभ्यासस्य

6.1.8 लिटि धातोरनभ्यासस्य ध..स्य 11

6.1.9 सन्-यङोः

6.1.10 श्लौ

6.1.11 चङि

6.1.12 दाश्वान् साह्वान् मीढ्वांश्च

(संप्रसारण-प्रकरणम्)

6.1.13 ष्यङः संप्रसारणं पुत्र-पत्योस्तत्पुरुषे
ष्यङः 14; संप्रसारणम् 31

6.1.14 बन्धुनि बहुव्रीहौ

6.1.15 वचि-स्वपि-यजादीनां किति किति 16

6.1.16 ग्रहि-ज्या-वयि-व्यधि-वष्टि-विचति-
वृश्चति-पृच्छति-भृज्जतीनां ङिति च 16

6.1.17 लिट्यभ्यासस्योभयेषाम्

6.1.18 स्वापेश्चङि

6.1.19 स्वपि-स्यमि-व्येञां यङि यङि 21

6.1.20 न वशः

6.1.21 चायः की

6.1.22 स्फायः स्फी निष्ठायाम् निष्ठायाम् 28

6.1.23 स्त्यः प्रपूर्वस्य

6.1.24 द्रवमूर्ति-स्पर्शयोः श्यः श्यः 26
6.1.25 प्रतेश्च
6.1.26 विभाषाऽभ्यव-पूर्वस्य विभाषा 28
6.1.27 श्रृतं पाके
6.1.28 प्यायः पी 29
6.1.29 लिड्-यङोश्च लिड्यङोः 30
6.1.30 विभाषा श्वेः 31
6.1.31 णौ च संश्चङोः 32
6.1.32 ह्वः संप्रसारणम् ह्वः 34; संप्रसारणम् 36
6.1.33 अभ्यस्तस्य च
6.1.34 बहुलं छन्दसि बहुलम् 35; छन्दसि 36
6.1.35 चायः की
6.1.36 अपस्पृधेथामानृचुरानृहुश्चिच्युषे तित्याज श्राताः श्रितमाशीराशीर्त्ताः
6.1.37 न संप्रसारणे संप्रसारणम्
न संप्रसारणम् 44
6.1.38 लिटि वयो यः लिटि 40; वयो यः 39
6.1.39 वश्चास्यान्यतरस्यां किति
6.1.40 वेञः 41
6.1.41 ल्यपि च ल्यपि 44
6.1.42 ज्यश्च
6.1.43 व्यश्च व्यः 44
6.1.44 विभाषा परेः

(आत्वादि-प्रकरणम्)

6.1.45 आदेच उपदेशेऽशिति
आद्, एचः 57; उपदेशे 64
6.1.46 न व्यो लिटि
6.1.47 स्फुरति-स्फुलत्योर्घञि
6.1.48 क्रीङ्-जीनां णौ णौ 49
6.1.49 सिध्यतेरपारलौकिके
6.1.50 मीनाति-मिनोति-दीङां ल्यपि च
ल्यपि 51
(वा०) स्थाघ्वोरित्त्वे दीङः प्रतिषेधः
6.1.51 विभाषा लीयतेः विभाषा 56
6.1.52 खिदेश्छन्दसि
6.1.53 अपगुरो णमुलि
6.1.54 चि-स्फुरोर्णौ णौ 57
6.1.55 प्रजने वीयतेः
6.1.56 बिभेतेर्हेतुभये हेतुभये 57
6.1.57 नित्यं स्मयतेः
6.1.58 सृजि-दृशोर्झल्यमकिति झ..ति 59
6.1.59 अनुदात्तस्य चर्दुपधस्यान्यतरस्याम्
6.1.60 शीर्षंश्छन्दसि शीर्षन् 61
6.1.61 ये च तद्धिते
6.1.62 अचि शीर्षः
6.1.63 पद् दन् नो मास् हृन् निशसन् यूषन् दोषन् यकञ् छकन्नुदन्नासञ् छस्प्रभृतिषु
6.1.64 धात्वादेः षः सः धात्वादेः 65
6.1.65 णो नः

(लोप-प्रकरणम्)

6.1.66 लोपो व्योर्वलि लोपः 70
6.1.67 वेरपृक्तस्य
6.1.68 हल्-ङ्याब्भ्यो दीर्घात् सु-तिस्यपृक्तं हल्
हल् 69
6.1.69 एङ्-ह्रस्वात् सम्बुद्धेः
6.1.70 शेश्छन्दसि बहुलम्

(तुगादि-प्रकरणम्)

6.1.71 ह्रस्वस्य पिति कृति तुक्
ह्रस्वस्य 73; तुक् 76

(सन्धि-प्रकरणम्)

6.1.72 संहितायाम् 158

6.1.73 छे च छे 76

6.1.74 आङ्-माङोश्च

6.1.75 दीर्घात् 76

6.1.76 पदान्ताद्वा

6.1.77 इको यणचि अचि 125

6.1.78 एचोऽयवायावः एचः 83

6.1.79 वान्तो यि प्रत्यये

वान्तः 80; यि प्रत्यये 83

(वा०) गोर्यूतौ च्छन्दस्युपसङ्ख्यानम्

(वा०) अध्वपरिमाणे च

6.1.80 धातोस्तन्निमित्तस्यैव धातोः 83

6.1.81 क्षय्य-जय्यौ शक्यार्थे

6.1.82 क्रय्यस्तदर्थे

6.1.83 भय्य-प्रवय्ये च च्छन्दसि

(एकादेशादि-प्रकरणम्)

6.1.84 एकः पूर्वपरयोः 111

6.1.85 अन्तादिवच्च

6.1.86 षत्व-तुकोरसिद्धः

6.1.87 आद् गुणः आत् 96

6.1.88 वृद्धिरेचि वृद्धिः 92; एचि 89

6.1.89 एत्येधत्यूठ्सु

(वा०) अक्षादूहिन्यामुपसङ्ख्यानम्

(वा०) प्रादूहोढोढ्येषैष्येषु

(वा०) ऋते च तृतीया-समासे

(वा०) प्रवत्सतर-कम्बल-वसनार्ण-दशानामृणे

6.1.90 आटश्च

6.1.91 उपसर्गादृ ऋति धातौ

उपसर्गादृ, धातौ 94; ऋति 92

6.1.92 वा सुप्यापिशलेः

6.1.93 औतोऽम्-शसोः

6.1.94 एङि पररूपम् पररूपम् 100

(वा०) शकन्ध्वादिषु पररूपं वाच्यम्

6.1.95 ओमाङोश्च

6.1.96 उस्यपदान्तात् अपदान्तात् 97

6.1.97 अतो गुणे

6.1.98 अव्यक्तानुकरणस्यात इतौ

अव्य..स्य, अतः 100; इतौ 99

6.1.99 नाम्रेडितस्यान्त्यस्य तु वा

6.1.100 नित्यमाम्रेडिते डाचि

6.1.101 अकः सवर्णे दीर्घः

अकः 107; दीर्घः 106

(वा०) ऋति सवर्णे ॠ वा

(वा०) ऌति सवर्णे ॡ वा

6.1.102 प्रथमयोः पूर्वसवर्णः पूर्वसवर्णः 106

6.1.103 तस्माच्छसो नः पुंसि

6.1.104 नादिचि न 105; इचि 106

6.1.105 दीर्घाज्जसि च 106

6.1.106 वा च्छन्दसि 108

6.1.107 अमि पूर्वः पूर्वः 110

6.1.108 संप्रसारणाच्च

6.1.109 एङः पदान्तादति एङः 110; अति 113

6.1.110 ङसिङसोश्च ङसिङसोः 112

6.1.111 ऋत उत् उत् 114

6.1.112 ख्यत्यात् परस्य

6.1.113 अतो रोरप्लुतादप्लुते अतो..तात् 114

6.1.114 हशि च

(प्रकृतिभावादि-प्रकरणम्)

6.1.115 प्रकृत्याऽन्तःपादमव्यपरे
प्रकृत्या 130; अन्तःपादम् 116

6.1.116 अव्यादवद्यादवक्रमुरव्रतायमवन्त्ववस्युषु च

6.1.117 यजुष्युरः यजुषि 121

6.1.118 आपो जुषाणो वृष्णो वर्षिष्ठेऽम्बेऽम्बाले-ऽम्बिकेपूर्वे

6.1.119 अङ्ग इत्यादौ च

6.1.120 अनुदात्ते च कु-धपरे अनुदात्ते 121

6.1.121 अवपथासि च

6.1.122 सर्वत्र विभाषा गोः
विभाषा 123; गोः 124

6.1.123 अवङ् स्फोटायनस्य अवङ् 124

6.1.124 इन्द्रे च

6.1.125 प्लुत-प्रगृह्या अचि नित्यम् अचि 130

6.1.126 आङोऽनुनासिकश्छन्दसि

6.1.127 इकोऽसवर्णे शाकल्यस्य ह्रस्वश्च
शाकल्यस्य ह्रस्वः च 128

(वा०) न समासे

6.1.128 ऋत्यकः

6.1.129 अप्लुतवदुपस्थिते अप्लुतवत् 130

6.1.130 ई३ चाक्रवर्मणस्य

6.1.131 दिव उत्

6.1.132 एतत्-तदोः सुलोपोऽकोरनञ्समासे हलि सुलोपः 134; हलि 133

6.1.133 स्यश्छन्दसि बहुलम्

6.1.134 सोऽचि लोपे चेत् पादपूरणम्

(सुट्-प्रकरणम्)

6.1.135 सुट् कात् पूर्वः 157

6.1.136 अडभ्यासव्यवायेऽपि

6.1.137 सम्पर्युपेभ्यः करोतौ भूषणे
सम्पर्युपेभ्यः 138; करोतौ 139

6.1.138 समवाये च

6.1.139 उपात् प्रतियत्न-वैकृत-वाक्याध्याहारेषु
उपात् 141

6.1.140 किरतौ लवने किरतौ 142

6.1.141 हिंसायां प्रतेश्च

6.1.142 अपाच्चतुष्पाच्छकुनिष्वालेखने

6.1.143 कुस्तुम्बुरूणि जातिः

6.1.144 अपरस्पराः क्रियासातत्ये

6.1.145 गोष्पदं सेवितासेवित-प्रमाणेषु

6.1.146 आस्पदं प्रतिष्ठायाम्

6.1.147 आश्चर्यमनित्ये

6.1.148 वर्चस्केऽवस्करः

6.1.149 अपस्करो रथाङ्गम्

6.1.150 विष्किरः शकुनौ वा

6.1.151 ह्रस्वाच्चन्द्रोत्तरपदे मन्त्रे

6.1.152 प्रतिष्कशश्च कशेः

6.1.153 प्रस्कण्व-हरिश्चन्द्रावृषी

6.1.154 मस्कर-मस्करिणौ वेणु-परिव्राजकयोः

6.1.155 कास्तीराजस्तुन्दे नगरे

6.1.156 कारस्करो वृक्षः

6.1.157 पारस्करप्रभृतीनि च संज्ञायाम्

(स्वरप्रक्रिया)

6.1.158 अनुदात्तं पदमेकवर्जम्

(उदात्त-प्रकरणम्)

6.1.159 कर्षात्वतो घञोऽन्त उदात्तः
अन्तः 185; उदात्तः 220

6.1.160 उञ्छादीनां च

6.1.161 अनुदात्तस्य च यत्रोदात्तलोपः

6.1.162 धातोः

6.1.163 चितः 164

6.1.164 तद्धितस्य 165

6.1.165 कितः

6.1.166 तिसृभ्यो जसः

6.1.167 चतुरः शसि

6.1.168 सावेकाचस्तृतीयादिर्विभक्तिः
एका..दिः 169; विभक्तिः 184

6.1.169 अन्तोदत्तादुत्तरपदादन्यतरस्याम-नित्यसमासे अन्तोदात्तात् 177

6.1.170 अञ्चेश्छन्दस्यसर्वनामस्थानम्
असर्वनामस्थानम् 175

6.1.171 ऊडिदम्-पदाद्यप्-पुं-रै-द्युभ्यः

6.1.172 अष्टनो दीर्घात्

6.1.173 शतुरनुमो नद्यजादी नद्यजादी 175

6.1.174 उदात्तयणो हल्पूर्वात् 175

6.1.175 नोङ्-धात्वोः

6.1.176 ह्रस्व-नुड्भ्यां मतुप् ह्रस्वः, मतुप् 177

6.1.177 नामन्यतरस्याम् 187

6.1.178 ङ्याश्छन्दसि बहुलम्

6.1.179 षट्-त्रि-चतुर्भ्यो हलादिः
षट्त्रिचतुर्भ्यः 181

6.1.180 झल्युपोत्तमम् 181

6.1.181 विभाषा भाषायाम्

6.1.182 न गो-श्वन्-सावर्वर्ण-राडङ्-क्रुङ्-कृद्भ्यः न 184

6.1.183 दिवो झल् झल् 184

6.1.184 नृ चान्यतरस्याम्

6.1.185 तित् स्वरितम्

6.1.186 तास्यनुदात्तेन्ङिदुदुपदेशाल्लसार्व-धातुकमनुदात्तमह्न्विङोः
लसार्वधातुकम् 192

6.1.187 आदिः सिचोऽन्यतरस्याम्
आदिः, अन्यतरस्याम् 188

6.1.188 स्वपादिर्हिंसामच्यनिटि
अचि, अनिटि 189

6.1.189 अभ्यस्तानामादिः
अभ्यस्तानाम् 192; आदिः 191

6.1.190 अनुदात्ते च

6.1.191 सर्वस्य सुपि

6.1.192 भी-ह्री-भृ-हु-मद-जन-धन-दरिद्रा-जागरां प्रत्ययात् पूर्वं पिति
प्रत्ययात् पूर्वम् 193

6.1.193 लिति

6.1.194 आदिर्णमुल्यन्यतरस्याम्
आदिः, अन्यतरस्याम् 196

6.1.195 अचः कर्तृयकि

6.1.196 थलि च सेटीडन्तो वा

6.1.197 ञ्नित्यादिर्नित्यम् आदिः 216

6.1.198 आमन्त्रितस्य च

6.1.199 पथि-मथोः सर्वनामस्थाने

6.1.200 अन्तश्च तवै युगपत्

6.1.201 क्षयो निवासे

6.1.202 जयः करणम्

6.1.203 वृषादीनां च

6.1.204 संज्ञायामुपमानम् संज्ञायाम् 205

6.1.205 निष्ठा च द्व्यजनात्

6.1.206 शुष्क-धृष्टौ

6.1.207 आशितः कर्ता

6.1.208 रिक्ते विभाषा विभाषा 209
6.1.209 जुष्टार्पिते च च्छन्दसि जुष्टार्पिते 210
6.1.210 नित्यं मन्त्रे
6.1.211 युष्मदस्मदोर्ङसि युष्मदस्मदोः 212
6.1.212 ङयि च
6.1.213 यतोऽनावः
6.1.214 ईड-वन्द-वृ-शंस-दुहां ण्यतः
6.1.215 विभाषा वेण्विन्धानयोः विभाषा 216
6.1.216 त्याग-राग-हास-कुह-श्वठ-क्रथानाम्
6.1.217 उपोत्तमं रिति उपोत्तमम् 218
6.1.218 चङ्यन्यतरस्याम्
6.1.219 मतोः पूर्वमात् संज्ञायां स्त्रियाम् संज्ञायाम् 221
6.1.220 अन्तोऽवत्याः अन्तः 223
6.1.221 ईवत्याः
6.1.222 चौ
6.1.223 समासस्य

॥ इति अष्टाध्यायीसूत्रपाठे षष्ठाध्यायस्य प्रथमः पादः ॥

अथ षष्ठाध्यायस्य द्वितीयः पादः

(समासस्वरे पूर्वपदप्रकृतिभावः)

6.2.1 बहुव्रीहौ प्रकृत्या पूर्वपदम् प्रकृत्या 63; पूर्वपदम् 110
6.2.2 तत्पुरुषे तुल्यार्थ-तृतीया-सप्तम्युपमानाव्यय-द्वितीया-कृत्याः तत्पुरुषे 24
6.2.3 वर्णः वर्णेष्वनेते
6.2.4 गाध-लवणयोः प्रमाणे
6.2.5 दायाद्यं दायादे
6.2.6 प्रतिबन्धि चिर-कृच्छ्रयोः
6.2.7 पदेऽपदेशे
6.2.8 निवाते वातत्राणे
6.2.9 शारदेनार्तवे
6.2.10 अध्वर्यु-कषाययोर्जातौ
6.2.11 सदृश-प्रतिरूपयोः सादृश्ये
6.2.12 द्विगौ प्रमाणे
6.2.13 गन्तव्य-पण्यं वाणिजे
6.2.14 मात्रोपज्ञोपक्रम-च्छाये नपुंसके
6.2.15 सुख-प्रिययोर्हिते सुखप्रिययोः 16
6.2.16 प्रीतौ च
6.2.17 स्वं स्वामिनि
6.2.18 पत्यावैश्वर्ये 20
6.2.19 न भू-वाक्-चिद्-दिधिषु
6.2.20 वा भुवनम्
6.2.21 आशङ्काबाध-नेदीयस्सु संभावने
6.2.22 पूर्वे भूतपूर्वे
6.2.23 सविध-सनीड-समर्याद-सवेश-सदेशेषु सामीप्ये
6.2.24 विस्पष्टादीनि गुणवचनेषु
6.2.25 श्र-ज्या-वमकन्-पापवत्सु भावे कर्मधारये कर्मधारये 28
6.2.26 कुमारश्च कुमारः 28

6.2.27 आदिः प्रत्येनसि आदिः 28
6.2.28 पूगेष्वन्यतरस्याम्
6.2.29 इगन्त-काल-कपाल-भगाल-शरावेषु द्विगौ इ..षु 30; द्विगौ 31
6.2.30 बह्वन्यतरस्याम् अन्यतरस्याम् 31
6.2.31 दिष्टि-वितस्त्योश्च
6.2.32 सप्तमी सिद्ध-शुष्क-पक्व-बन्धेष्वकालात्
6.2.33 परि-प्रत्युपापा वर्ज्यमानाहोरात्रावयवेषु
6.2.34 राजन्य-बहुवचन-द्वन्द्वेऽन्धकवृष्णिषु द्वन्द्वे 37
6.2.35 सङ्ख्या
6.2.36 आचार्योपसर्जनश्चान्तेवासी
6.2.37 कार्तकौजपादयश्च
6.2.38 महान् व्रीह्यपराह्ण-गृष्टीष्वास-जाबाल-भार-भारत-हैलिहिल-रौरव-प्रवृद्धेषु महान् 39
6.2.39 क्षुल्लकश्च वैश्वदेवे
6.2.40 उष्ट्रः सादि-वाम्योः
6.2.41 गौः साद-सादि-सारथिषु
6.2.42 कुरुगार्हपत रिक्तगुर्वसूतजरत्यश्लील-दृढरूपा पारेवडवा तैतिलकद्रूः पण्यकम्बलो दासीभाराणां च
6.2.43 चतुर्थी तदर्थे चतुर्थी 45
6.2.44 अर्थे
6.2.45 क्ते च क्ते 49
6.2.46 कर्मधारयेऽनिष्ठा
6.2.47 अहीने द्वितीया
6.2.48 तृतीया कर्मणि कर्मणि 49
6.2.49 गतिरनन्तरः गतिः 52; अनन्तरः 51
6.2.50 तादौ च निति कृत्यतौ
6.2.51 तवै चान्तश्च युगपत्
6.2.52 अनिगन्तोऽञ्चतौ वप्रत्यये अञ्चतौ वप्रत्यये 53
6.2.53 न्यधी च
6.2.54 ईषदन्यतरस्याम् अन्यतरस्याम् 63
6.2.55 हिरण्यपरिमाणं धने
6.2.56 प्रथमोऽचिरोपसम्पत्तौ
6.2.57 कतर-कतमौ कर्मधारये कर्मधारये 59
6.2.58 आर्यो ब्राह्मण-कुमारयोः ब्र..योः 59
6.2.59 राजा च राजा 60
6.2.60 षष्ठी प्रत्येनसि
6.2.61 क्ते नित्यार्थे
6.2.62 ग्रामः शिल्पिनि शिल्पिनि 63
6.2.63 राजा च प्रशंसायाम्

(समासस्वरे पूर्वपदाद्युदात्त-प्रकरणम्)

6.2.64 आदिरुदात्तः आदिः 91; उदात्तः 199
6.2.65 सप्तमी-हारिणौ धर्म्येऽहरणे
6.2.66 युक्ते च
6.2.67 विभाषाऽध्यक्षे विभाषा 68
6.2.68 पापं च शिल्पिनि
6.2.69 गोत्रान्तेवासि-माणव-ब्राह्मणेषु क्षेपे
6.2.70 अङ्गानि मैरेये
6.2.71 भक्ताख्यास्तदर्थेषु
6.2.72 गो-बिडाल-सिंह-सैन्धवेषूपमाने
6.2.73 अके जीविकाऽर्थे अके 74
6.2.74 प्राचां क्रीडायाम्
6.2.75 अणि नियुक्ते अणि 77
6.2.76 शिल्पिनि चाकृञः अकृञः 77

6.2.77 संज्ञायां च
6.2.78 गो-तन्ति-यवं पाले
6.2.79 णिनि 80
6.2.80 उपमानं शब्दार्थप्रकृतावेव
6.2.81 युक्तारोह्यादयश्च
6.2.82 दीर्घ-काश-तुष-भ्राष्ट्र-वटं जे जे 83
6.2.83 अन्त्यात् पूर्वं बह्वचः
6.2.84 ग्रामेऽनिवसन्तः
6.2.85 घोषादिषु च
6.2.86 छात्र्यादयः शालायाम्
6.2.87 प्रस्थेऽवृद्धमकर्क्यादीनाम् प्रस्थे 88
6.2.88 मालादीनां च
6.2.89 अमहन्नवं नगरेऽनुदीचाम्
अमहन्नवं 90
6.2.90 अर्मे चावर्णं द्व्यच् त्र्यच् अर्मे 91
6.2.91 न भूताधिक-संजीव-मद्राश्म-कज्जलम्

(समासस्वरे पूर्वपदान्तोदात्त-प्रकरणम्)

6.2.92 अन्तः 110
6.2.93 सर्वं गुणकार्त्स्न्ये
6.2.94 संज्ञायां गिरि-निकाययोः
6.2.95 कुमार्यां वयसि
6.2.96 उदकेऽकेवले
6.2.97 द्विगौ क्रतौ
6.2.98 सभायां नपुंसके
6.2.99 पुरे प्राचाम् पुरे 91
6.2.100 अरिष्ट-गौड-पूर्वे च
6.2.101 न हास्तिन-फलक-मार्देयाः
6.2.102 कुसूल-कूप-कुम्भ-शालं बिले
6.2.103 दिक्छब्दा ग्राम-जनपदाख्यान-चानराटेषु दिक्छब्दाः 105
6.2.104 आचार्योपसर्जनश्चान्तेवासिनि
6.2.105 उत्तरपदवृद्धौ सर्वं च
6.2.106 बहुव्रीहौ विश्वं संज्ञयाम्
बहुव्रीहौ 120; संज्ञयाम् 108
6.2.107 उदराश्वेषुषु 108
6.2.108 क्षेपे
6.2.109 नदी बन्धुनि
6.2.110 निष्ठोपसर्गपूर्वमन्यतरस्याम्

(समासस्वरे उत्तरपदाद्युदात्त-प्रकरणम्)

6.2.111 उत्तरपदादिः
उत्तरपदस्य 199; अदिः 136
6.2.112 कर्णो वर्णलक्षणात् कर्णः 113
6.2.113 संज्ञौपम्ययोश्च 115
6.2.114 कण्ठ-पृष्ठ-ग्रीवा-जङ्घं च
6.2.115 शृङ्गमवस्थायां च
6.2.116 नञो जर-मर-मित्र-मृताः
6.2.117 सोर्मनसी अ-लोमोषसी सोः 120
6.2.118 क्रत्वादयश्च
6.2.119 आद्युदात्तं द्व्यच् छन्दसि छन्दसि 120
6.2.120 वीर-वीर्यौ च
6.2.121 कूल-तीर-तूल-मूल-शालाक्ष-सममव्ययीभावे
6.2.122 कंस-मन्थ-शूर्प-पाय्य-काण्डं द्विगौ
6.2.123 तत्पुरुषे शालायां नपुंसके
तत्पुरुषे 139; नपुंसके 125
6.2.124 कन्था च कन्था 125
6.2.125 आदिश्चिहणादीनाम्
6.2.126 चेल-खेट-कटुक-काण्डं गर्हायाम्

6.2.127 चीरमुपमानम्
6.2.128 पलल-सूप-शाकं मिश्रे
6.2.129 कूल-सूद-स्थल-कर्षाः संज्ञायाम्
6.2.130 अकर्मधारये राज्यम् अ..ये 131
6.2.131 वर्ग्यादयश्च
6.2.132 पुत्रः पुंभ्यः पुत्रः 133
6.2.133 नाचार्य-राजर्त्विक्-संयुक्त-ज्ञात्याख्येभ्यः
6.2.134 चूर्णादीन्यप्राणिषष्ठ्याः
अप्राणिषष्ठ्याः 135
6.2.135 षट् च काण्डादीनि
6.2.136 कुण्डं वनम्

(समासस्वरे उत्तरपदप्रकृतिभावः)

6.2.137 प्रकृत्या भगालम् प्रकृत्या 142
6.2.138 शितेर्नित्याबह्वज्बहुव्रीहावभसत्
6.2.139 गति-कारकोपपदात् कृत्
6.2.140 उभे वनस्पत्यादिषु युगपत्
उभे, युगपत् 142
6.2.141 देवताद्वन्द्वे च देवताद्वन्द्वे 142
6.2.142 नोत्तरपदेऽनुदात्तादावपृथिवी-रुद्र-पूषमन्थिषु

(समासस्वरे उत्तरपदान्तोदात्त-प्रकरणम्)

6.2.143 अन्तः 198
6.2.144 थाथ-घञ्-क्ताजबित्र-काणाम्
6.2.145 सूपमानात् क्तः क्तः 149
6.2.146 संज्ञायामनाचितादीनाम्
संज्ञायाम् 148
6.2.147 प्रवृद्धादीनां च
6.2.148 कारकाद्दत्त-श्रुतयोरेवाशिषि
कारकात् 151

6.2.149 इत्थम्भूतेन कृतमिति च
6.2.150 अनो भाव-कर्मवचनः
6.2.151 मन्-क्तिन्-व्याख्यान-शयनासन-स्थान-याजकादि-क्रीताः
6.2.152 सप्तम्याः पुण्यम्
6.2.153 ऊनार्थ-कलहं तृतीयायाः तृ..याः 154
6.2.154 मिश्रं चानुपसर्गमसन्धौ
6.2.155 नञो गुणप्रतिषेधे सम्पाद्यर्ह-हितालमर्थास्तद्धिताः
नञः 161; गु..धे, तद्धिताः 156
6.2.156 य-यतोश्चातदर्थे
6.2.157 अच्-कावशक्तौ अच्कौ 158
6.2.158 आक्रोशे च आक्रोशे 159
6.2.159 संज्ञायाम्
6.2.160 कृत्योकेष्णुच्-चार्वादयश्च
6.2.161 विभाषा तृन्नन्न-तीक्ष्ण-शुचिषु
6.2.162 बहुव्रीहाविदमेतत्-तद्भ्यः प्रथम-पूरणयोः क्रियागणने बहुव्रीहौ 177
6.2.163 सङ्ख्यायाः स्तनः 164
6.2.164 विभाषा छन्दसि
6.2.165 संज्ञायां मित्राजिनयोः
6.2.166 व्यवायिनोऽन्तरम्
6.2.167 मुखं स्वाङ्गम् 169
6.2.168 नाव्यय-दिक्छब्द-गो-महत्-स्थूल-मुष्टि-पृथु-वत्सेभ्यः
6.2.169 निष्ठोपमानादन्यतरस्याम्
6.2.170 जाति-काल-सुखादिभ्योऽनाच्छादनात् क्तोऽकृत-मितप्रतिपन्नाः जा..भ्यः 171
6.2.171 वा जाते

6.2.172 नञ्-सुभ्याम् 174
6.2.173 कपि पूर्वम् कपि 174
6.2.174 ह्रस्वान्तेऽन्त्यात् पूर्वम्
6.2.175 बहोर्नञ्वदुत्तरपदभूम्नि बहोः 176
6.2.176 न गुणादयोऽवयवाः
6.2.177 उपसर्गात् स्वाङ्गं ध्रुवमपर्शु उपसर्गात् 195
6.2.178 वनं समासे वनम् 179
6.2.179 अन्तः
6.2.180 अन्तश्च अन्तः 181
6.2.181 न नि-विभ्याम्
6.2.182 परेरभितोभावि मण्डलम्
6.2.183 प्रादस्वाङ्गं संज्ञायाम्
6.2.184 निरुदकादीनि च
6.2.185 अभेर्मुखम् मुखम् 186
6.2.186 अपाच्च अपात् 187
6.2.187 स्फिग-पूत-वीणाऽञ्जोऽध्व-कुक्षि-सीरनाम-नाम च
6.2.188 अधेरुपरिस्थम्
6.2.189 अनोरप्रधान-कनीयसी अनोः 190
6.2.190 पुरुषश्चान्वादिष्टः
6.2.191 अतेरकृत्पदे
6.2.192 नेरनिधाने
6.2.193 प्रतेरंश्वादयस्तत्पुरुषे तत्पुरुषे 196
6.2.194 उपाद् द्व्यजजिनमगौरादयः
6.2.195 सोरवक्षेपणे
6.2.196 विभाषोत्पुच्छे विभाषा 198
6.2.197 द्वि-त्रिभ्यां पाद्-दन्-मूर्धसु बहुव्रीहौ
6.2.198 सक्थं चाक्रान्तात्
6.2.199 परादिश्छन्दसि बहुलम्

॥ इति अष्टाध्यायीसूत्रपाठे षष्ठाध्यायस्य द्वितीयः पादः ॥

अथ षष्ठाध्यायस्य तृतीयः पादः

(अलुक्समासादि-प्रकरणम्)

6.3.1 अलुगुत्तरपदे अलुक् 24; उत्तरपदे 139
6.3.2 पञ्चम्याः स्तोकादिभ्यः
6.3.3 ओजः-सहोऽम्भस्तमसस्तृतीयायाः तृतीयायाः 6
6.3.4 मनसः संज्ञायाम् मनसः 5
6.3.5 आज्ञायिनि च
6.3.6 आत्मनश्च आत्मनः 7
6.3.7 वैयाकरणाख्यायां चतुर्थ्याः 8
6.3.8 परस्य च
6.3.9 हलदन्तात् सप्तम्याः संज्ञायाम् हलदन्तात् 18; सप्तम्याः 20
6.3.10 कारनाम्नि च प्राचां हलादौ
6.3.11 मध्याद् गुरौ
(वा०) अन्ताच्च
6.3.12 अमूर्ध-मस्तकात् स्वाङ्गादकामे

6.3.13 बन्धे च विभाषा

6.3.14 तत्पुरुषे कृति बहुलम्

6.3.15 प्रावृट्-छरत्-काल-दिवां जे जे 16

6.3.16 विभाषा वर्ष-क्षर-शर-वरात् विभाषा 18

6.3.17 घ-काल-तनेषु कालनाम्नः

6.3.18 शय-वास-वासिष्वकालात्

6.3.19 नेन्सिद्ध-बध्नातिषु च न 20

6.3.20 स्थे च भाषायाम्

6.3.21 षष्ठ्या आक्रोशे षष्ठ्याः 24; आक्रोशे 22

6.3.22 पुत्रेऽन्यतरस्याम् पुत्रे 25

6.3.23 ऋतो विद्या-योनिसम्बन्धेभ्यः ऋतः 24; वि..भ्यः 25

6.3.24 विभाषा स्वसृ-पत्योः

6.3.25 आनङ् ऋतो द्वन्द्वे आनङ् 26

6.3.26 देवताद्वन्द्वे च देवताद्वन्द्वे 31

6.3.27 ईदग्नेः सोम-वरुणयोः अग्नेः 28

6.3.28 इद् वृद्धौ

6.3.29 दिवो द्यावा 30

6.3.30 दिवसश्च पृथिव्याम्

6.3.31 उषासोषसः

6.3.32 मातर-पितरावुदीचाम्

6.3.33 पितरा-मातरा च च्छन्दसि

(पुंवद्भावादि-प्रकरणम्)

6.3.34 स्त्रियाः पुंवद् भाषितपुंस्कादनूङ् समानाधिकरणे स्त्रियामपूरणी-प्रियादिषु स्त्रियाः, अनूङ् 42; पुंवत् 41; भाषितपुंस्कात् 43

6.3.35 तसिलादिष्वाकृत्वसुचः

(वा०) भस्याढे तद्धिते

6.3.36 क्यङ्-मानिनोश्च

6.3.37 न कोपधायाः न 41

6.3.38 संज्ञा-पूरण्योश्च

6.3.39 वृद्धिनिमित्तस्य च तद्धितस्यारक्तविकारे

6.3.40 स्वाङ्गाच्चेतः

6.3.41 जातेश्च

6.3.42 पुंवत् कर्मधारय-जातीय-देशीयेषु

(वा०) कुक्कुट्यादीनामण्डादिषु

6.3.43 घ-रूप-कल्प-चेलड्-ब्रुव-गोत्र-मत-हतेषु ङ्योऽनेकाचो ह्रस्वः घ..षु, ह्रस्वः 45

6.3.44 नद्याः शेषस्यान्यतरस्याम् नद्याः, अन्यतरस्याम् 45

6.3.45 उगितश्च

6.3.46 आन्महतः समानाधिकरणजातीययोः आत् 47

6.3.47 द्व्यष्टनः सङ्ख्यायामबहुव्रीह्यशीत्योः सं..त्योः 49

6.3.48 त्रेस्त्रयः

6.3.49 विभाषा चत्वारिंशत्प्रभृतौ सर्वेषाम्

(हृदाद्यादेश-प्रकरणम्)

6.3.50 हृदयस्य हृल्लेख-यदण्-लासेषु हृदयस्य हृत् 51

6.3.51 वा शोक-ष्यञ्-रोगेषु

6.3.52 पादस्य पदाज्याति-गोपहतेषु पादस्य 56

6.3.53 पद् यत्यतदर्थे पद् 56

6.3.54 हिम-काषि-हतिषु च

6.3.55 ऋचः शे

6.3.56 वा घोष-मिश्र-शब्देषु

6.3.57 उदकस्योदः संज्ञायाम् उ..दः 60

6.3.58 पेषं-वास-वाहन-धिषु च

6.3.59 एकहलादौ पूरयितव्येऽन्यतरस्याम्
अन्यतरस्याम् 61

6.3.60 मन्थौदन-सक्तु-बिन्दु-वज्र-भार-हार-वीवध-गाहेषु च

(ह्रस्व-प्रकरणम्)

6.3.61 इको ह्रस्वोऽङ्यो गालवस्य ह्रस्वः 66

(वा०) इयङुवङ्भाविनामव्ययानां च न भवति

6.3.62 एक तद्धिते च

6.3.63 ङ्यापोः संज्ञा-छन्दसोर्बहुलम्
ङ्यापोः, बहुलम् 64

6.3.64 त्वे च

6.3.65 इष्टकेषीका-मालानां चित-तूल-भारिषु

6.3.66 खित्यनव्ययस्य खिति 69; अन..स्य 67

(मुमादि-प्रकरणम्)

6.3.67 अरुर्द्विषदजन्तस्य मुम् मुम् 72

6.3.68 इच एकाचोऽम्प्रत्ययवच्च

6.3.69 वाचंयम-पुरन्दरौ च

6.3.70 कारे सत्यागदस्य

6.3.71 श्येन-तिलस्य पाते ञे

6.3.72 रात्रेः कृति विभाषा

6.3.73 न-लोपो नञः नञः 77

(वा०) नञो नलोपोऽवक्षेपे तिङ्युपसङ्ख्यानं कर्तव्यम्

6.3.74 तस्मान्नुडचि

6.3.75 नभ्राण्-नपान्नवेदा-नासत्या-नमुचि-नकुल-नख-नपुंसक-नक्षत्र-नक्र-नाकेषु प्रकृत्या प्रकृत्या 77

6.3.76 एकादिश्चैकस्य चादुक्

6.3.77 नगोऽप्राणिष्वन्यतरस्याम्

(साद्यादेश-प्रकरणम्)

6.3.78 सहस्य सः संज्ञायाम्
सहस्य 83; सः 89

6.3.79 ग्रन्थान्ताधिके च

6.3.80 द्वितीये चानुपाख्ये

6.3.81 अव्ययीभावे चाकाले

6.3.82 वोपसर्जनस्य

6.3.83 प्रकृत्याशिषि

6.3.84 समानस्य च्छन्दस्यमूर्द्ध-प्रभृत्युदर्केषु
समानस्य 89

6.3.85 ज्योतिर्जनपद-रात्रि-नाभि-नाम-गोत्र-रूप-स्थान-वर्ण-वयो-वचन-बन्धुषु

6.3.86 चरणे ब्रह्मचारिणि

6.3.87 तीर्थे ये ये 88

6.3.88 विभाषोदरे

6.3.89 दृग्-दृश-वतुषु 91

6.3.90 इदं-किमोरीश्-की

6.3.91 आ सर्वनाम्नः सर्वनाम्नः 92

6.3.92 विष्वग्-देवयोश्च टेरद्र्यञ्चतावप्रत्यये
अञ्चतौ अप्रत्यये 95

6.3.93 समः समि

6.3.94 तिरसस्तिर्यलोपे

6.3.95 सहस्य सध्रिः सहस्य 96

6.3.96 सध माद-स्थयोश्छन्दसि

6.3.97 द्व्यन्तरुपसर्गेभ्योऽप ईत् अपः 98

6.3.98 ऊदनोर्देशे

6.3.99 अषष्ठ्यतृतीयास्थस्यान्यस्य दुगाशीराशास्थास्थितोत्सुकोति-कारक-राग-च्छेषु अष..दुक् 100

6.3.100 अर्थे विभाषा

6.3.101 कोः कत् तत्पुरुषेऽचि कोः 108; कत् 103
6.3.102 रथ-वदयोश्च
6.3.103 तृणे च जातौ
6.3.104 का पथ्यक्षयोः का 108
6.3.105 ईषदर्थे
6.3.106 विभाषा पुरुषे विभाषा 108
6.3.107 कवं चोष्णे कवम् 108
6.3.108 पथि च च्छन्दसि
6.3.109 पृषोदरादीनि यथोपदिष्टम्
6.3.110 सङ्ख्या-वि-सायपूर्वस्याह्नस्याहन्न-न्यतरस्यां ङौ

(दीर्घ-प्रकरणम्)

6.3.111 ढ्रलोपे पूर्वस्य दीर्घोऽणः ढ्रलोपे 112; पूर्वस्य 138; दीर्घः 6.4.18; अणः 6.4.2
6.3.112 सहि-वहोरोदवर्णस्य
6.3.113 साढ्यै साढ्वा साढेति निगमे
6.3.114 संहितायाम् 135
6.3.115 कर्णे लक्षणस्याविष्टाष्ट-पञ्च-मणि-भिन्न-छिन्न-च्छिद्र-स्रुव-स्वस्तिकस्य
6.3.116 नहि-वृति-वृषि-व्यधि-रुचि-सहि-तनिषु क्वौ
6.3.117 वन-गिर्योः संज्ञायां कोटर-किंशुलकादीनाम् संज्ञायाम् 120
6.3.118 वले
6.3.119 मतौ बह्वचोऽनजिरादीनाम् मतौ 120
6.3.120 शरादीनां च
6.3.121 इको वहेऽपीलोः
6.3.122 उपसर्गस्य घञ्यमनुष्ये बहुलम् उपसर्गस्य 124
6.3.123 इकः काशे इकः 124
6.3.124 दस्ति
6.3.125 अष्टनः संज्ञायाम् अष्टनः 126
6.3.126 छन्दसि च
6.3.127 चितेः कपि
6.3.128 विश्वस्य वसु-राटोः विश्वस्य 130
6.3.129 नरे संज्ञायाम्
6.3.130 मित्रे चर्षौ
6.3.131 मन्त्रे सोमाश्वेन्द्रिय-विश्वदेव्यस्य मतौ मन्त्रे 132
6.3.132 ओषधेश्च विभक्तावप्रथमायाम्
6.3.133 ऋचि तु-नु-घ-मक्षु-तङ्-कुत्रोरुष्या-णाम् ऋचि 136
6.3.134 इकः सुञि
6.3.135 द्व्यचोऽतस्तिङः
6.3.136 निपातस्य च
6.3.137 अन्येषामपि दृश्यते
6.3.138 चौ
6.3.139 संप्रसारणस्य 6.4.2

॥ इति अष्टाध्यायीसूत्रपाठे षष्ठाध्यायस्य तृतीयः पादः ॥

अथ षष्ठाध्यायस्य चतुर्थः पादः

(अङ्गाधिकारः)

6.4.1 अङ्गस्य 7.4.97

6.4.2 हलः

6.4.3 नामि 7

6.4.4 न तिसृ-चतसृ

6.4.5 छन्दस्युभयथा उभयथा 6

6.4.6 नृ च

6.4.7 नोपधायाः न 10; उपधायाः 18

6.4.8 सर्वनामस्थाने चासम्बुद्धौ
सर्वनामस्थाने 11; असम्बुद्धौ 14

6.4.9 वा षपूर्वस्य निगमे

6.4.10 सान्त महतः संयोगस्य

6.4.11 अप्-तृन्-तृच्-स्वसृ-नप्तृ-नेष्टृ-त्वष्टृ-क्षत्तृ-होतृ-पोतृ-प्रशास्तृणाम्

6.4.12 इन्-हन्-पूषार्यम्णां शौ इ..णाम् 13

6.4.13 सौ च सौ 14

6.4.14 अत्वसन्तस्य चाधातोः

6.4.15 अनुनासिकस्य क्वि-झलोः क्ङिति
क्विझलोः 21; क्ङिति 19

6.4.16 अज्झन-गमां सनि सनि 17

6.4.17 तनोतेर्विभाषा विभाषा 18

6.4.18 क्रमश्च क्त्वि

6.4.19 च्छ्-वोः शूडनुनासिके च
च्छ्वोः, अनुनासिके 21; शूठ् 20

6.4.20 ज्वर-त्वर-स्रिव्यवि-मवामुपधायाश्च

6.4.21 राल्लोपः

(आभीयम्)

6.4.22 असिद्धवदत्राभात् 175

(वा०) वुग्युटावुवङ्यणोः सिद्धौ वक्तव्यौ

6.4.23 श्नान्नलोपः नलोपः 33

6.4.24 अनिदितां हल उपधायाः क्ङिति
उपधायाः 34

6.4.25 दंश-सञ्ज-स्वञ्जां शपि शपि 26

6.4.26 रञ्जेश्च रञ्जेः 27

6.4.27 घञि च भाव-करणयोः घञि 29

6.4.28 स्यदो जवे

6.4.29 अवोदैधौद्म-प्रश्रथ-हिमश्रथाः

6.4.30 नाञ्चेः पूजायाम् न 32

6.4.31 क्त्वि स्कन्दि-स्यन्दोः क्त्वि 32

6.4.32 जान्त-नशां विभाषा विभाषा 33

6.4.33 भञ्जेश्च चिणि

6.4.34 शास इदङ्-हलोः शासः 35

6.4.35 शा हौ हौ 36

6.4.36 हन्तेर्जः

6.4.37 अनुदात्तोपदेश-वनति-तनोत्यादीनाम-नुनासिक लोपो झलि क्ङिति
अ..दीनाम् 39; अनुनासिकलोपः 40

6.4.38 वा ल्यपि

6.4.39 न क्तिचि दीर्घश्च

6.4.40 गमः क्वौ

6.4.41 विड्-वनोरनुनासिकस्यात् आत् 45

6.4.42 जन-सन-खनां सञ्झलोः ज..नाम् 43

6.4.43 ये विभाषा विभाषा 44

6.4.44 तनोतेर्यकि

6.4.45 सनः क्तिचि लोपश्चास्यान्यतरस्याम्
6.4.46 आर्धधातुके 68
6.4.47 भ्रस्जो रोपधयो रमन्यतरस्याम्
6.4.48 अतो लोपः लोपः 54
6.4.49 यस्य हलः हलः 50
6.4.50 क्यस्य विभाषा
6.4.51 णेरनिटि णेः 57
6.4.52 निष्ठायां सेटि
6.4.53 जनिता मन्त्रे
6.4.54 शमिता यज्ञे
6.4.55 अयामन्ताल्वाय्येत्न्विष्णुषु अय् 57
6.4.56 ल्यपि लघुपूर्वात् ल्यपि 59
6.4.57 विभाषाऽऽपः
6.4.58 यु-प्लुवोर्दीर्घश्छन्दसि दीर्घः 61
6.4.59 क्षियः 61
6.4.60 निष्ठायामण्यदर्थे 61
6.4.61 वाऽऽक्रोश-दैन्ययोः
6.4.62 स्य-सिच्-सीयुट्-तासिषु भावकर्मणो-रुपदेशेऽज्झन-ग्रह-दृशां वा चिण्वद् इट् च
6.4.63 दीङो युडचि क्ङिति
अचि 64; क्ङिति 68
6.4.64 आतो लोप इटि च आतः 69
6.4.65 ईद् यति ईत् 66
6.4.66 घु-मा-स्था-गा-पा-जहाति-सां हलि
घु..साम् 69
6.4.67 एर्लिङि 68
6.4.68 वाऽन्यस्य संयोगादेः
6.4.69 न ल्यपि ल्यपि 70

6.4.70 मयतेरिदन्यतरस्याम्
6.4.71 लुङ्-लङ्-लृङ्क्ष्वडुदात्तः 75
6.4.72 आडजादीनाम् आट् 75
6.4.73 छन्दस्यपि दृश्यते
6.4.74 न माङ्योगे 75
6.4.75 बहुलं छन्दस्यमाङ्योगेऽपि
बहुलं छन्दसि 76
6.4.76 इरयो रे
6.4.77 अचि श्नु-धातु-भ्रुवां य्वोरियङुवङौ
अचि 100; य्वोः 78; इयङुवङौ 80
6.4.78 अभ्यासस्यासवर्णे
6.4.79 स्त्रियाः 80
6.4.80 वाऽम्-शसोः
6.4.81 इणो यण् यण् 87
6.4.82 एरनेकाचोऽसंयोगपूर्वस्य 87
(वा०) गतिकारकेतरपूर्वपदस्य यण् नेष्यते
6.4.83 ओः सुपि सुपि 85
6.4.84 वर्षाभ्वश्च
(वा०) दृन्करपुनःपूर्वस्य भुवो यण् वक्तव्यः
6.4.85 न भू-सुधियोः भूसुधियोः 86
6.4.86 छन्दस्युभयथा
6.4.87 हु-श्नुवोः सार्वधातुके
6.4.88 भुवो वुग् लुङ्-लिटोः
6.4.89 ऊदुपधाया गोहः
ऊत् 91; उपधायाः 100
6.4.90 दोषो णौ दोषः 91; णौ 94
6.4.91 वा चित्तविरागे
6.4.92 मितां ह्रस्वः मिताम् 93
6.4.93 चिण्-णमुलोर्दीर्घोऽन्यतरस्याम्
6.4.94 खचि ह्रस्वः ह्रस्वः 97

6.4.95 ह्लादो निष्ठायाम्

6.4.96 छादेर्घेऽद्व्युपसर्गस्य छादेः 97

6.4.97 इस्-मन्-त्रन्-क्विषु च

6.4.98 गम-हन-जन-खन-घसां लोपः क्ङित्यनङि लोपः 100; क्ङिति 126

6.4.99 तनि-पत्योश्छन्दसि छन्दसि 100

6.4.100 घसि-भसोर्हलि च हलि 101

6.4.101 हु-झल्भ्यो हेर्धिः हेर्धिः 103

6.4.102 श्रु-शृणु-पॄ-कृ-वृभ्यश्छन्दसि छन्दसि 103

6.4.103 अङितश्च

6.4.104 चिणो लुक् लुक् 106

6.4.105 अतो हेः हेः 106

6.4.106 उतश्च प्रत्ययादसंयोगपूर्वात् उतः, प्रत्ययात् 110; असंयोगपूर्वात् 107

6.4.107 लोपश्चास्यान्यतरस्यां म्वोः लोपः 109; म्वोः 108

6.4.108 नित्यं करोतेः नित्यम् 109; करोतेः 110

6.4.109 ये च

6.4.110 अत उत् सार्वधातुके सा..के 118

6.4.111 श्नसोरल्लोपः लोपः 112

6.4.112 श्नाभ्यस्तयोरातः श्नाभ्यस्तयोः 113; आतः 114

6.4.113 ई हल्यघोः हलि 116

6.4.114 इद् दरिद्रस्य इत् 116

6.4.115 भियोऽन्यतरस्याम् अ..म् 117

6.4.116 जहातेश्च जहातेः 118

6.4.117 आ च हौ

6.4.118 लोपो यि

6.4.119 घ्वसोरेद्धावभ्यासलोपश्च एत्, अभ्यासलोपश्च 126

6.4.120 अत एकहल्मध्येऽनादेशादेर्लिटि अतः, लिटि 126; एक..शादेः 121

6.4.121 थलि च सेटि 126

6.4.122 तॄ-फल-भज-त्रपश्च

6.4.123 राधो हिंसायाम्

6.4.124 वा जॄ-भ्रमु-त्रसाम् वा 125

6.4.125 फणां च सप्तानाम्

6.4.126 न शस-दद-वादि-गुणानाम्

6.4.127 अर्वणस्त्रसावनञः तृ 128

6.4.128 मघवा बहुलम्

(भाधिकारः)

6.4.129 भस्य 175

6.4.130 पादः पत्

6.4.131 वसोः संप्रसारणम् स..म् 133

6.4.132 वाह ऊठ्

6.4.133 श्व-युव-मघोनामतद्धिते

6.4.134 अल्लोपोऽनः अत् 138; लोपः 145; अनः 137

6.4.135 षपूर्व-हन्-धृतराज्ञामणि

6.4.136 विभाषा ङि-श्योः

6.4.137 न संयोगाद् व-मन्तात्

6.4.138 अचः 139

6.4.139 उद ईत्

6.4.140 आतो धातोः

6.4.141 मन्त्रेष्वाङ्यादेरात्मनः

6.4.142 ति विंशतेर्डिति डिति 143

6.4.143 टेः 145

6.4.144 नस्तद्धिते तद्धिते 149

(वा०) अव्ययानां भमात्रे टिलोपः

(वा०) अश्मनो विकारे टिलोपो वक्तव्यः

6.4.145 अह्नष्ट-खोरेव

6.4.146 ओर्गुणः ओः 147

6.4.147 ढे लोपोऽकद्र्वाः लोपः 156

6.4.148 यस्येति च ईति 150

(वा०) औङः श्यां प्रतिषेधो वाच्यः

6.4.149 सूर्य-तिष्यागस्त्य-मत्स्यानां य उपधायाः यः 152; उपधायाः 150

(वा०) तिष्यपुष्ययोर्नक्षत्राणि यलोप इति वाच्यम्

(वा०) मत्स्यस्य ङ्यां यलोपः

(वा०) सूर्यागस्त्ययोश्छे च ङ्यां च

6.4.150 हलस्तद्धितस्य हलः 152

6.4.151 आपत्यस्य च तद्धितेऽनाति आपत्यस्य 152; तद्धिते 153

6.4.152 क्य-च्व्योश्च

6.4.153 बिल्वकादिभ्यश्छस्य लुक्

6.4.154 तुरिष्ठेमेयःसु इष्ठेमेयःसु 163

6.4.155 टेः

6.4.156 स्थूल-दूर-युव-ह्रस्व-क्षिप्र-क्षुद्राणां यणादिपरं पूर्वस्य च गुणः

6.4.157 प्रिय-स्थिर-स्फिरोरु-बहुल-गुरु-वृद्ध-तृप्र-दीर्घ-वृन्दारकाणां प्र-स्थ-स्फ-वर्-बंहि-गर्-वर्षि-त्रब्-द्राघि-वृन्दाः

6.4.158 बहोर्लोपो भू च बहोः बहोः, भू च बहोः 159

6.4.159 इष्ठस्य यिट् च

6.4.160 ज्यादादीयसः

6.4.161 र ऋतो हलादेर्लघोः रः, ऋतः 162

6.4.162 विभाषर्जोश्छन्दसि

6.4.163 प्रकृत्यैकाच् प्रकृत्या 170

6.4.164 इनण्यनपत्ये इन् 166; अणि 171

6.4.165 गाथि-विदथि-केशि-गणि-पणिनश्च

6.4.166 संयोगादिश्च

6.4.167 अन् 170

6.4.168 ये चाभाव-कर्मणोः

6.4.169 आत्माध्वानौ खे

6.4.170 न मपूर्वोऽपत्येऽवर्मणः

6.4.171 ब्राह्मो जातौ

6.4.172 कार्मस्ताच्छील्ये

6.4.173 औक्षमनपत्ये

6.4.174 दाण्डिनायन-हास्तिनायनाथर्वणिक-जैह्माशिनेय-वाशिनायनि-भ्रौणहत्य-धैवत्य-सारवैक्ष्वाक-मैत्रेय-हिरण्मयानि

6.4.175 ऋत्व्य-वास्त्व्य-वास्त्व-माध्वी-हिरण्ययानि च्छन्दसि

॥ इति अष्टाध्यायीसूत्रपाठे षष्ठाध्यायस्य चतुर्थः पादः ॥

॥ इति अष्टाध्यायीसूत्रपाठे षष्ठोऽध्यायः ॥

अथ सप्तमोऽध्यायः

अथ प्रथमः पादः

(प्रत्ययादेश-प्रकरणम्)

7.1.1 यु-वोरनाकौ

7.1.2 आयनेयीनीयियः फ-ढ-ख-छ-घां प्रत्ययादीनाम् प्रत्ययस्य 5

7.1.3 झोऽन्तः झः 8

7.1.4 अदभ्यस्तात् अत् 8

7.1.5 आत्मनेपदेष्वनतः

7.1.6 शीङो रुट् रुट् 8

7.1.7 वेत्तेर्विभाषा

7.1.8 बहुलं छन्दसि

7.1.9 अतो भिस ऐस् अतः 17; भिस ऐस् 11

7.1.10 बहुलं छन्दसि

7.1.11 नेदमदसोरकोः

7.1.12 टा-ङसि-ङसामिनात्-स्याः

7.1.13 ङेर्यः ङेः 14

7.1.14 सर्वनाम्नः स्मै सर्वनाम्नः 17

7.1.15 ङसि-ङ्योः स्मात्-स्मिनौ 16

7.1.16 पूर्वादिभ्यो नवभ्यो वा

7.1.17 जसः शी शी 19

7.1.18 औङ आपः औङः 19

7.1.19 नपुंसकाच्च नपुंसकात् 20

7.1.20 जश्शसोः शिः जश्शसोः 22

7.1.21 अष्टाभ्य औश्

7.1.22 षड्भ्यो लुक् लुक् 23

7.1.23 स्वमोर्नपुंसकात् 26

7.1.24 अतोऽम्

7.1.25 अद्ड् डतरादिभ्यः पञ्चभ्यः अद्ड् 26

(वा०) एकतरात्प्रतिषेधो वक्तव्यः

7.1.26 नेतराच्छन्दसि

7.1.27 युष्मदस्मद्भ्यां ङसोऽश् यु..भ्याम् 33

7.1.28 ङे प्रथमयोरम्

7.1.29 शसो न

7.1.30 भ्यसोऽभ्यम् भ्यसः 31

7.1.31 पञ्चम्या अत् 32

7.1.32 एकवचनस्य च

7.1.33 साम आकम्

7.1.34 आत औ णलः

7.1.35 तु-ह्योस्तातङ्ङाशिष्यन्यतरस्याम् अन्यतरस्याम् 36

7.1.36 विदेः शतुर्वसुः

7.1.37 समासेऽनञ्पूर्वे क्त्वो ल्यप् 38

7.1.38 क्त्वाऽपि च्छन्दसि छन्दसि 50

7.1.39 सुपां सु-लुक्-पूर्वसवर्णाच्छे-या-डा-ड्या-याजालः

7.1.40 अमो मश्

7.1.41 लोपस्त आत्मनेपदेषु

7.1.42 ध्वमो ध्वात्

7.1.43 यजध्वैनमिति च

7.1.44 तस्य तात् तस्य 45

7.1.45 तप्-तनप्-तन-थनाश्च

7.1.46 इदन्तो मसि

7.1.47 क्त्वो यक् त्त्वः 49

7.1.48 इष्ट्वीनमिति च

7.1.49 स्नात्व्यादयश्च

7.1.50 आज्जसेरसुक् आत् 52; असुक् 51

7.1.51 अश्व-क्षीर-वृष-लवणानामात्मप्रीतौ क्यचि

7.1.52 आमि सर्वनाम्नः सुट् आमि 57

7.1.53 त्रेस्त्रयः

7.1.54 ह्रस्व-नद्यापो नुट् नुट् 57

(वा०) नुमचिरतृज्वद्भावेभ्यो नुट् पूर्वविप्रति-षेधेन

7.1.55 षट्-चतुर्भ्यश्च

7.1.56 श्री-ग्रामण्योश्छन्दसि छन्दसि 57

7.1.57 गोः पादान्ते

(नुम्-प्रकरणम्)

7.1.58 इदितो नुम् धातोः नुम् 83

7.1.59 शे मुचादीनाम्

(वा०) शे तृम्फादीनां नुम्वाच्यः

7.1.60 मस्जि-नशोर्झलि

(वा०) मस्जेरन्त्यात्पूर्वो नुम्वाच्यः

7.1.61 रधि-जभोरचि अचि 64

7.1.62 नेट्यलिटि रधेः

7.1.63 रभेरशब्लिटोः अशब्लिटोः 64

7.1.64 लभेश्च लभेः 69

7.1.65 आङो यि यि 66

7.1.66 उपात् प्रशंसायाम्

7.1.67 उपसर्गात् खल्-घञोः 68

7.1.68 न सु-दुर्भ्यां केवलाभ्याम्

7.1.69 विभाषा चिण्-णमुलोः

7.1.70 उगिदचां सर्वनामस्थानेऽधातोः सर्वनामस्थाने 72

7.1.71 युजेरसमासे

7.1.72 नपुंसकस्य झलचः नपुंसकस्य 77

7.1.73 इकोऽचि विभक्तौ इकः 74; अचि विभक्तौ 75

(वा०) वृद्ध्यौत्त्वतृज्वद्भावगुणेभ्यो नुम् पूर्वविप्रति-षेधन

7.1.74 तृतीयादिषु भाषितपुंस्कं पुंवद् गालवस्य तृतीयादिषु 75

7.1.75 अस्थि-दधि-सक्थ्यक्ष्णामनङुदात्तः अस्थि..क्ष्णाम्, उदात्तः 77; अनङ् 76

7.1.76 छन्दस्यपि दृश्यते छन्दसि 77

7.1.77 ई च द्विवचने

7.1.78 नाभ्यस्ताच्छतुः अभ्यस्तात् 79; शतुः 81

7.1.79 वा नपुंसकस्य वा 80

7.1.80 आच्छी-नद्योर्नुम् आच्छीनद्योः 81; नुम् 83

7.1.81 शप्-श्यनोर्नित्यम्

7.1.82 सावनडुहः सौ 85

7.1.83 दृक्-स्ववस्-स्वतवसां छन्दसि

(आदेश-प्रकरणम्)

7.1.84 दिव औत्

7.1.85 पथि-मथ्यृभुक्षामात् प..क्षाम् 88

7.1.86 इतोऽत् सर्वनामस्थाने स..ने 98

7.1.87 थो न्थः

7.1.88 भस्य टेर्लोपः

7.1.89 पुंसोऽसुङ्

(वा०) अस्य संबुद्धौ वानङ्, नलोपश्च वा वाच्यः

7.1.90 गोतो णित् णित् 92

7.1.91 णलुत्तमो वा
7.1.92 सख्युरसम्बुद्धौ सख्युः 93; असम्बुद्धौ 95
7.1.93 अनङ् सौ 94
7.1.94 ऋदुशनस्-पुरुदंसोऽनेहसां च
7.1.95 तृज्वत् क्रोष्टुः 97
7.1.96 स्त्रियां च
7.1.97 विभाषा तृतीयादिष्वचि
7.1.98 चतुरनडुहोरामुदात्तः च..होः 99
7.1.99 अम् सम्बुद्धौ
7.1.100 ॠत इद् धातोः ॠतः, धातोः 103; इत् 101
7.1.101 उपधायाश्च
7.1.102 उदोष्ठ्यपूर्वस्य उत् 103
7.1.103 बहुलं छन्दसि

॥ इति अष्टाध्यायीसूत्रपाठे सप्तमाध्यायस्य प्रथमः पादः ॥

अथ सप्तमाध्यायस्य द्वितीयः पादः

(वृद्धि-प्रकरणम्)

7.2.1 सिचि वृद्धिः परस्मैपदेषु 7
7.2.2 अतो ल्रान्तस्य
7.2.3 वद-व्रज-हलन्तस्याचः ह..चः 4
7.2.4 नेटि 7
7.2.5 ह्म्यन्त-क्षण-श्वस-जागृ-णि-श्व्येदिताम्
7.2.6 ऊर्णोतेर्विभाषा विभाषा 7
7.2.7 अतो हलादेर्लघोः

(अनिट्-प्रकरणम्)

7.2.8 नेड् वशि कृति नेट् 34; कृति 9
7.2.9 ति-तु-त्र-त-थ-सि-सु-सर-कसेषु च
7.2.10 एकाच उपदेशेऽनुदात्तात् एकाचः 11
7.2.11 श्र्युकः किति उकः 12
7.2.12 सनि ग्रह-गुहोश्च
7.2.13 कृ-सृ-भृ-वृ-स्तु-द्रु-स्रु-श्रुवो लिटि
7.2.14 श्वीदितो निष्ठायाम् निष्ठायाम् 34
7.2.15 यस्य विभाषा
7.2.16 आदितश्च आदितः 17
7.2.17 विभाषा भावादिकर्मणोः
7.2.18 क्षुब्ध-स्वान्त-ध्वान्त-लग्न-म्लिष्ट-विरिब्ध-फाण्ट-बाढानि मन्थ-मनस्तमः-सक्ताविस्पष्ट-स्वरानायास-भृशेषु
7.2.19 धृषि-शसी वैयात्ये
7.2.20 दृढः स्थूल-बलयोः
7.2.21 प्रभौ परिवृढः
7.2.22 कृच्छ्र-गहनयोः कषः
7.2.23 घुषिरविशब्दने
7.2.24 अर्देः सं-नि-विभ्यः अर्देः 25
7.2.25 अभेश्चाविदूर्ये
7.2.26 णेरध्ययने वृत्तम् णेः 27
7.2.27 वा दान्त-शान्त-पूर्ण-दस्त-स्पष्ट-च्छन्न-ज्ञप्ताः वा 30
7.2.28 रुष्यम-त्वर-संघुषास्वनाम्
7.2.29 हृषेर्लोमसु

7.2.30 अपचितश्च

7.2.31 ह्रु ह्वरेश्छन्दसि छन्दसि 34

7.2.32 अपरिह्वृताश्च

7.2.33 सोमे ह्वरितः

7.2.34 ग्रसित-स्कभित-स्तभितोत्तभित-चत्त-विकस्ता विशस्तृ-शंस्तृ-शास्तृ-तरुतृ-तरूतृ-वरुतृ-वरूतृ-वरूत्रीरुज्ज्वलिति-क्षरिति-क्षमिति-वमित्यमितीति च

(इट्-प्रकरणम्)

7.2.35 आर्धधातुकस्येड् वलादेः
आर्धधातुकस्य 75; इट्, वलादेः 78

7.2.36 स्नु-क्रमोरनात्मनेपदनिमित्ते

7.2.37 ग्रहोऽलिटि दीर्घः अलिटि 38; दीर्घः 40

7.2.38 वृतो वा वृतः 42

7.2.39 न लिङि न 40

7.2.40 सिचि च परस्मैपदेषु

7.2.41 इट् सनि वा वा 43

7.2.42 लिङ्-सिचोरात्मनेपदेषु 43

7.2.43 ऋतश्च संयोगादेः

7.2.44 स्वरति-सूति-सूयति-धूञूदितो वा
वा 51

7.2.45 रधादिभ्यश्च

7.2.46 निरः कुषः 47

7.2.47 इण् निष्ठायाम्

7.2.48 तीष-सह-लुभ-रुष-रिषः

7.2.49 सनीवन्तर्ध-भ्रस्ज-दम्भु-श्रि-स्वृ-यूर्णु-भर-ज्ञपि-सनाम्

7.2.50 क्लिशः क्त्वा-निष्ठयोः क्त्वानिष्ठयोः 54

7.2.51 पूङश्च

7.2.52 वसति-क्षुधोरिट् इट् 78

7.2.53 अञ्चेः पूजायाम्

7.2.54 लुभो विमोहने

7.2.55 जृ-व्रश्च्योः क्त्वि क्त्वि 56

7.2.56 उदितो वा वा 57

7.2.57 सेऽसिचि कृत-चृत-च्छृद-तृद-नृतः
से 60

7.2.58 गमेरिट् परस्मैपदेषु परस्मैपदेषु 60

7.2.59 न वृद्भ्यश्चतुर्भ्यः न 65

7.2.60 तासि च क्लृपः

7.2.61 अचस्तास्वत् थल्यनिटो नित्यम्
तास्वत्, अनिटो नित्यम् 63; थलि 66

7.2.62 उपदेशेऽत्वतः

7.2.63 ऋतो भारद्वाजस्य

7.2.64 बभूथाततन्थ-जगृम्भ-ववर्थेति निगमे

7.2.65 विभाषा सृजि-दृशोः

7.2.66 इडत्त्यर्ति-व्ययतीनाम्

7.2.67 वस्वेकाजाद्-घसाम् वसु 69

7.2.68 विभाषा गम-हन-विद-विशाम्

7.2.69 सनिंससनिवांसम्

7.2.70 ऋद्धनोः स्ये

7.2.71 अञ्जेः सिचि सिचि 73

7.2.72 स्तु-सु-धूञ्भ्यः परस्मैपदेषु प..षु 73

7.2.73 यम-रम-नमातां सक् च

7.2.74 स्मि-पूङ्-रञ्ज्वशां सनि सनि 75

7.2.75 किरश्च पञ्चभ्यः पञ्चभ्यः 76

7.2.76 रुदादिभ्यः सार्वधातुके सार्वधातुके 81

7.2.77 ईशः से से 78

7.2.78 ईड-जनोर्ध्वे च

7.2.79 लिङः सलोपोऽनन्त्यस्य

7.2.80 अतो येयः अतः 82; इयः 81

7.2.81 आतो ङितः

7.2.82 आने मुक् आने 83

7.2.83 ईदासः

(विभक्तिकार्य-प्रकरणम्)

7.2.84 अष्टन आ विभक्तौ आः 88; विभक्तौ 113

7.2.85 रायो हलि

7.2.86 युष्मदस्मदोरनादेशे युष्मदस्मदोः 98; अनादेशे 89

7.2.87 द्वितीयायां च

7.2.88 प्रथमायाश्च द्विवचने भाषायाम्

7.2.89 योऽचि

7.2.90 शेषे लोपः

7.2.91 मपर्यन्तस्य 98

7.2.92 युवावौ द्विवचने

7.2.93 यूय-वयौ जसि

7.2.94 त्वाहौ सौ

7.2.95 तुभ्य-मह्यौ ङयि

7.2.96 तव-ममौ ङसि

7.2.97 त्व-मावेकवचने 98

7.2.98 प्रत्ययोत्तरपदयोश्च

7.2.99 त्रि-चतुरोः स्त्रियां तिसृ-चतसृ तिसृचतसृ 100

7.2.100 अचि र ऋतः अचि 101

7.2.101 जराया जरसन्यतरस्याम्

7.2.102 त्यदादीनामः

(वा०) द्विपर्य्यन्तानामेवेष्टिः

7.2.103 किमः कः किमः 105

7.2.104 कु ति-होः

7.2.105 क्वाति

7.2.106 तदोः सः सावनन्त्ययोः सौ 108

7.2.107 अदस औ सुलोपश्च

7.2.108 इदमो मः इदमः 113; मः 109

7.2.109 दश्च दः 110

7.2.110 यः सौ सौ 111

7.2.111 इदोऽय् पुंसि इदः 113

7.2.112 अनाप्यकः अकः 113

7.2.113 हलि लोपः

(वृद्धि-प्रकरणम्)

7.2.114 मृजेर्वृद्धिः वृद्धिः 7.3.31

7.2.115 अचो ञ्णिति अचः 7.3.31; ञ्णिति 7.3.35

7.2.116 अत उपधायाः

7.2.117 तद्धितेष्वचामादेः 7.3.31

7.2.118 किति च किति 7.3.31

॥ इति अष्टाध्यायीसूत्रपाठे सप्तमाध्यायस्य द्वितीयः पादः ॥

अथ सप्तमाध्यायस्य तृतीयः पादः

7.3.1 देविका-शिंशपा-दित्यवाड्-दीर्घसत्र-श्रेयसामात्
7.3.2 केकय-मित्रयु-प्रलयानां यादेरियः
7.3.3 न य्वाभ्यां पदान्ताभ्याम् पूर्वौ तु ताभ्यामैच् न य्वाभ्याम्, पू..च् 5
7.3.4 द्वारादीनां च
7.3.5 न्यग्रोधस्य च केवलस्य
7.3.6 न कर्मव्यतिहारे न 9
7.3.7 स्वागतादीनां च
7.3.8 श्वादेरिञि श्वादेः 9
7.3.9 पदान्तस्यान्यतरस्याम्
7.3.10 उत्तरपदस्य 31
7.3.11 अवयवादृतोः
7.3.12 सु-सर्वार्धाज्जनपदस्य जनपदस्य 13
7.3.13 दिशोऽमद्राणाम् दिशः 14
7.3.14 प्राचां ग्राम-नगराणाम्
7.3.15 सङ्ख्यायाः संवत्सर-सङ्ख्यस्य च सङ्ख्यायाः 17
7.3.16 वर्षस्याभविष्यति
7.3.17 परिमाणान्तस्यासंज्ञा-शाणयोः
7.3.18 जे प्रोष्ठपदानाम्
7.3.19 हृद्-भग-सिन्ध्वन्ते पूर्वपदस्य च पूर्वपदस्य च 25
7.3.20 अनुशतिकादीनां च
7.3.21 देवताद्वन्द्वे च देवताद्वन्द्वे 23
7.3.22 नेन्द्रस्य परस्य न 23
7.3.23 दीर्घाच्च वरुणस्य
7.3.24 प्राचां नगरान्ते
7.3.25 जङ्गल-धेनु-वलजान्तस्य विभाषितमुत्तरम्
7.3.26 अर्धात् परिमाणस्य पूर्वस्य तु वा अ..णस्य 27; पूर्वस्य 31; तु वा 30
7.3.27 नातः परस्य
7.3.28 प्रवाहणस्य ढे प्रवाहणस्य 29
7.3.29 तत्प्रत्ययस्य च
7.3.30 नञः शुचीश्वर-क्षेत्रज्ञ-कुशल-निपुणानाम् नञः 31
7.3.31 यथातथ-यथापुरयोः पर्यायेण
7.3.32 हनस्तोऽचिण्-णलोः
7.3.33 आतो युक् चिण्-कृतोः चिण्कृतोः 35
7.3.34 नोदात्तोपदेशस्य मान्तस्यानाचमेः न 35
7.3.35 जनि-वध्योश्च

(आगम-प्रकरणम्)

7.3.36 अर्त्ति-ह्री-ब्ली-री-क्नूयी-क्ष्माय्यातां पुङ् णौ णौ 43
7.3.37 शा-च्छा-सा-ह्वा-व्या-वे-पां युक्
7.3.38 वो विधूनने जुक्
7.3.39 लीलोर्नुग्लुकावन्यतरस्यां स्नेहविपातने
7.3.40 भियो हेतुभये षुक्

(आदेश-प्रकरणम्)

7.3.41 स्फायो वः
7.3.42 शदेरगतौ तः
7.3.43 रुहः पोऽन्यतरस्याम्

7.3.44 प्रत्ययस्थात् कात् पूर्वस्यात इदाप्यसुपः
प्रत्य..स्यातः, आप्यसुपः 49; इत् 48

7.3.45 न या-सयोः

7.3.46 उदीचामातः स्थाने य-कपूर्वायाः
उदीचाम् 48; आतः स्थाने 49

7.3.47 भस्त्रैषाजा-ज्ञा-द्वा-स्वा नञ्पूर्वाणामपि
नञ्पूर्वाणामपि 49

7.3.48 अभाषितपुंस्काच्च अ..स्कात् 49

7.3.49 आदाचार्याणाम्

7.3.50 ठस्येकः ठस्य 51

7.3.51 इसुसुक्-तान्तात् कः

7.3.52 च-जोः कु घिण्-ण्यतोः चजोः कु 69

7.3.53 न्यङ्क्वादीनां च

7.3.54 हो हन्तेर्ञ्णिन्नेषु हः 56; हन्तेः 55

7.3.55 अभ्यासाच्च अभ्यासात् 58

7.3.56 हेरचङि

7.3.57 सन्-लिटोर्जेः सन्लिटोः 58

7.3.58 विभाषा चेः

7.3.59 न क्वादेः न 69

7.3.60 अजि-व्रज्योश्च

7.3.61 भुज-न्युब्जौ पाण्युपतापयोः

7.3.62 प्रयाजानुयाजौ यज्ञाङ्गे

7.3.63 वञ्चेर्गतौ

7.3.64 ओक उचः के

7.3.65 ण्य आवश्यके ण्ये 69

7.3.66 यज-याच-रुच-प्रवचर्चश्च

(वा०) त्यजेश्च

7.3.67 वचोऽशब्दसंज्ञायाम्

7.3.68 प्रयोज्य-नियोज्यौ शक्यार्थे

7.3.69 भोज्यं भक्ष्ये

7.3.70 घोर्लोपो लेटि वा लोपः 72

7.3.71 ओतः श्यनि

7.3.72 क्सस्याचि क्सस्य 73

7.3.73 लुग्वा दुह-दिह-लिह-गुहामात्मनेपदे दन्त्ये

7.3.74 शमामष्टानां दीर्घः श्यनि दीर्घः 76

7.3.75 ष्ठिवु-क्लमु-चमां शिति शिति 82

7.3.76 क्रमः परस्मैपदेषु

7.3.77 इषु-गमि-यमां छः

7.3.78 पा-घ्रा-ध्मा-स्था-म्ना-दाण्-दृश्यर्ति-सर्ति-शद-सदां पिब-जिघ्र-धम-तिष्ठ-मन-यच्छ-पश्यर्च्छ-धौ-शीय-सीदाः

7.3.79 ज्ञा-जनोर्जा

7.3.80 प्वादीनां ह्रस्वः ह्रस्वः 81

7.3.81 मीनातेर्निगमे

(गुणादि-प्रकरणम्)

7.3.82 मिदेर्गुणः गुणः 88

7.3.83 जुसि च

7.3.84 सार्वधातुकार्धधातुकयोः 86

7.3.85 जाग्रोऽवि-चिण्-णल्-ङित्सु

7.3.86 पुगन्त-लघूपधस्य च लघूपधस्य 87

7.3.87 नाभ्यस्तस्याचि पिति सार्वधातुके
नाभ्यस्तस्य 89; पिति 94; सार्वधातुके 101

7.3.88 भू-सुवोस्तिङि

7.3.89 उतो वृद्धिर्लुकि हलि वृद्धिः 90; हलि 100

7.3.90 ऊर्णोतेर्विभाषा ऊर्णोतेः 91

7.3.91 गुणोऽपृक्ते

7.3.92 तृणह इम्

7.3.93 ब्रुव ईट् ईट् 98

7.3.94 यङो वा — वा 95
7.3.95 तु-रु-स्तु-शम्यमः सार्वधातुके
7.3.96 अस्ति-सिचोऽपृक्ते — अस्तिसिचः 97; अपृक्ते 100
7.3.97 बहुलं छन्दसि
7.3.98 रुदश्च पञ्चभ्यः — रुदः, पञ्चभ्यः 99
7.3.99 अड् गार्ग्य-गालवयोः — अट् 100
7.3.100 अदः सर्वेषाम्
7.3.101 अतो दीर्घो यञि — अतः 104; दीर्घः यञि 102
7.3.102 सुपि च — सुपि 103
7.3.103 बहुवचने झल्येत् — एत् 106
7.3.104 ओसि च — ओसि 105
7.3.105 आङि चापः — आपः 106
7.3.106 सम्बुद्धौ च — सम्बुद्धौ 108
7.3.107 अम्बार्थ-नद्योर्ह्रस्वः
7.3.108 ह्रस्वस्य गुणः — ह्रस्वस्य 109; गुणः 111
7.3.109 जसि च
7.3.110 ऋतो ङि-सर्वनामस्थानयोः
7.3.111 घेर्ङिति — ङिति 115
7.3.112 आण् नद्याः
7.3.113 याडापः — आपः 114
7.3.114 सर्वनाम्नः स्याड्ढ्रस्वश्च — स्याट्, ह्रस्वः, च 115
7.3.115 विभाषा द्वितीया-तृतीयाभ्याम्
7.3.116 ङेराम्नद्याम्नीभ्यः — ङेः 119; आम् नद्याः 117
7.3.117 इदुद्भ्याम् — 119
7.3.118 औत् — 119
7.3.119 अच्च घेः — घेः 120
7.3.120 आङो नाऽस्त्रियाम्

॥ इति अष्टाध्यायीसूत्रपाठे सप्तमाध्यायस्य तृतीयः पादः ॥

अथ सप्तमाध्यायस्य चतुर्थः पादः

7.4.1 णौ चङ्युपधाया ह्रस्वः — णौ..याः 8; ह्रस्वः 3
7.4.2 नाग्लोपि-शास्वृदिताम्
7.4.3 भ्राज-भास-भाष-दीप-जीव-मील-पीडामन्यतरस्याम्
7.4.4 लोपः पिबतेरीच्चाभ्यासस्य
7.4.5 तिष्ठतेरित्
7.4.6 जिघ्रतेर्वा — वा 7
7.4.7 उर्ऋत् — 8
7.4.8 नित्यं छन्दसि
7.4.9 दयतेर्दिगि लिटि — लिटि 12
7.4.10 ऋतश्च संयोगादेर्गुणः — गुणः 11
7.4.11 ऋच्छत्यृताम्
7.4.12 शॄ-दॄ-प्रां ह्रस्वो वा — ह्रस्वः 15

7.4.13 केऽणः अणः 14
7.4.14 न कपि 15
7.4.15 आपोऽन्यतरस्याम्
7.4.16 ऋ-दृशोऽङि गुणः अङि 20
7.4.17 अस्यतेस्थुक्
7.4.18 श्वयतेरः
7.4.19 पतः पुम्
7.4.20 वच उम्
7.4.21 शीङः सार्वधातुके गुणः शीङः 22
7.4.22 अयङ् यि क्ङिति यि 29; क्ङिति 25
7.4.23 उपसर्गाद्-ध्रस्व ऊहतेः उ..स्वः 24
7.4.24 एतेर्लिङि
7.4.25 अकृत्सार्वधातुकयोर्दीर्घः
अकृत्सार्वधातुकयोः 29; दीर्घः 26
7.4.26 च्वौ च च्वौ 27
7.4.27 रीङ् ऋतः ऋतः 30
7.4.28 रिङ् श-यग्-लिङ्क्षु यग्लिङ्क्षु 29
7.4.29 गुणोऽर्ति-संयोगाद्योः 30
7.4.30 यङि च यङि 31
7.4.31 ई घ्रा-ध्मोः ई 33
7.4.32 अस्य च्वौ अस्य 35
(वा०) अव्ययस्य च्वावीत्वं नेति वाच्यम्
7.4.33 क्यचि च क्यचि 39
7.4.34 अशनायोदन्य-धनाया बुभुक्षा-पिपासा-गर्धेषु
7.4.35 न च्छन्दस्यपुत्रस्य छन्दसि 39
7.4.36 दुरस्युर्द्रविणस्युर्वृषण्यति रिषण्यति
7.4.37 अश्वाघस्यात् आत् 38
7.4.38 देव-सुम्नयोर्यजुषि काठके
7.4.39 कव्यध्वर-पृतनस्यर्चि लोपः
7.4.40 द्यति-स्यति-मा-स्थामित् ति किति
इत् 41; ति किति 47
7.4.41 शा-च्छोरन्यतरस्याम्
7.4.42 दधातेर्हिः हिः 44
7.4.43 जहातेश्च क्त्वि जहातेः, क्त्वि 44
7.4.44 विभाषा छन्दसि छन्दसि 45
7.4.45 सुधित वसुधित नेमधित धिष्व धिषीय च
7.4.46 दो दद् घोः दः, घोः 47
7.4.47 अच उपसर्गात् तः तः 49
7.4.48 अपो भि
7.4.49 सः स्यार्धधातुके सः 52; सि 57
7.4.50 तासस्त्योर्लोपः तासस्त्योः 52; लोपः 53
7.4.51 रि च
7.4.52 ह एति
7.4.53 यीवर्णयोर्दीधी-वेव्योः
7.4.54 सनि मी-मा-घु-रभ-लभ-शक-पत-पदामच इस् सनि 57; अचः 56
7.4.55 आप्-ज्ञप्यृधामीत् ईत् 56
7.4.56 दम्भ इच्च
7.4.57 मुचोऽकर्मकस्य गुणो वा

(अभ्यास-प्रकरणम्)

7.4.58 अत्र लोपोऽभ्यासस्य अभ्यासस्य 97
7.4.59 ह्रस्वः
7.4.60 हलादिः शेषः शेषः 61
7.4.61 शर्पूर्वाः खयः
7.4.62 कु-होश्चुः चुः 64
7.4.63 न कवतेर्यङि न, यङि 64
7.4.64 कृषेश्छन्दसि छन्दसि 65

7.4.65 दाधर्ति दर्धर्ति दर्धर्षि बोभूतु तेतिक्तेऽलर्ष्यापनीफणत् संसनिष्यदत् करिक्रत् कनिक्रदद् भरिभ्रद् दविध्वतो दविद्युतत् तरित्रतः सरीसृपतं वरीवृजन् मर्मृज्यागनीगन्तीति च

7.4.66 उरत्

7.4.67 द्युति-स्वाप्योः संप्रसारणम् स..म् 68

7.4.68 व्यथो लिटि लिटि 74

7.4.69 दीर्घ इणः किति दीर्घः 70

7.4.70 अत आदेः

7.4.71 तस्मान्नुड् द्विहलः तस्मात्, नुट् 72

7.4.72 अश्नोतेश्च

7.4.73 भवतेरः अः 74

7.4.74 ससूवेति निगमे

7.4.75 निजां त्रयाणां गुणः श्लौ त्रयाणाम् 76; श्लौ 78

7.4.76 भृञामित् इत् 81

7.4.77 अर्ति-पिपर्त्योश्च

7.4.78 बहुलं छन्दसि

7.4.79 सन्यतः सनि 81

7.4.80 ओः पु-यण्-ज्यपरे 81

7.4.81 स्रवति-शृणोति-द्रवति-प्रवति-प्लवति-च्यवतीनां वा

7.4.82 गुणो यङ्-लुकोः यङ्लुकोः 90

7.4.83 दीर्घोऽकितः

7.4.84 नीग् वञ्चु-स्रंसु-ध्वंसु-भ्रंसु-कस-पत-पद-स्कन्दाम्

7.4.85 नुगतोऽनुनासिकान्तस्य नुक् 87

(वा०) पदान्ताच्चेति वक्तव्यम्

7.4.86 जप-जभ-दह-दश-भञ्ज-पशां च

7.4.87 चर-फलोश्च चरफलोः 89

7.4.88 उत् परस्यातः उत्, अतः 89

7.4.89 ति च

7.4.90 रीगृदुपधस्य च रीक् 92; ऋदुपधस्य 91

(वा०) रीगृत्वत इति वक्तव्यम्

7.4.91 रुग्रिकौ च लुकि रुग्रिकौ, लुकि 92

7.4.92 ऋतश्च

7.4.93 सन्वल्लघुनि चङ्परेऽनग्लोपे लघुनि, अनग्लोपे 94; चङ्परे 97

7.4.94 दीर्घो लघोः

7.4.95 अत् स्मृ-दृ-त्वर-प्रथ-म्रद-स्तृ-स्पशाम् अत् 97

7.4.96 विभाषा वेष्टि-चेष्टयोः

7.4.97 ई च गणः

॥ इति अष्टाध्यायीसूत्रपाठे सप्तमाध्यायस्य चतुर्थः पादः ॥

॥ इति अष्टाध्यायीसूत्रपाठे सप्तमोऽध्यायः॥

अथाष्टमोऽध्यायः

अथ प्रथमः पादः

(द्विरुक्ति-प्रकरणम्)

8.1.1 सर्वस्य द्वे 15
8.1.2 तस्य परमाम्रेडितम् आम्रेडितम् 3
8.1.3 अनुदात्तं च
8.1.4 नित्य-वीप्सयोः
8.1.5 परेर्वर्जने
8.1.6 प्र-समुपोदः पादपूरणे
8.1.7 उपर्यध्यधसः सामीप्ये
8.1.8 वाक्यादेरामन्त्रितस्यासूया-सम्मति-कोप-कुत्सन-भर्त्सनेषु
8.1.9 एकं बहुव्रीहिवत् बहुव्रीहिवत् 10
8.1.10 आबाधे च
8.1.11 कर्मधारयवदुत्तरेषु कर्मधारयवत् 15
8.1.12 प्रकारे गुणवचनस्य
(वा०) डाचि विवक्षिते द्वे बहलम्
(वा०) कर्मव्यतिहारे सर्वनाम्नो द्वे वाच्ये समासवच्च बहुलम्
(वा०) स्त्री-नपुंसकयोरुत्तरपदस्य चाम्भावो वक्तव्यः
8.1.13 अकृच्छ्रे प्रिय-सुखयोरन्यतरस्याम्
8.1.14 यथास्वे यथायथम्
8.1.15 द्वन्द्वं रहस्य-मर्यादावचन-व्युत्क्रमण-यज्ञपात्रप्रयोगाभिव्यक्तिषु

(पदाधिकारः)

8.1.16 पदस्य 8.3.54
8.1.17 पदात् 68

(अनुदात्त-प्रकरणम्)

8.1.18 अनुदात्तं सर्वमपादादौ 74
8.1.19 आमन्त्रितस्य च
8.1.20 युष्मदस्मदोः षष्ठी-चतुर्थी-द्वितीयास्थयो-र्वान्नावौ युष्मदस्मदोः 26; ष..स्थयोः 22
(वा०) एकवाक्ये युश्मदस्मदादेशा वक्तव्याः
(वा०) एते वान्नावादयोऽनन्वादेशे वा वक्तव्याः
8.1.21 बहुवचनस्य वस्-नसौ
8.1.22 ते-मयावेकवचनस्य एकवचनस्य 23
8.1.23 त्वा-मौ द्वितीयायाः
8.1.24 न च-वा-हाहैवयुक्ते न 26
8.1.25 पश्यार्थैश्चानालोचने
8.1.26 सपूर्वायाः प्रथमाया विभाषा
8.1.27 तिङो गोत्रादीनि कुत्सनाभीक्ष्ण्ययोः
8.1.28 तिङ्ङतिङः तिङ् 66
8.1.29 न लुट् न 66
8.1.30 निपातैर्यद्-यदि-हन्त-कुविन्-नेच्-चेच्-चण्-कच्चिद्-यत्रयुक्तम्
8.1.31 नह प्रत्यारम्भे
8.1.32 सत्यं प्रश्ने
8.1.33 अङ्गाप्रातिलोम्ये अप्रातिलोम्ये 64
8.1.34 हि च हि 35
8.1.35 छन्दस्यनेकमपि साकाङ्क्षम्
8.1.36 यावद्-यथाभ्याम् 38
8.1.37 पूजायां नानन्तरम् 38
8.1.38 उपसर्गव्यपेतं च

8.1.39 तु-पश्य-पश्यताहैः पूजायाम् पूजायाम् 40

8.1.40 अहो च अहो 41

8.1.41 शेषे विभाषा विभाषा 42

8.1.42 पुरा च परीप्सायाम्

8.1.43 नन्वित्यनुज्ञैषणायाम्

8.1.44 किं क्रियाप्रश्नेऽनुपसर्गमप्रतिषिद्धम् 45

8.1.45 लोपे विभाषा

8.1.46 एहि-मन्ये प्रहासे लृट्

8.1.47 जात्वपूर्वम् अपूर्वम् 49

8.1.48 किंवृत्तं च चिदुत्तरम्

8.1.49 आहो उताहो चानन्तरम् आहो, उताहो 50

8.1.50 शेषे विभाषा

8.1.51 गत्यर्थलोटा लृण् न चेत् कारकं सर्वान्यत् गत्यर्थलोटा, न..न्यत् 53

8.1.52 लोट् च लोट् 54

8.1.53 विभाषितं सोपसर्गमनुत्तमम् 54

8.1.54 हन्त च

8.1.55 आम एकान्तरमामन्त्रितमनन्तिके

8.1.56 यद्धि-तु-परं छन्दसि

8.1.57 चन-चिदिव-गोत्रादि-तद्धिताम्रेडिते-ष्वगतेः अगतेः 58

8.1.58 चादिषु च

8.1.59 च-वा-योगे प्रथमा प्रथमा 65

8.1.60 हेति क्षियायाम् क्षियायाम् 61

8.1.61 अहेति विनियोगे च

8.1.62 चाहलोप एवेत्यवधारणम्

8.1.63 चादिलोपे विभाषा विभाषा 65

8.1.64 वै-वावेति च च्छन्दसि छन्दसि 65

8.1.65 एकान्याभ्यां समर्थाभ्याम्

8.1.66 यद्वृत्तान्नित्यम्

8.1.67 पूजनात् पूजितमनुदात्तं काष्ठादिभ्यः पूजनात् पूजितम् 68

8.1.68 सगतिरपि तिङ् 69

8.1.69 कुत्सने च सुप्यगोत्रादौ

8.1.70 गतिर्गतौ गतिः 71

8.1.71 तिङि चोदात्तवति

8.1.72 आमन्त्रितं पूर्वमविद्यमानवत् 74

8.1.73 नामन्त्रिते समानाधिकरणे सामान्यवचनम् आमन्त्रि..रणे 74

8.1.74 विभाषितं विशेषवचने

॥ इति अष्टाध्यायीसूत्रपाठेऽष्टमाध्यायस्य प्रथमः पादः ॥

॥ इति सपादसप्ताध्यायी ॥

॥ अथ त्रिपादी ॥

अथाष्टमाध्यायस्य द्वितीयः पादः

8.2.1 पूर्वत्रासिद्धम् 8.4.68
8.2.2 नलोपः सुप्-स्वर-संज्ञा-तुग्विधिषु कृति
8.2.3 न मु ने
(वा०) निष्ठादेशः षत्व-स्वर-प्रत्ययविधीड्-विधिषु सिद्धो वक्तव्यः
(वा०) सिज्लोप एकादेशे सिद्धो वाच्यः
8.2.4 उदात्त-स्वरितयोर्यणः स्वरितो-ऽनुदात्तस्य
8.2.5 एकादेश उदात्तेनोदात्तः एका..त्तेन 6
8.2.6 स्वरितो वाऽनुदात्ते पदादौ
8.2.7 नलोपः प्रातिपदिकान्तस्य 8
8.2.8 न ङि-सम्बुद्ध्योः
(वा०) वा नपुंसकानाम्
(वा०) ङावुत्तरपदे प्रतिषेधो वक्तव्यः
8.2.9 मादुपधायाश्च मतोर्वोऽयवादिभ्यः मतोः 16; वः 15
8.2.10 झयः
8.2.11 संज्ञायाम् 13
8.2.12 आसन्दीवदष्ठीवच्चक्रीवत्-कक्षीवद्रुम-ण्वच्-चर्मण्वती
8.2.13 उदन्वानुदधौ च
8.2.14 राजन्वान् सौराज्ये
8.2.15 छन्दसीरः छन्दसि 17
8.2.16 अनो नुट् नुट् 17
8.2.17 नाद् घस्य
8.2.18 कृपो रो लः रो लः 22
8.2.19 उपसर्गस्यायतौ
8.2.20 ग्रो यङि ग्रः 21
8.2.21 अचि विभाषा विभाषा 22
8.2.22 परेश्च घाङ्कयोः
8.2.23 संयोगान्तस्य लोपः संयोगान्तस्य 24; लोपः 29
(वा०) यणः प्रतिषेधो वाच्यः
8.2.24 रात् सस्य सस्य 28
8.2.25 धि च
8.2.26 झलो झलि झलि 38
8.2.27 ह्रस्वादङ्गात्
8.2.28 इट ईटि
8.2.29 स्कोः संयोगाद्योरन्ते च अन्ते च 38
8.2.30 चोः कुः
8.2.31 हो ढः हः 35
8.2.32 दादेर्धातोर्घः धातोः 38; घः 33
8.2.33 वा द्रुह-मुह-ष्णुह-ष्णिहाम्
8.2.34 नहो धः
8.2.35 आहस्थः
8.2.36 व्रश्च-भ्रस्ज-सृज-मृज-यज-राज-भ्राज-च्छ-शां षः
(वा०) परौ व्रजेः षः पदान्ते
8.2.37 एकाचो बशो भष् झषन्तस्य स्ध्वोः बशो..स्ध्वोः 38
8.2.38 दधस्त-थोश्च
8.2.39 झलां जशोऽन्ते
8.2.40 झषस्त-थोर्धोऽधः
8.2.41 ष-ढोः कः सि

(निष्ठादेश-प्रकरणम्)

8.2.42 र-दाभ्यां निष्ठातो नः पूर्वस्य च दः
निष्ठातो नः 61

8.2.43 संयोगादेरातो धातोर्यण्वतः

8.2.44 ल्वादिभ्यः

8.2.45 ओदितश्च

8.2.46 क्षियो दीर्घात्

8.2.47 श्योऽस्पर्शे

8.2.48 अञ्चोऽनपादाने

8.2.49 दिवोऽविजिगीषायाम्

8.2.50 निर्वाणोऽवाते

8.2.51 शुषः कः

8.2.52 पचो वः

8.2.53 क्षायो मः — मः 54

8.2.54 प्रस्त्योऽन्यतरस्याम्

8.2.55 अनुपसर्गात् फुल्ल-क्षीब-कृशोल्लाघाः

8.2.56 नुद-विदोन्द-त्रा-घ्रा-ह्रीभ्योऽन्यतर-स्याम्

8.2.57 न ध्या-ख्या-पॄ-मूर्च्छि-मदाम् — न 61

8.2.58 वित्तो भोग-प्रत्यययोः

8.2.59 भित्तं शकलम्

8.2.60 ऋणमाधमर्ण्ये

8.2.61 नसत्त-निषत्तानुत्त-प्रतूर्त-सूर्त-गूर्तानि छन्दसि

(क्वादि-प्रकरणम्)

8.2.62 क्विन्प्रत्ययस्य कुः — कुः 63

8.2.63 नशेर्वा

8.2.64 मो नो धातोः — 65

8.2.65 म्वोश्च

8.2.66 स-सजुषो रुँः — रुँ: 71

8.2.67 अवयाः श्वेतवाः पुरोडाश्च

8.2.68 अहन् — 69

(वा०) रूप-रात्रि-रथन्तरेषु रुत्वं वाच्यम्

8.2.69 रोऽसुपि — रः 71

8.2.70 अम्नरूधरवरित्युभयथा छन्दसि
उभयथा छन्दसि 71

8.2.71 भुवश्च महाव्याहृतेः

8.2.72 वसु-स्रंसु-ध्वंस्वनडुहां दः — दः 75

8.2.73 तिप्यनस्तेः

8.2.74 सिपि धातो रुर्वा
सिपि, रुर्वा 75; धातोः 79

8.2.75 दश्च

8.2.76 र्वोरुपधाया दीर्घ इकः — 79

8.2.77 हलि च — हलि 78

8.2.78 उपधायां च

8.2.79 न भ-कुर्छुराम्

8.2.80 अदसोऽसेर्दादु दो मः
अदसः, असेः, दात्, दः, मः 81

8.2.81 एत ईद् बहुवचने — 82

(प्लुत-प्रकरणम्)

8.2.82 वाक्यस्य टेः प्लुत उदात्तः
वाक्य..प्लुतः 108; उदात्तः 99

8.2.83 प्रत्यभिवादेऽशूद्रे

8.2.84 दूराद्धूते च — दूराद्धूते 86

8.2.85 है-हेप्रयोगे है-हयोः

8.2.86 गुरोरनृतोऽनन्त्यस्याप्येकैकस्य प्राचाम्

8.2.87 ओमभ्यादाने

8.2.88 ये यज्ञकर्मणि — यज्ञकर्मणि 92

8.2.89 प्रणवष्टेः — टेः 90

8.2.90 याज्यान्तः

8.2.91 ब्रूहि-प्रेष्य-श्रौषड्-वौषडावहानामादेः आदेः 92
8.2.92 अग्नीत्प्रेषणे परस्य च
8.2.93 विभाषा पृष्टप्रतिवचने हेः विभाषा 94
8.2.94 निगृह्यानुयोगे च
8.2.95 आम्रेडितं भर्त्सने भर्त्सने 96
8.2.96 अङ्गयुक्तं तिङाकाङ्क्षम्
8.2.97 विचार्यमाणानाम् 98
8.2.98 पूर्वं तु भाषायाम्
8.2.99 प्रतिश्रवणे च
8.2.100 अनुदात्तं प्रश्नान्ताभिपूजितयोः अनुदात्तम् 102
8.2.101 चिदिति चोपमार्थे प्रयुज्यमाने
8.2.102 उपरि-स्विदासीदिति च
8.2.103 स्वरितमाम्रेडिते-ऽसूया-सम्मति-कोप-कुत्सनेषु स्वरितम् 105
8.2.104 क्षियाशीः-प्रैषेषु तिङाकाङ्क्षायाम्
8.2.105 अनन्त्यस्यापि प्रश्नाख्यानयोः
8.2.106 प्लुतावैच इदुतौ
8.2.107 एचोऽप्रगृह्यस्यादूराद्धूते पूर्वस्यार्धस्या-दुत्तरस्येदुतौ
8.2.108 तयोर्य्वावचि संहितायाम् संहितायाम् 8.4.68

॥ इति अष्टाध्यायीसूत्रपाठेऽष्टमाध्यायस्य द्वितीयः पादः ॥

अथाष्टमाध्यायस्य तृतीयः पादः

(रुँ-प्रकरणम्)

8.3.1 मतु-वसो रुँ सम्बुद्धौ छन्दसि रुँ 12
8.3.2 अत्रानुनासिकः पूर्वस्य तु वा
8.3.3 आतोऽटि नित्यम्
8.3.4 अनुनासिकात् परोऽनुस्वारः
8.3.5 समः सुटि
(वा०) संपुंकानां सो वक्तव्यः
8.3.6 पुमः खय्यम्परे अम्परे 8
8.3.7 नश्छव्यप्रशान् नः 12; छवि 8
8.3.8 उभयथर्क्षु उभयथा 11; ऋक्षु 9
8.3.9 दीर्घादटि समानपादे
8.3.10 नॄन् पे
8.3.11 स्वतवान् पायौ
8.3.12 कानाम्रेडिते
8.3.13 ढो ढे लोपः लोपः 14
8.3.14 रो रि रः 15
8.3.15 खरवसानयोर्विसर्जनीयः वि..यः 16
8.3.16 रोः सुपि रोः 17
8.3.17 भो-भगो-अघो-अपूर्वस्य योऽशि भो..स्य 22; अशि 20
8.3.18 व्योर्लघुप्रयत्नतरः शाकटायनस्य व्योः 22

(सन्धि-प्रकरणम्)

8.3.19 लोपः शाकल्यस्य लोपः 22
8.3.20 ओतो गार्ग्यस्य
8.3.21 उञि च पदे
8.3.22 हलि सर्वेषाम् हलि 23

8.3.23 **मोऽनुस्वारः** मः 26; अनुस्वारः 24

8.3.24 **नश्चापदान्तस्य झलि**

8.3.25 **मो राजि समः क्वौ** मः 27

8.3.26 **हे मपरे वा** हे 27; वा 31

(वा०) **यवलपरे यवला वा**

8.3.27 **नपरे नः**

8.3.28 **ङ्-णोः कुक्-टुक् शरि**

8.3.29 **डः सि धुट्** सि धुट् 30

8.3.30 **नश्च** नः 31

8.3.31 **शि तुक्**

8.3.32 **ङमो ह्रस्वादचि ङमुण् नित्यम्** अचि 33

8.3.33 **मय उञो वो वा**

8.3.34 **विसर्जनीयस्य सः** विसर्जनीयस्य 54

8.3.35 **शर्परे विसर्जनीयः** विसर्जनीयः 36

8.3.36 **वा शरि**

(वा०) **खर्परे शरि वा विसर्गलोपः**

8.3.37 **कुप्वोः ≍क ≍पौ च** कुप्वोः 49

8.3.38 **सोऽपदादौ** सः 54; अपदादौ 39

8.3.39 **इणः षः** षः 48

8.3.40 **नमस्-पुरसोर्गत्योः**

8.3.41 **इदुदुपधस्य चाप्रत्ययस्य**

8.3.42 **तिरसोऽन्यतरस्याम्** अन्यतरस्याम् 44

8.3.43 **द्विस्त्रिश्चतुरिति कृत्वोऽर्थे**

8.3.44 **इसुसोः सामर्थ्ये** इसुसोः 45

8.3.45 **नित्यं समासेऽनुत्तरपदस्थस्य** 47

8.3.46 **अतः कृ-कमि-कंस-कुम्भ-पात्र-कुशा-कर्णीष्वनव्ययस्य**

8.3.47 **अधः-शिरसी पदे**

8.3.48 **कस्कादिषु च**

8.3.49 **छन्दसि वाऽप्राम्रेडितयोः** छन्दसि 54

8.3.50 **कः-करत्-करति-कृधि-कृतेष्वनदितेः**

8.3.51 **पञ्चम्याः परावध्यर्थे** पञ्चम्याः 52

8.3.52 **पातौ च बहुलम्**

8.3.53 **षष्ठ्याः पति-पुत्र-पृष्ठ-पार-पद-पयस्-पोषेषु** 54

8.3.54 **इडाया वा**

(मूर्धन्यादेश-प्रकरणम्)

8.3.55 **अपदान्तस्य मूर्धन्यः** 119

8.3.56 **सहेः साडः सः** सः 119

8.3.57 **इण्-कोः** 119

8.3.58 **नुम्-विसर्जनीय-शर्व्यवायेऽपि** 119

8.3.59 **आदेश-प्रत्यययोः**

8.3.60 **शासि-वसि-घसीनां च**

8.3.61 **स्तौति-ण्योरेव षण्यभ्यासात्** णेः, षणि, अभ्यासात् 62

8.3.62 **सः स्विदि-स्वदि-सहीनां च**

8.3.63 **प्राक्सितादड्व्यवायेऽपि** प्राक्सितात् 64; अड्व्यवायेऽपि 70

8.3.64 **स्थादिष्वभ्यासेन चाभ्यासस्य** 70

8.3.65 **उपसर्गात् सुनोति-सुवति-स्यति-स्तौति-स्तोभति-स्था-सेनय-सेध-सिच-सञ्ज-स्वञ्जाम्** उपसर्गात् 77

8.3.66 **सदिरप्रतेः**

8.3.67 **स्तन्भोः** 68

8.3.68 **अवाच्चालम्बनाविदूर्ययोः** अवात् 69

8.3.69 **वेश्च स्वनो भोजने**

8.3.70 **परि-नि-विभ्यः सेव-सित-सय-सिवु-सह-सुट्-स्तु-स्वञ्जाम्** परिनिविभ्यः 71

8.3.71 **सिवादीनां वाऽड्व्यवायेऽपि** वा 76

8.3.72 अनु-वि-पर्यभि-निभ्यः स्यन्दतेरप्राणिषु
8.3.73 वेः स्कन्देरनिष्ठायाम् स्कन्देः 74
8.3.74 परेश्च
8.3.75 परिस्कन्दः प्राच्यभरतेषु
8.3.76 स्फुरति-स्फुलत्योर्निर्नि-विभ्यः
8.3.77 वेः स्कभ्नातेर्नित्यम्
8.3.78 इणः षीध्वं-लुङ्-लिटां धोऽङ्गात्
इ..धः 79
8.3.79 विभाषेटः
8.3.80 समासेऽङ्गुलेः सङ्गः समासे 85
8.3.81 भीरोः स्थानम्
8.3.82 अग्नेः स्तुत्-स्तोम-सोमाः
8.3.83 ज्योतिरायुषः स्तोमः
8.3.84 मातृ-पितृभ्यां स्वसा स्वसा 85
8.3.85 मातुः-पितुर्भ्यामन्यतरस्याम्
अन्यतरस्याम् 86
8.3.86 अभि-निसः स्तनः शब्दसंज्ञायाम्
8.3.87 उपसर्ग-प्रादुर्भ्यामस्तिर्यच्परः
8.3.88 सु-वि-निर्दुर्भ्यः सुपि-सूति-समाः
8.3.89 नि-नदीभ्यां स्नातेः कौशले
8.3.90 सूत्रं प्रतिष्णातम्
8.3.91 कपिष्ठलो गोत्रे
8.3.92 प्रष्ठोऽग्रगामिनि
8.3.93 वृक्षासनयोर्विष्टरः विष्टरः 94
8.3.94 छन्दोनाम्नि च
8.3.95 गवि-युधिभ्यां स्थिरः
8.3.96 वि-कु-शमि-परिभ्यः स्थलम्
8.3.97 अम्बाम्ब-गो-भूमि-सव्याप-द्वि-त्रि-कु-
शेकु-शङ्क्वङ्गु-मञ्जि-पुञ्जि-परमे-
बर्हिर्दिव्यग्निभ्यः स्थः
8.3.98 सुषामादिषु च
8.3.99 एति संज्ञायामगात् 100
8.3.100 नक्षत्राद्वा
8.3.101 ह्रस्वात् तादौ तद्धिते तादौ 104
8.3.102 निसस्तपतावनासेवने
8.3.103 युष्मत्-तत्-ततक्षुःष्वन्तःपादम्
युष्मत्तत्ततक्षुःषु 104
8.3.104 यजुष्येकेषाम् एकेषाम् 106
8.3.105 स्तुत-स्तोमयोश्छन्दसि छन्दसि 109
8.3.106 पूर्वपदात् 107
8.3.107 सुञः
8.3.108 सनोतेरनः
8.3.109 सहेः पृतनर्ताभ्यां च
8.3.110 न रपर-सृपि-सृजि-स्पृशि-स्पृहि-
सवनादीनाम् न 119
8.3.111 सात्-पदाद्योः
8.3.112 सिचो यङि
8.3.113 सेधतेर्गतौ
8.3.114 प्रतिस्तब्ध-निस्तब्धौ च
8.3.115 सोढः
8.3.116 स्तम्भु-सिवु-सहां चङि
8.3.117 सुनोतेः स्य-सनोः
8.3.118 सदेः परस्य लिटि
8.3.119 नि-व्यभिभ्योऽड्व्यवाये वा छन्दसि

॥ इति अष्टाध्यायीसूत्रपाठेऽष्टमाध्यायस्य तृतीयः पादः ॥

अथाष्टमाध्यायस्य चतुर्थः पादः

(णत्व-प्रकरणम्)

8.4.1 र-षाभ्यां नो णः समानपदे
रषाभ्यां नो णः 39; समानपदे 2

(वा०) ऋवर्णान्नस्य णत्वं वाच्यम्

8.4.2 अट्-कु-प्वाङ्-नुम्व्यवायेऽपि 39

8.4.3 पूर्वपदात् संज्ञायामगः
पूर्वपदात् 13; संज्ञायाम् 4

8.4.4 वनं पुरगा-मिश्रका-सिध्रका-शारिका-कोटराऽग्रेभ्यः वनम् 6

8.4.5 प्र-निरन्तः-शरेक्षु-प्लक्षाम्र-कार्ष्य-खदिर-पीयूक्षाभ्योऽसंज्ञायामपि

8.4.6 विभाषौषधि-वनस्पतिभ्यः

8.4.7 अह्नोऽदन्तात्

8.4.8 वाहनमाहितात्

8.4.9 पानं देशे पानम् 10

8.4.10 वा भाव-करणयोः वा 11

8.4.11 प्रातिपदिकान्त-नुम्-विभक्तिषु च
प्राति..क्तिषु 13

8.4.12 एकाजुत्तरपदे णः

8.4.13 कुमति च

8.4.14 उपसर्गादसमासेऽपि णोपदेशस्य
उपसर्गात् 23

8.4.15 हिनु-मीना

8.4.16 आनि लोट्

8.4.17 नेर्गद-नद-पत-पद-घु-मा-स्यति-हन्ति-याति-वाति-द्राति-प्साति-वपति-वहति-शाम्यति-चिनोति-देग्धिषु च नेः 18

8.4.18 शेषे विभाषाऽक-खादावषान्त उपदेशे

8.4.19 अनितेः 21

8.4.20 अन्तः

8.4.21 उभौ साभ्यासस्य

8.4.22 हन्तेरत्पूर्वस्य 24

8.4.23 व-मोर्वा

8.4.24 अन्तरदेशे 25

8.4.25 अयनं च

8.4.26 छन्दस्यृदवग्रहात् छन्दसि 27

8.4.27 नश्च धातुस्थोरु-षुभ्यः नः 28

8.4.28 उपसर्गादनोत्परः उपसर्गात् 34

8.4.29 कृत्यचः 34

(वा०) कृत्स्थस्य णत्वे निर्विण्णस्योपसङ्ख्यानं कर्तव्यम्

8.4.30 णेर्विभाषा विभाषा 31

8.4.31 हलश्चेजुपधात् हलः 32

8.4.32 इजादेः सनुमः

8.4.33 वा निंस-निक्ष-निन्दाम्

8.4.34 न भा-भू-पू-कमि-गमि-प्यायी-वेपाम्
न 39

8.4.35 षात् पदान्तात्

8.4.36 नशेः षान्तस्य

8.4.37 पदान्तस्य

8.4.38 पदव्यवायेऽपि

8.4.39 क्षुभ्नादिषु च

(वा०) आचार्यादणत्वं च

(हल्सन्धि-प्रकरणम्)

8.4.40 स्तोः श्चुना श्चुः स्तोः 42

8.4.41 ष्टुना ष्टुः

8.4.42 न पदान्ताट्टोरनाम् न 44

(वा०) अनाम्नवति-नगरीणामिति वाच्यम्

8.4.43 तोः षि तोः 44

8.4.44 शात्

8.4.45 यरोऽनुनासिकेऽनुनासिको वा यरः, वा 47

(वा०) प्रत्यये भाषायां नित्यम्

(द्वित्व-प्रकरणम्)

8.4.46 अचो र-हाभ्यां द्वे अचः 47; द्वे 52

8.4.47 अनचि च

(वा०) शरः खयो द्वे भवत इति वक्तव्यम्

(वा०) अवसाने च यरो द्वे भवत इति वक्तव्यम्

8.4.48 नादिन्याक्रोशे पुत्रस्य न 52

(वा०) चयो द्वितीयाः शरि पौष्करसादेरिति वाच्यम्

8.4.49 शरोऽचि

8.4.50 त्रिप्रभृतिषु शाकटायनस्य

8.4.51 सर्वत्र शाकल्यस्य

8.4.52 दीर्घादाचार्याणाम्

(हल्सन्धि-प्रकरणम्)

8.4.53 झलां जश् झशि झलाम् 56; जश् 54

8.4.54 अभ्यासे चर्च चर् 56

8.4.55 खरि च

8.4.56 वाऽवसाने 57

8.4.57 अणोऽप्रगृह्यस्यानुनासिकः

8.4.58 अनुस्वारस्य ययि परसवर्णः अ..यि 59; परसवर्णः 60; सवर्णः 62

8.4.59 वा पदान्तस्य

8.4.60 तोर्लि

8.4.61 उदः स्था-स्तम्भोः पूर्वस्य पूर्वस्य 62

8.4.62 झयो होऽन्यतरस्याम् झयः 63; अन्यतरस्याम् 65

8.4.63 शश्छोऽटि

(वा०) छत्वममीति वाच्यम्

8.4.64 हलो यमां यमि लोपः हलः, लोपः 65

8.4.65 झरो झरि सवर्णे

8.4.66 उदात्तादनुदात्तस्य स्वरितः अनुदात्तस्य स्वरितः 67

8.4.67 नोदात्त-स्वरितोदयमगार्ग्य-काश्यप-गालवानाम्

8.4.68 अ अ

॥ इति अष्टाध्यायीसूत्रपाठेऽष्टमाध्यायस्य चतर्थः पादः ॥

॥ इति त्रिपादी ॥

॥ इति अष्टाध्यायीसूत्रपाठे अष्टमोऽध्यायः॥

॥ इति पाणिनीयाष्टाध्यायीसूत्रपाठः॥

- अ -

अध्यर्धपूर्वद्विगो ० 5.1.28
अध्यायन्यायो ० 3.3.122
अध्यायानुवाक ० 5.2.60
अध्यायिन्यदेश ० 4.4.71
अध्यायेष्वेवर्षेः 4.3.69
अध्वनो यत्खौ 5.2.16
अध्वर्युकषाय ० 6.2.10
अध्वर्युक्रतुरन ० 2.4.4
अन उपधालो ० 4.1.28
अनङ् सौ 7.1.93
अनचि च 8.4.47
अनत्यन्तगतौ क्तात् 5.4.4
अनत्याधान ० 1.4.75
अनद्यतने र्हिल् ० 5.3.21
अनद्यतने लङ् 3.2.111
अनद्यतने लुट् 3.3.15
अनन्तावसथे ० 5.4.23
अनन्त्यस्यापि ० 8.2.105
अनभिहिते 2.3.1
अनवक्लृप्त्यमर्ष ० 3.3.145
अनश्च 5.4.108
अनसन्तान्नपुं ० 5.4.103
अनाप्यकः 7.2.112
अनिगन्तोऽञ्चतौ ० 6.2.52
अनितेः 8.4.19
अनिदितां हल ० 6.4.24
अनुकम्पायाम् 5.3.76
अनुकरणं चा ० 1.4.62
अनुकाभिका ० 5.2.74
अनुगवमायामे 5.4.83
अनुगादिनष्ठक् 5.4.13
अनुग्वलंगामी 5.2.15
अनुदत्तौ सुप्पितौ 3.1.4
अनुदात्तं च 8.1.3
अनुदात्तं पदम् ० 6.1.158
अनुदात्तं प्रश्ना ० 8.2.100
अनुदात्तं सर्वम् ० 8.1.18
अनुदात्तङित ० 1.3.12
अनुदात्तस्य च ० 6.1.161
अनुदात्तस्य ० 6.1.59

अनुदात्तादेरञ् 4.2.44
अनुदात्तादेश्च 4.3.140
अनुदात्ते च 6.1.190
अनुदात्ते च ० 6.1.120
अनुदात्तेतश्च ० 3.2.149
अनुदात्तोपदेश ० 6.4.37
अनुनासिकस्य ० 6.4.15
अनुनासिकात् ० 8.3.4
अनुपदसर्वा ० 5.2.9
अनुपद्यन्वेष्टा 5.2.90
अनुपराभ्यां कृञः 1.3.79
अनुपसर्गाज्ज्ञः 1.3.76
अनुपसर्गात् ० 8.2.55
अनुपसर्गाद्वा 1.3.43
अनुपसर्गा ० 3.1.138
अनुपसर्जनात् 4.1.14
अनुप्रतिगृणश्च 1.4.41
अनुप्रवचनादि ० 5.1.111
अनुब्राह्मणादिनिः 4.2.62
अनुर्यत्समया 2.1.15
अनुर्लक्षणे 1.4.84
अनुवादे चरणानाम् 2.4.3
अनुविपर्यभि ० 8.3.72
अनुशतिकादीनां ० 7.3.20
अनुस्वारस्य ० 8.4.58
अनृष्यानन्तर्ये ० 4.1.104
अनेकमन्यपदार्थे 2.2.24
अनेकाल्शित्सर्वस्य 1.1.55
अनो नुट् 8.2.16
अनो बहुव्रीहेः 4.1.12
अनो भावक ० 6.2.150
अनोऽश्माय ० 5.4.94
अनोरकर्मकात् 1.3.49
अनोरप्रधानक ० 6.2.189
अनौ कर्मणि 3.2.100
अन् 6.4.167
अन्तः 6.2.92
अन्तः 6.2.143
अन्तः 6.2.179
अन्तः 8.4.20

अन्तःपूर्वपदाट्ठञ् 4.3.60
अन्तरं बहिर्योगो ० 1.1.36
अन्तरदेशे 8.4.24
अन्तरपरिग्रहे 1.4.65
अन्तराऽन्तरेण ० 2.3.4
अन्तर्घनो देशे 3.3.78
अन्तर्धौ येनादर्श ० 1.4.28
अन्तर्बहिर्भ्यां ० 5.4.117
अन्तर्वत्पति ० 4.1.32
अन्तश्च 6.2.180
अन्तश्च तवै ० 6.1.200
अन्तात्यन्ता ० 3.2.48
अन्तादिवच्च 6.1.85
अन्तिकबाढ ० 5.3.63
अन्तोऽवत्याः 6.1.220
अन्तोदत्तादुत्तर ० 6.1.169
अन्त्यात् पूर्वं ० 6.2.83
अन्नाण्णः 4.4.85
अन्नेन व्यञ्जनम् 2.1.34
अन्यतो ङीष् 4.1.40
अन्यथैवंकथम् ० 3.4.27
अन्यपदार्थे च ० 2.1.21
अन्यारादितरर्ते ० 2.3.29
अन्येभ्योऽपि ० 3.2.178
अन्येभ्योऽपि ० 3.3.130
अन्येभ्योऽपि ० 3.2.75
अन्येषामपि ० 6.3.137
अन्येष्वपि दृश्यते 3.2.101
अन्वच्यानुलोम्ये 3.4.64
अन्ववतप्ताद्रहसः 5.4.81
अपगुरो णमुलि 6.1.53
अपघनोऽङ्गम् 3.3.81
अपचितश्च 7.2.30
अपत्यं पौत्र ० 4.1.162
अपथं नपुंसकम् 2.4.30
अपदातौ ० 4.2.135
अपदान्तस्य ० 8.3.55
अपपरिबहिरञ्च ० 2.1.12
अपपरी वर्जने 1.4.88
अपमित्यया ० 4.4.21

अपरस्पराः ० 6.1.144
अपरिमाणबि ० 4.1.22
अपरिह्वृताश्च 7.2.32
अपरोक्षे च 3.2.119
अपवर्गे तृतीया 2.3.6
अपस्करो रथाङ्गम् 6.1.149
अपस्पृधेथामा ० 6.1.36
अपह्नवे ज्ञः 1.3.44
अपाच्च 6.2.186
अपाच्चतुष्पा ० 6.1.142
अपादाने ० 5.4.45
अपादाने पञ्चमी 2.3.28
अपादाने ० 3.4.52
अपाद्वदः 1.3.73
अपिः पदार्थस ० 1.4.96
अपूर्वपदादन्य ० 4.1.140
अपृक्त एकाल् ० 1.2.41
अपे क्लेशतमसोः 3.2.50
अपे च लषः 3.2.144
अपेतापोढमुक्त ० 2.1.38
अपो भि 7.4.48
अपोनप्त्रपा ० 4.2.27
अप् पूरणी ० 5.4.116
अप्तृन्तृच्स्वसृन ० 6.4.11
अप्लुतवदुपस्थिते 6.1.129
अभाषितपुंस्काच्च 7.3.48
अभिजनश्च 4.3.90
अभिजिद्विदभृ ० 5.3.118
अभिज्ञावचने लृट् 3.2.112
अभिनिविशश्च 1.4.47
अभिनिष्क्रामति ० 4.3.86
अभिनिसः ० 8.3.86
अभिप्रत्यतिभ्यः ० 1.3.80
अभिरभागे 1.4.91
अभिविधौ भाव ० 3.3.44
अभिविधौ ० 5.4.53
अभूततद्भावे ० 5.4.50
अभेर्मुखम् 6.2.185
अभेश्चाविदूर्ये 7.2.25
अभ्यमित्राच्छ च 5.2.17

अभ्यस्तस्य च 6.1.33
अभ्यस्तानामादिः 6.1.189
अभ्यासस्यासवर्णे 6.4.78
अभ्यासाच्च 7.3.55
अभ्यासे चर्च 8.4.54
अभ्युत्सादयांप्र ० 3.1.42
अमनुष्यकर्तृके च 3.2.53
अमहन्नवं नगरे ० 6.2.89
अमावस्यदन्य ० 3.1.122
अमावास्याया वा 4.3.30
अमि पूर्वः 6.1.107
अमु च च्छन्दसि 5.4.12
अमूर्धमस्तकात् ० 6.3.12
अमैवाव्ययेन 2.2.20
अमो मश् 7.1.40
अम् सम्बुद्धौ 7.1.99
अम्नरूधरवरि ० 8.2.70
अम्बाऽर्थन ० 7.3.107
अम्बाम्बगोभू ० 8.3.97
अयःशूलदण्डा ० 5.2.76
अयङ् यि क्ङिति 7.4.22
अयनं च 8.4.25
अयस्मयादीनि ० 1.4.20
अयामन्ताल्वा ० 6.4.55
अरण्यान्मनुष्ये 4.2.129
अरिष्टगौडपूर्वे च 6.2.100
अरुर्द्विषदजन्त ० 6.3.67
अरुर्मनश्चक्षुश्चे ० 5.4.51
अर्तिपिपर्त्योश्च 7.4.77
अर्तिलूधूसू ० 3.2.184
अर्त्तिह्रीब्लीरी ० 7.3.36
अर्थवदधातु ० 1.2.45
अर्थे 6.2.44
अर्थे विभाषा 6.3.100
अर्देः संनिविभ्यः 7.2.24
अर्धं नपुंसकम् 2.2.2
अर्धर्चाः पुंसि च 2.4.31
अर्धाच्च 5.4.100
अर्धात् परिमाण ० 7.3.26
अर्धाद्यत् 4.3.4

अर्मे चावर्णं ० 6.2.90
अर्यः स्वामिवै ० 3.1.103
अर्वणस्त्रसावनञः 6.4.127
अर्शआदिभ्योऽच् 5.2.127
अर्हः 3.2.12
अर्हः प्रशंसायाम् 3.2.133
अर्हे कृत्यतृचश्च 3.3.169
अलंकृञ्निरा ० 3.2.136
अलङ्खल्वोः ० 3.4.18
अलुगुत्तरपदे 6.3.1
अलोऽन्त्यस्य 1.1.52
अलोऽन्त्यात् ० 1.1.65
अल्पाख्यायाम् 5.4.136
अल्पाच्तरम् 2.2.34
अल्पे 5.3.85
अल्लोपोऽनः 6.4.134
अवक्रयः 4.4.50
अवक्षेपणे कन् 5.3.95
अवङ् स्फोटा ० 6.1.123
अवचक्षे च 3.4.15
अवद्यपण्य ० 3.1.101
अवपथासि च 6.1.121
अवयवादृतोः 7.3.11
अवयवे च ० 4.3.135
अवयसि ठंश्च 5.1.84
अवयाःश्वेतवाः ० 8.2.67
अवसमन्धेभ्य ० 5.4.79
अवाच्चालम्बना ० 8.3.68
अवात् कुटारच्च 5.2.30
अवाद्ग्रः 1.3.51
अवारपारात्य ० 5.2.11
अवृद्धादपि बहु ० 4.2.125
अवृद्धाभ्यो नदी ० 4.1.113
अवे ग्रहो ० 3.3.51
अवे तृस्त्रोर्घञ् 3.3.120
अवे यजः 3.2.72
अवेः कः 5.4.28
अवोदैधौद्मप्र ० 6.4.29
अवोदोर्नियः 3.3.26
अव्यक्तानुकरण ० 6.1.98

अव्यक्तानुकरणा ० 5.4.57
अव्ययं विभक्ति ० 2.1.6
अव्ययसर्वनाम्ना ० 5.3.71
अव्ययात्त्यप् 4.2.104
अव्ययादाप्सुपः 2.4.82
अव्ययीभावः 2.1.5
अव्ययीभावश्च 1.1.41
अव्ययीभावश्च 2.4.18
अव्ययीभावाच्च 4.3.59
अव्ययीभावे ० 6.3.81
अव्ययीभावे श ० 5.4.107
अव्ययेऽयथाभि ० 3.4.59
अव्यादवद्यादव ० 6.1.116
अशनायोदन्य ० 7.4.34
अशब्दे यत्खा ० 4.3.64
अशाला च 2.4.24
अश्नोतेश्च 7.4.72
अश्वक्षीरवृषल ० 7.1.51
अश्वपत्यादिभ्यश्च 4.1.84
अश्वस्यैकाहगमः 5.2.19
अश्वाघस्यात् 7.4.37
अश्वादिभ्यः फञ् 4.1.110
आश्विमानण् 4.4.126
अषडक्षाशितङ्ग ० 5.4.7
अषष्ठ्यतृतीया ० 6.3.99
अष्टन आ विभक्तौ 7.2.84
अष्टनः संज्ञायाम् 6.3.125
अष्टनो दीर्घात् 6.1.172
अष्टाभ्य औश् 7.1.21
असंज्ञायां तिल ० 4.3.149
असंयोगाल्लिट् कित् 1.2.5
असमासे ० 5.1.20
असिद्धवदत्राभात् 6.4.22
असुरस्य स्वम् 4.4.123
असूर्यललाट ० 3.2.36
अस्तं च 1.4.68
अस्ताति च 5.3.40
अस्तिनास्तिदिष्टं ० 4.4.60
अस्तिसिचोऽपृक्ते 7.3.96
अस्तेर्भूः 2.4.52

अस्थिदधिस ० 7.1.75
अस्मदो द्वयोश्च 1.2.59
अस्मद्युत्तमः 1.4.107
अस्मायामेधा ० 5.2.121
अस्य च्वौ 7.4.32
अस्यतितृषोः ० 3.4.57
अस्यतिवक्ति ० 3.1.52
अस्यतेस्थुक् 7.4.17
अस्वाङ्गपूर्वपदाद्वा 4.1.53
अहंशुभमोर्युस् 5.2.140
अहन् 8.2.68
अहस्सर्वैकदेश ० 5.4.87
अहीने द्वितीया 6.2.47
अहेति विनियोगे च 8.1.61
अहो च 8.1.40
अह्नष्टखोरेव 6.4.145
अह्नोऽदन्तात् 8.4.7
अह्नोऽह्न एतेभ्यः 5.4.88

- आ -

आ कडारादेका ० 1.4.1
आ च त्वात् 5.1.120
आ च तौ 6.1.117
आ सर्वनाम्नः 6.3.91
आकर्षात् छल् 4.4.9
आकर्षादिभ्यः कन् 5.2.64
आकालिक ० 5.1.114
आक्रन्दाट्ठञ्च 4.4.38
आक्रोशे च 6.2.158
आक्रोशे नञ्य ० 3.3.112
आक्रोशेऽ ० 3.3.45
आक्वेस्तच्छील ० 3.2.134
आख्यातोपयोगे 1.4.29
आगवीनः 5.2.14
आगस्त्यकौ ० 2.4.70
आग्रहायण्य ० 4.2.22
आङ उद्गमने 1.3.40
आङि चापः 7.3.105
आङि ताच्छील्ये 3.2.11
आङि युद्धे 3.3.73

उपसर्गाद्ध्रस्व ० 7.4.23
उपसर्गे घोः किः 3.3.92
उपसर्गे च ० 3.2.99
उपसर्गे रुवः 3.3.22
उपसर्गेऽदः 3.3.59
उपसर्जनं पूर्वम् 2.2.30
उपसर्या का ० 3.1.104
उपाच्च 1.3.84
उपाजेऽन्वाजे 1.4.73
उपात् प्रतिय ० 6.1.139
उपात् प्रशंसायाम् 7.1.66
उपाद् द्व्यज ० 6.2.194
उपाद्यमः स्वकरणे 1.3.56
उपाधिभ्यां त्यक ० 5.2.34
उपान्मन्त्रकरणे 1.3.25
उपान्वध्याङ्वसः 1.4.48
उपेयिवानना ० 3.2.109
उपोऽधिके च 1.4.87
उपोत्तमं रिति 6.1.217
उप्ते च 4.3.44
उभयथर्क्षु 8.3.8
उभयप्राप्तौ कर्मणि 2.3.66
उभादुदात्तो ० 5.2.44
उभे अभ्यस्तम् 6.1.5
उभे वनस्प ० 6.2.140
उभौ साभ्यासस्य 8.4.21
उमोर्णयोर्वा 4.3.158
उरःप्रभृतिभ्यः ० 5.4.151
उरण् रपरः 1.1.51
उरत् 7.4.66
उरसो यच्च 4.3.114
उरसोऽण् च 4.4.94
उर्ऋत् 7.4.7
उश्च 1.2.12
उषविदजागृभ्यो ० 3.1.38
उषासोषसः 6.3.31
उष्ट्रः सादिवाम्योः 6.2.40
उष्ट्राद्वुञ् 4.3.157
उस्यपदान्तात् 6.1.96

- ऊ -

ऊँ 1.1.18
ऊकालोऽज्झ्र ० 1.2.27
ऊङुतः 4.1.66
ऊडिदम्पदाद्य ० 6.1.171
ऊतियूतिजूति ० 3.3.97
ऊदनोर्देशे 6.3.98
ऊदुपधाया गोहः 6.4.89
ऊधसोऽनङ् 5.4.131
ऊनार्थकलहं ० 6.2.153
ऊरूत्तरपदादौपम्ये 4.1.69
ऊर्णाया युस् 5.2.123
ऊर्णोतेर्विभाषा 7.2.6
ऊर्णोतेर्विभाषा 7.3.90
ऊर्ध्वाद्विभाषा 5.4.130
ऊर्ध्वे शुषिपूरोः 3.4.44
ऊर्यादिच्विडाचश्च 1.4.61
ऊषसुषिमुष्क ० 5.2.107

- ऋ -

ऋक्पूरब्धूःपथा ० 5.4.74
ऋचः शे 6.3.55
ऋचि तुनुघम० 6.3.133
ऋच्छत्यृताम् 7.4.11
ऋणमाधमर्ण्ये 8.2.60
ऋत उत् 6.1.111
ऋतश्च 7.4.92
ऋतश्च संयोगादेः 7.2.43
ऋतश्च संयोगा ० 7.4.10
ऋतश्छन्दसि 5.4.158
ऋतष्ठञ् 4.3.78
ऋतेरीयङ् 3.1.29
ऋतो ङिसर्वना ० 7.3.110
ऋतो भारद्वाजस्य 7.2.63
ऋतो विद्यायोनि ० 6.3.23
ऋतोऽञ् 4.4.49
ऋतोरण् 5.1.105
ऋत्यकः 6.1.128
ऋत्विग्दधृक्स्र ० 3.2.59
ऋत्व्यवा ० 6.4.175
ऋदुपधाच्चाक्लृ ० 3.1.110
ऋदुशनस्पुरु ० 7.1.94
ऋदृशोऽङि गुणः 7.4.16
ऋदोरप् 3.3.57
ऋद्धनोः स्ये 7.2.70
ऋन्नेभ्यो ङीप् 4.1.5
ऋषभोपानहोर्ञ्यः 5.1.14
ऋष्यन्धक ० 4.1.114
ऋहलोर्ण्यत् 3.1.124

- ॠ -

ॠत इद्धातोः 7.1.100

- ए -

एक तद्धिते च 6.3.62
एकं बहुव्रीहिवत् 8.1.9
एकः पूर्वपरयोः 6.1.84
एकगोपूर्वाट्ठञ् ० 5.2.118
एकधुराल्लुक् च 4.4.79
एकवचनं संबुद्धिः 2.3.49
एकवचनस्य च 7.1.32
एकविभक्ति ० 1.2.44
एकशालायाष्ठ ० 5.3.109
एकश्रुति दूरात् ० 1.2.33
एकस्य सकृच्च 5.4.19
एकहलादौ ० 6.3.59
एकाच उपदेशे ० 7.2.10
एकाचो द्वे प्रथमस्य 6.1.1
एकाचो बशो ० 8.2.37
एकाच्च प्राचाम् 5.3.94
एकाजुत्तरपदे णः 8.4.12
एकादाकिनि ० 5.3.52
एकादिश्चैकस्य ० 6.3.76
एकादेश उदा ० 8.2.5
एकाद्धो ध्यमु ० 5.3.44
एकान्याभ्यां ० 8.1.65
एको गोत्रे 4.1.93
एङः पदान्तादति 6.1.109
एङि पररूपम् 6.1.94
एङ् प्राचां देशे 1.1.75
एङ्ह्रस्वात् ० 6.1.69
एच इग्घ्रस्वादेशे 1.1.48
एचोऽप्रगृह्य ० 8.2.107
एचोऽयवायावः 6.1.78
एजेः खश् 3.2.28
एण्या ढञ् 4.3.159
एत ईद्बहुवचने 8.2.81
एत ऐ 3.4.93
एतत्तदोः सुलो ० 6.1.132
एतदस्त्रतसोस्त्र ० 2.4.33
एतदोऽश् 5.3.5
एतिस्तुशास्वृ ० 3.1.109
एतेतौ रथोः 5.3.4
एतेर्लिङि 7.4.24
एत्येधत्यूठ्सु 6.1.89
एधाच्च 5.3.46
एनपा द्वितीया 2.3.31
एनबन्यतरस्या ० 5.3.35
एरच् 3.3.56
एरनेकाचोऽसं ० 6.4.82
एरुः 3.4.86
एर्लिङि 6.4.67
एहिमन्ये प्रहासे ० 8.1.46

- ऐ -

ऐकागारिकट् ० 5.1.113
ऐति संज्ञायामगात् 8.3.99
ऐषमोह्यःश्वसो ० 4.2.105

- ओ -

ओः पुयण्ज्यपरे 7.4.80
ओः सुपि 6.4.83
ओक उचः के 7.3.64
ओजःसहोऽम्भ ० 6.3.3
ओजसोऽहनि ० 4.4.130
ओजस्सहो ० 4.4.27
ओतः श्यनि 7.3.71
ओतो गार्ग्यस्य 8.3.20
ओत् 1.1.15
ओदितश्च 8.2.45
ओमभ्यादाने 8.2.87
ओमाङोश्च 6.1.95

किशरादिभ्यः ष्ठन् 4.4.53
कु तिहोः 7.2.104
कुगतिप्रादयः 2.2.18
कुटीशमीशुण्डा ० 5.3.88
कुण्डं वनम् 6.2.136
कुत्वा डुपच् 5.3.89
कुत्सने च सुप्य ० 8.1.69
कुत्सितानि ० 2.1.53
कुत्सिते 5.3.74
कुप्वोः XकXपौ च 8.3.37
कुमति च 8.4.13
कुमहद्भ्यामन्यत ० 5.4.105
कुमारः श्रमणा ० 2.1.70
कुमारशीर्षयो ० 3.2.51
कुमारश्च 6.2.26
कुमार्यां वयसि 6.2.95
कुमुदनडवेतसे ० 4.2.87
कुम्भपदीषु च 5.4.139
कुरुगार्हपतरिक्त ० 6.2.42
कुरुणादिभ्यो ण्यः 4.1.172
कुर्वादिभ्यो ण्यः 4.1.151
कुलकुक्षिग्रीवा ० 4.2.96
कुलटाया वा 4.1.127
कुलत्थकोपधादण् 4.4.4
कुलात् खः 4.1.139
कुलालादिभ्यो ० 4.3.118
कुलिजाल्लुक्खौ च 5.1.55
कुल्माषादञ् 5.2.83
कुशाग्राच्छः 5.3.105
कुषिरजोः ० 3.1.90
कुसीददशैका ० 4.4.31
कुसूलकूपकुम्भ ० 6.2.102
कुस्तुम्बुरूणि ० 6.1.143
कुहोश्चुः 7.4.62
कूलतीरतूलमू ० 6.2.121
कूलसूदस्थलक ० 6.2.129
कृकणपर्णाद्भा ० 4.2.145
कृच्छ्गहनयोः ० 7.2.22
कृञः प्रतियत्ने 2.3.53
कृञः श च 3.3.100

कृञो द्वितीय ० 5.4.58
कृञो हेतुता ० 3.2.20
कृञ् चानुप्रयु ० 3.1.40
कृतलब्धक्रीत ० 4.3.38
कृते ग्रन्थे 4.3.116
कृत्तद्धितसमासाश्च 1.2.46
कृत्यचः 8.4.29
कृत्यतुल्याख्या ० 2.1.68
कृत्यल्युटो ० 3.3.113
कृत्याः प्राङ् ० 3.1.95
कृत्यानां कर्तरि वा 2.3.71
कृत्यार्थे तवैके ० 3.4.14
कृत्याश्च 3.3.171
कृत्यैरधिकार्थवचने 2.1.33
कृत्यैर्ऋणे 2.1.43
कृत्योकेष्णु ० 6.2.160
कृत्वोऽर्थप्रयो ० 2.3.64
कृदतिङ् 3.1.93
कृन्मेजन्तः 1.1.39
कृपो रो लः 8.2.18
कृमृद्दरुहि ० 3.1.59
कृषेश्छन्दसि 7.4.64
कृसृभृवृस्तुद्रु ० 7.2.13
कॄ धान्ये 3.3.30
केऽणः 7.4.13
केकयमित्त्र ० 7.3.2
केदाराद्यञ् च 4.2.40
केवलमामकभा ० 4.1.30
केशाद्वोऽन्य ० 5.2.109
केशाश्वाभ्यां ० 4.2.48
कोः कत् तत्पु ० 6.3.101
कोपधाच्च 4.2.79
कोपधाच्च 4.3.137
कोपधादण् 4.2.132
कोशाड्ढञ् 4.3.42
कौपिञ्जलहा ० 4.3.132
कौमारापूर्ववचने 4.2.13
कौरव्यमाण्डूका ० 4.1.19
कौसल्यकार्मा ० 4.1.155
कुअच्छाग्निवक्र ० 4.2.126

क्तक्तवतू निष्ठा 1.1.26
क्तस्य च वर्तमाने 2.3.67
क्तादल्पाख्यायाम् 4.1.51
क्तिच्क्तौ च ० 3.3.174
क्ते च 6.2.45
क्ते नित्यार्थे 6.2.61
क्तेन च पूजायाम् 2.2.12
क्तेन नञ्विशि ० 2.1.60
क्तेनाहोरात्रावयवाः 2.1.45
क्तोऽधिकरणे ० 3.4.76
क्रेर्मम् नित्यं 4.4.20
क्त्वा च 2.2.22
क्त्वाऽपि छन्दसि 7.1.38
क्त्वातोसुन्कसुनः 1.1.40
क्त्वि स्कन्दिस्यन्दोः 6.4.31
क्त्वो यक् 7.1.47
क्यङ्मानिनोश्च 6.3.36
क्यचि च 7.4.33
क्यच्व्योश्च 6.4.152
क्यस्य विभाषा 6.4.50
क्याच्छन्दसि 3.2.170
क्रतुयज्ञेभ्यश्च 4.3.68
क्रतूक्थादिसूत्रा ० 4.2.60
क्रतौ कुण्ड ० 3.1.130
क्रत्वादयश्च 6.2.118
क्रमः परस्मैपदेषु 7.3.76
क्रमश्च क्त्वि 6.4.18
क्रमादिभ्यो वुन् 4.2.61
क्रय्यस्तदर्थे 6.1.82
क्रव्ये च 3.2.69
क्रियार्थोपपदस्य ० 2.3.14
क्रियासमभिहारे ० 3.4.2
क्रीङ्जीनां णौ 6.1.48
क्रीडोऽनुसम्परि ० 1.3.21
क्रीतवत् परि ० 4.3.156
क्रीतात् करण ० 4.1.50
क्रुधद्रुहेर्ष्या ० 1.4.37
क्रुधद्रुहोरुपसृष्ट ० 1.4.38
क्रुधमण्डार्थेभ्यश्च 3.2.151
क्रौड्यादिभ्यश्च 4.1.80

क्र्यादिभ्यः श्ना 3.1.81
क्लिशः क्त्वानिष्ठयोः 7.2.50
क्वणो वीणायां च 3.3.65
क्वसुश्च 3.2.107
क्वाति 7.2.105
क्विन्प्रत्ययस्य कुः 8.2.62
क्विप् च 3.2.76
क्षत्राद्घः 4.1.138
क्षयो निवासे 6.1.201
क्षय्यजय्यौ ० 6.1.81
क्षायो मः 8.2.53
क्षिप्रवचने लृट् 3.3.133
क्षियः 6.4.59
क्षियाऽऽशीःप्रै ० 8.2.104
क्षियो दीर्घात् 8.2.46
क्षीराड्ढञ् 4.2.20
क्षुद्रजन्तवः 2.4.8
क्षुद्राभ्यो वा 4.1.131
क्षुद्राभ्रमरवटर ० 4.3.119
क्षुब्धस्वान्तध्वा ० 7.2.18
क्षुभ्नाऽऽदिषु च 8.4.39
क्षुल्लकश्च वैश्वदेवे 6.2.39
क्षेत्रियच् परक्षेत्रे ० 5.2.92
क्षेपे 2.1.47
क्षेपे 6.2.108
क्षेमप्रियमद्रेऽण् च 3.2.44
क्सस्याचि 7.3.72

- ख -

ख च 4.4.132
खः सर्वधुरात् 4.4.78
खचि ह्रस्वः 6.4.94
खट्वा क्षेपे 2.1.26
खण्डिकादिभ्यश्च 4.2.45
खनो घ च 3.3.125
खरवसानयो ० 8.3.15
खरि च 8.4.55
खलगोरथात् 4.2.50
खलयवमाष ० 5.1.7
खार्या ईकन् 5.1.33

टेः 6.4.155
ट्वितोऽथुच् 3.3.89

- ठ -

ठक्छौ च 4.2.84
ठगायस्थानेभ्यः 4.3.75
ठञ् कवचिनश्च 4.2.41
ठस्येकः 7.3.50
ठाजादावूर्ध्वं ∘ 5.3.83

- ड -

डः सि धुट् 8.3.29
डति च 1.1.25
डाबुभाभ्याम ∘ 4.1.13
ड्वितः क्त्रिः 3.3.88

- ढ -

ढकि लोपः 4.1.133
ढक् च मण्डूकात् 4.1.119
ढश्छन्दसि 4.4.106
ढे लोपोऽकद्र्वाः 6.4.147
ढो ढे लोपः 8.3.13
ढ्रलोपे पूर्वस्य ∘ 6.3.111

- ण -

णचः स्त्रियामञ् 5.4.14
णलुत्तमो वा 7.1.91
णिचश्च 1.3.74
णिनि 6.2.79
णिश्रिद्रुस्रुभ्यः ∘ 3.1.48
णेरणौ यत् ∘ 1.3.67
णेरध्ययने वृत्तम् 7.2.26
णेरनिटि 6.4.51
णेर्विभाषा 8.4.30
णेश्छन्दसि 3.2.137
णो नः 6.1.65
णौ गमिरबोधने 2.4.46
णौ च सँश्चङोः 2.4.51
णौ च संश्चङोः 6.1.31
णौ चङ्युपधा ∘ 7.4.1
ण्य आवश्यके 7.3.65
ण्यक्षत्रियार्ष ∘ 2.4.58
ण्यासश्रन्थो युच् 3.3.107
ण्युट् च 3.1.147
ण्वुल्तृचौ 3.1.133

- त -

तङानावात्म ∘ 1.4.100
तत आगतः 4.3.74
तत् प्रत्यनुपूर्वं ∘ 4.4.28
तत्पुरुषः 2.1.22
तत्पुरुषः समा ∘ 1.2.42
तत्पुरुषस्याङ्गु ∘ 5.4.86
तत्पुरुषे कृति ∘ 6.3.14
तत्पुरुषे तुल्यार्थ ∘ 6.2.2
तत्पुरुषे शाला ∘ 6.2.123
तत्पुरुषोऽनञ् ∘ 2.4.19
तत्प्रकृतवचने ∘ 5.4.21
तत्प्रत्ययस्य च 7.3.29
तत्प्रयोजको हेतुश्च 1.4.55
तत्र 2.1.46
तत्र कुशलः पथः 5.2.63
तत्र च दीयते ∘ 5.1.96
तत्र जातः 4.3.25
तत्र तस्येव 5.1.116
तत्र तेनेदमिति ∘ 2.2.27
तत्र नियुक्तः 4.4.69
तत्र भवः 4.3.53
तत्र विदित इति च 5.1.43
तत्र साधुः 4.4.98
तत्रोद्धृतममत्रेभ्यः 4.2.14
तत्रोपपदं ∘ 3.1.92
तत्सर्वादेः ∘ 5.2.7
तथायुक्तं चानि ∘ 1.4.50
तदधीते तद्वेद 4.2.59
तदधीनवचने 5.4.54
तदर्थं विकृतेः ∘ 5.1.12
तदर्हम् 5.1.117
तदशिष्यं ∘ 1.2.53
तदस्मिन् वृद्ध्या ∘ 5.1.47
तदस्मिन्नधि ∘ 5.2.45
तदस्मिन्नन्नं प्राये ∘ 5.2.82
तदस्मिन्नस्तीति ∘ 4.2.67
तदस्मै दीयते ∘ 4.4.66
तदस्य तदस्मिन् ∘ 5.1.16
तदस्य पण्यम् 4.4.51
तदस्य परिमाणम् 5.1.57
तदस्य ब्रह्मचर्यम् 5.1.94
तदस्य संजातं ∘ 5.2.36
तदस्य सोढम् 4.3.52
तदस्यां प्रहर ∘ 4.2.57
तदस्यास्त्यस्मि ∘ 5.2.94
तदो दा च 5.3.19
तदोः सः ∘ 7.2.106
तदर्हति 5.1.63
तद्गच्छति ∘ 4.3.85
तद्धरति वह ∘ 5.1.50
तद्धितश्चासर्व ∘ 1.1.38
तद्धितस्य 6.1.164
तद्धिताः 4.1.76
तद्धितार्थोत्तर ∘ 2.1.51
तद्धितेष्वचामादेः 7.2.117
तद्युक्तात् कर्म ∘ 5.4.36
तद्राजस्य बहुषु ∘ 2.4.62
तद्वहति रथयु ∘ 4.4.76
तद्वानासामुप ∘ 4.4.125
तनादिकृञ्भ्य उः 3.1.79
तनादिभ्यस्त ∘ 2.4.79
तनिपत्योश्छन्दसि 6.4.99
तनूकरणे तक्षः 3.1.76
तनोतेर्यकि 6.4.44
तनोतेर्विभाषा 6.4.17
तन्त्रादचिरापहृते 5.2.70
तपःसहस्राभ्यां ∘ 5.2.102
तपरस्तत्कालस्य 1.1.70
तपस्तपःकर्म ∘ 3.1.88
तपोऽनुतापे च 3.1.65
तप्तनप्तनथनाश्च 7.1.45
तमधीष्टो भृतो ∘ 5.1.80
तयोरेव कृत्य ∘ 3.4.70
तयोर्दार्हिलौ च ∘ 5.3.20
तयोर्य्वावचि ∘ 8.2.108
तरति 4.4.5
तरप्तमपौ घः 1.1.22
तवकममका ∘ 4.3.3
तवममौ ङसि 7.2.96
तवै चान्तश्च ∘ 6.2.51
तव्यत्तव्यानीयरः 3.1.96
तसिलादिषु ∘ 6.3.35
तसिश्च 4.3.113
तसेश्च 5.3.8
तसौ मत्वर्थे 1.4.19
तस्थस्थमिपां ∘ 3.4.101
तस्माच्छसो ∘ 6.1.103
तस्मादित्युत्तरस्य 1.1.67
तस्मान्नुडचि 6.3.74
तस्मान्नुड् द्विहलः 7.4.71
तस्मिन् नणि ∘ 4.3.2
तस्मिन्निति ∘ 1.1.66
तस्मै प्रभवति ∘ 5.1.101
तस्मै हितम् 5.1.5
तस्य च दक्षिणा ∘ 5.1.95
तस्य तात् 7.1.44
तस्य धर्म्यम् 4.4.47
तस्य निमित्तं ∘ 5.1.38
तस्य निवासः 4.2.69
तस्य परमाम्रेडितम् 8.1.2
तस्य पाकमूले ∘ 5.2.24
तस्य पूरणे डट् 5.2.48
तस्य भाव ∘ 5.1.119
तस्य लोपः 1.3.9
तस्य वापः 5.1.45
तस्य विकारः 4.3.134
तस्य व्याख्यान ∘ 4.3.66
तस्य समूहः 4.2.37
तस्यादित उदात्त ∘ 1.2.32
तस्यापत्यम् 4.1.92
तस्येदम् 4.3.120
तस्येश्वरः 5.1.42
ताच्छील्यव ∘ 3.2.129
तादौ च निति ∘ 6.2.50
तान्येकवचनद्वि ∘ 1.4.102

- थ -

- द -

सूत्र	स्थान
दिवाविभानि ०	3.2.21
दिवो झल्	6.1.183
दिवो द्यावा	6.3.29
दिवोऽविजि ०	8.2.49
दिशोऽमद्राणाम्	7.3.13
दिष्टिवितस्त्योश्च	6.2.31
दीङो युडचि ०	6.4.63
दीधीवेवीटाम्	1.1.6
दीपजनबुधपू ०	3.1.61
दीर्घ इणः किति	7.4.69
दीर्घं च	1.4.12
दीर्घकाशतु ०	6.2.82
दीर्घजिह्वी च ०	4.1.59
दीर्घाच्च वरुणस्य	7.3.23
दीर्घाज्जसि च	6.1.105
दीर्घात्	6.1.75
दीर्घादटि समानपादे	8.3.9
दीर्घादाचार्याणाम्	8.4.52
दीर्घो लघोः	7.4.94
दीर्घोऽकितः	7.4.83
दुःखात् ०	5.4.64
दुन्योरनुपसर्गे	3.1.142
दुरस्युर्द्रविणस्यु ०	7.4.36
दुष्कुलाड्ढक्	4.1.142
दुहः कब् घश्च	3.2.70
दुहश्च	3.1.63
दूतस्य भाग ०	4.4.120
दूराद्धूते च	8.2.84
दूरान्तिकार्थे ०	2.3.35
दूरान्तिकार्थैः ०	2.3.34
दृक्स्ववस्स्वत ०	7.1.83
दृग्दृशवतुषु	6.3.89
दृढः स्थूलबलयोः	7.2.20
दृतिकुक्षिकलशि ०	4.3.56
दृशे विख्ये च	3.4.11
दृशेः क्वनिप्	3.2.94
दृष्टं साम	4.2.7
देयमृणे	4.3.47
देये त्रा च	5.4.55
देवताद्वन्द्वे च	6.2.141
देवताद्वन्द्वे च	6.3.26
देवताद्वन्द्वे च	7.3.21
देवतान्तात्ताद ०	5.4.24
देवपथादिभ्यश्च	5.3.100
देवब्रह्मणोरनु ०	1.2.38
देवमनुष्यपुरुष ०	5.4.56
देवसुम्नयोर्यजु ०	7.4.38
देवात्तल्	5.4.27
देविकाशिंशपा ०	7.3.1
देविक्रुशोश्चोप ०	2.147
देशे लुबिलचौ च	5.2.105
दैवयज्ञिशौचिवृ ०	4.1.81
दो दद् घोः	7.4.46
दोषो णौ	6.4.90
द्यतिस्यतिमा ०	7.4.40
द्यावापृथिवीशु ०	4.2.32
द्युतिस्वाप्योः ०	7.4.67
द्युद्भ्यो लुङि	1.3.91
द्युद्रुभ्यां मः	5.2.108
द्युप्रागपागुद ०	4.2.101
द्रवमूर्तिस्प ०	6.1.24
द्रव्यं च भव्ये	5.3.104
द्रोणपर्वतजीव ०	4.1.103
द्रोश्च	4.3.161
द्वन्द्वमनोज्ञा ०	5.1.133
द्वन्द्वश्च प्राणितू ०	2.4.2
द्वन्द्वाच्चुदषहा ०	5.4.106
द्वन्द्वाच्छः	4.2.6
द्वन्द्वाद्वुन् वैर ०	4.3.125
द्वन्द्वे घि	2.2.32
द्वन्द्वोपतापग ०	5.2.128
द्वन्द्वं रहस्यम ०	8.1.15
द्वन्द्वे च	1.1.31
द्वारादीनां च	7.3.4
द्विगुरेकवचनम्	2.4.1
द्विगुश्च	2.1.23
द्विगोः	4.1.21
द्विगोर्यप्	5.1.82
द्विगोर्लुगनपत्ये	4.1.88
द्विगोर्वा	5.1.86
द्विगोष्ठंश्च	5.1.54
द्विगौ क्रतौ	6.2.97
द्विगौ प्रमाणे	6.2.12
द्वितीयतृती ०	2.2.3
द्वितीया ब्राह्मणे	2.3.60
द्वितीया श्रिता ०	2.1.24
द्वितीयाटौस्स्वेनः	2.4.34
द्वितीयायां च	3.4.53
द्वितीयायां च	7.2.87
द्वितीये चानुपाख्ये	6.3.80
द्वित्रिचतुर्भ्यः सुच्	5.4.18
द्वित्रिपूर्वादण् च	5.1.36
द्वित्रिपूर्वान्निष्कात्	5.1.30
द्वित्रिभ्यां तय ०	5.2.43
द्वित्रिभ्यां पाद् ०	6.2.197
द्वित्रिभ्यां ष मूर्ध्नः	5.4.115
द्वित्रिभ्यामञ्जलेः	5.4.102
द्वित्र्योश्च धमुञ्	5.3.45
द्विदण्ड्यादिभ्यश्च	5.4.128
द्विर्वचनेऽचि	1.1.59
द्विवचनविभ ०	5.3.57
द्विषत्परयोस्तापेः	3.2.39
द्विषश्च	3.4.112
द्विषोऽमित्रे	3.2.131
द्विस्तावा त्रिस्ता ०	5.4.84
द्विस्त्रिश्चतुरिति ०	8.3.43
द्वीपादनुसमुद्रं यञ्	4.3.10
द्वेस्तीयः	5.2.54
द्वैपवैयाघ्रादञ्	4.2.12
द्व्यचः	4.1.121
द्व्यचश्छन्दसि	4.3.150
द्व्यचोऽतस्तिङः	6.3.135
द्व्यजृद्ब्राह्मणर्क्ष ०	4.3.72
द्व्यञ्मगधक ०	4.1.170
द्व्यन्तरुपसर्गे ०	6.3.97
द्व्यष्टनः सङ्ख्याया ०	6.3.47
द्व्येकयोर्द्विव ०	1.4.22

- ध -

सूत्र	स्थान
धः कर्मणि ष्ट्रन्	3.2.181
धनगणं लब्धा	4.4.84
धनहिरण्यात् कामे	5.2.65
धनुषश्च	5.4.132
धन्वयोपधाद्वुञ्	4.2.121
धर्मं चरति	4.4.41
धर्मपथ्यर्थ ०	4.4.92
धर्मशीलवर्णा ०	5.2.132
धर्मादनिच् ०	5.4.124
धातुसम्बन्धे ०	3.4.1
धातोः	3.1.91
धातोः	6.1.162
धातोः कर्मणः ०	3.1.7
धातोरेकाचो ०	3.1.22
धातोस्तन्निमि ०	6.1.80
धात्वादेः षः सः	6.1.64
धान्यानां भवने ०	5.2.1
धारेरुत्तमर्णः	1.4.35
धि च	8.2.25
धिन्विकृण्व्योर च	3.1.80
धुरो यड्ढकौ	4.4.77
धूमादिभ्यश्च	4.2.127
धृषिशसी वैयात्ये	7.2.19
ध्रुवमपाये ०	1.4.24
ध्वमो ध्वात्	7.1.42
ध्वाङ्क्षेण क्षेपे	2.1.42

- न -

सूत्र	स्थान
न कपि	7.4.14
न कर्मव्यतिहारे	7.3.6
न कवतेर्यङि	7.4.63
न कोपधायाः	6.3.37
न क्तिचि दीर्घश्च	6.4.39
न क्त्वा सेट्	1.2.18
न क्रोडादिबह्वचः	4.1.56
न क्रादेः	7.3.59
न गतिहिंसार्थेभ्यः	1.3.15
न गुणादयो ०	6.2.176
न गोपवनादिभ्यः	2.4.67
न गोश्वन्त्साव ०	6.1.182
न ङिसम्बुद्ध्योः	8.2.8

सूत्रम्		सूत्रम्		सूत्रम्		सूत्रम्	
न चवाहाहैवयुक्ते	8.1.24	न ल्यपि	6.4.69	नद्यां मतुप्	4.2.85	नातः परस्य	7.3.27
न च्छन्दस्यपुत्रस्य	7.4.35	न वशः	6.1.20	नद्याः शेषस्या ०	6.3.44	नादिचि	6.1.104
न तिसृचतसृ	6.4.4	न विभक्तौ तुस्माः	1.3.4	नद्यादिभ्यो ढक्	4.2.97	नादिन्याक्रोशे ०	8.4.48
न तौल्वलिभ्यः	2.4.61	न वृद्भ्यश्चतुर्भ्यः	7.2.59	नद्यृतश्च	5.4.153	नाद्धस्य	8.2.17
न दण्डमाण ०	4.3.130	न वेति विभाषा	1.1.44	ननौ पृष्टप्रति ०	3.2.120	नाधाऽर्थप्र ०	3.4.62
न दधिपयआदीनि	2.4.14	न व्यो लिटि	6.1.46	नन्दिग्रहिप ०	3.1.134	नानद्यतनवत् ०	3.3.135
न दुहस्नुनमां ०	3.1.89	न शब्दश्लोकक ०	3.2.23	नन्वित्यनु ०	8.1.43	नानोर्ज्ञः	1.3.58
न दृशः	3.1.47	न शसददवा ०	6.4.126	नन्वोर्विभाषा	3.2.121	नान्तादसङ्ख्या ०	5.2.49
न द्व्यचः प्राच्य ०	4.2.113	न षट्स्वस्रादिभ्यः	4.1.10	नपरे नः	8.3.27	नाभ्यस्तस्या ०	7.3.87
न धातुलोप ०	1.1.4	न सङ्ख्याऽऽदेः ०	5.4.89	नपुंसकमन ०	1.2.69	नाभ्यस्ताच्छतुः	7.1.78
न ध्याख्यापॄमू ०	8.2.57	न संज्ञायाम्	5.4.155	नपुंसकस्य झलचः	7.1.72	नामन्त्रिते ०	8.1.73
न नञ्पूर्वात्त ०	5.1.121	न संयोगाद्वम ०	6.4.137	नपुंसकाच्च	7.1.19	नामन्यतरस्याम्	6.1.177
न निर्धारणे	2.2.10	न सम्प्रसारणे ०	6.1.37	नपुंसकाद् ०	5.4.109	नामि	6.4.3
न निविभ्याम्	6.2.181	न सामिवचने	5.4.5	नपुंसके भावे क्तः	3.3.114	नाम्न्यादिशिग्रहोः	3.4.58
न न्द्राः संयोगादयः	6.1.3	न सुदुर्भ्यां केव ०	7.1.68	नभ्राण्नपान्न ०	6.3.75	नाम्रेडितस्या ०	6.1.99
न पदान्तद्विर्व ०	1.1.58	न सुब्रह्मण्या ०	1.2.37	नमःस्वस्तिस्वा ०	2.3.16	नावो द्विगोः	5.4.99
न पदान्ताट्टोरनाम्	8.4.42	न हास्तिनफल ०	6.2.101	नमस्पुरसोर्गत्योः	8.3.40	नाव्ययदिक्०	6.2.168
न पादम्याङ्यमा ०	1.3.89	नः क्ये	1.4.15	नमिकम्पिस्म्य ०	3.2.167	नाव्ययीभावा ०	2.4.83
न पूजनात्	5.4.69	नक्षत्राद्धः	4.4.141	नमोवरिवश्चि ०	3.1.19	नासिकास्तन ०	3.2.29
न प्राच्यभर्गा ०	4.1.178	नक्षत्राद्वा	8.3.100	नरे संज्ञायाम्	6.3.129	नासिकोदरौ ०	4.1.55
न बहुव्रीहौ	1.1.29	नक्षत्रे च लुपि	2.3.45	नलोपः प्राति ०	8.2.7	निकटे वसति	4.4.73
न भकुर्छुराम्	8.2.79	नक्षत्रेण युक्तः	4.2.3	नलोपः सुप्स्व ०	8.2.2	निगरणचल ०	1.3.87
न भाभूपूकमि ०	8.4.34	नक्षत्रेभ्यो बहुलम्	4.3.37	नलोपो नञः	6.3.73	निगृह्यानुयोगे च	8.2.94
न भूताधिकसं ०	6.2.91	नखमुखात् ०	4.1.58	नशेः षान्तस्य	8.4.36	निघो निमितम्	3.3.87
न भूवाक्चिद्दिधिषु	6.2.19	नगरात् ०	4.2.128	नशेर्वा	8.2.63	निजां त्रया ०	7.4.75
न भूसुधियोः	6.4.85	नगोऽप्राणिष्व ०	6.3.77	नश्च	8.3.30	नित्यं करोतेः	6.4.108
न मपूर्वोऽप ०	6.4.170	नञः शुचीश्वर ०	7.3.30	नश्च धातु ०	8.4.27	नित्यं कौटि ०	3.1.23
न माङ्योगे	6.4.74	नञस्तत्पुरुषात्	5.4.71	नश्चापदान्त ०	8.3.24	नित्यं क्रीडा ०	2.2.17
न मु ने	8.2.3	नञो गुण ०	6.2.155	नश्छव्यप्र ०	8.3.7	नित्यं ङितः	3.4.99
न यः	3.2.152	नञो जर ०	6.2.116	नसत्तनिषत्ता ०	8.2.61	नित्यं छन्दसि	4.1.46
न यदि	3.2.113	नञ्	2.2.6	नस्तद्धिते	6.4.144	नित्यं छन्दसि	7.4.8
न यद्यनाकाङ्क्षे	3.4.23	नञ्दुःसुभ्यो ०	5.4.121	नह प्रत्यारम्भे	8.1.31	नित्यं पणः ०	3.3.66
न यासयोः	7.3.45	नञ्सुभ्याम्	6.2.172	नहिवृतिवृषि ०	6.3.116	नित्यं मन्त्रे	6.1.210
न य्वाभ्यां ०	7.3.3	नडशादाड्ड्वलच्	4.2.88	नहो धः	8.2.34	नित्यं वृद्धश ०	4.3.144
न रपरसृपि ०	8.3.110	नडादिभ्यः फक्	4.1.99	नाग्लोपिशा ०	7.4.2	नित्यं शतादि ०	5.2.57
न रुधः	3.1.64	नडादीनां कुक् च	4.2.91	नाचार्यराज ०	6.2.133	नित्यं संज्ञाछन्द ०	4.1.29
न लिङि	7.2.39	नते नासिका ०	5.2.31	नाज्झलौ	1.1.10	नित्यं सपत्न्यआ ०	4.1.35
न लुट्	8.1.29	नदी बन्धुनि	6.2.109	नाञ्चेः पूजायाम्	6.4.30	नित्यं समासे ०	8.3.45
न लुमताऽङ्गस्य	1.1.63	नदीपौर्णमा ०	5.4.110	नाडीतन्त्र्योः	5.4.159	नित्यं स्मयतेः	6.1.57
न लोकाव्यय ०	2.3.69	नदीभिश्च	2.1.20	नाडीमुष्ट्योश्च	3.2.30	नित्यं हस्ते ०	1.4.77

सूत्र	संख्या
नित्यमसिच् ०	5.4.122
नित्यमाम्रेडिते ०	6.1.100
नित्यवीप्सयोः	8.1.4
निनदीभ्यां ०	8.3.89
निन्दहिंसक्लि ०	3.2.146
निपात एकाजनाङ्	1.1.14
निपातस्य च	6.3.136
निपातैर्यद्यदि ०	8.1.30
निपानमाहावः	3.3.74
निमूलसमूल ०	3.4.34
निरः कुषः	7.2.46
निरभ्योः पूल्वोः	3.3.28
निरुदकादीनि च	6.2.184
निर्वाणोऽवाते	8.2.50
निर्वृत्तेऽक्षद्यूता ०	4.4.19
निवाते वातत्राणे	6.2.8
निवासचितिश ०	3.3.41
निव्यभिभ्यो ०	8.3.119
निशाप्रदोषाभ्यां च	4.3.14
निष्कुलान्निष्कोषणे	5.4.62
निष्ठा	2.2.36
निष्ठा	3.2.102
निष्ठा च द्व्यजनात्	6.1.205
निष्ठा शीङ्स्विदि ०	1.2.19
निष्ठायामण्यदर्थे	6.4.60
निष्ठायां सेटि	6.4.52
निष्ठोपमानाद् ०	6.2.169
निष्ठोपसर्गपूर्व ०	6.2.110
निष्प्रवाणिश्च	5.4.160
निसमुपविभ्यो ह्वः	1.3.30
निसस्तपता ०	8.3.102
नीग्वञ्चुस्रंसुध्वं ०	7.4.84
नीचैरनुदात्तः	1.2.30
नीतौ च तद्युक्तात्	5.3.77
नुगतोऽनुना ०	7.4.85
नुदविदोन्दत्रा ०	8.2.56
नुम्विसर्जनीय ०	8.3.58
नृ च	6.4.6
नृ चान्यतरस्याम्	6.1.184
नॄन् पे	8.3.10
नेटि	7.2.4
नेट्यलिटि रधेः	7.1.62
नेड् वशि कृति	7.2.8
नेतराच्छन्दसि	7.1.26
नेदमदसोरकोः	7.1.11
नेन्द्रस्य परस्य	7.3.22
नेन्सिद्धबध्नातिषु	6.3.19
नेयङुवङ्स्था ०	1.4.4
नेरनिधाने	6.2.192
नेर्गदनदपतपद ०	8.4.17
नेर्बिडज्बिरीसचौ	5.2.32
नेर्विशः	1.3.17
नोङ्धात्वोः	6.1.175
नोत्तरपदेऽनु ०	6.2.142
नोत्वद्वर्ध्रबिल्वात्	4.3.151
नोदात्तस्वरि ०	8.4.67
नोदात्तोपदेश ०	7.3.34
नोनयतिध्वनय ०	3.1.51
नोपधात्थफान्ताद्वा	1.2.23
नोपधायाः	6.4.7
नौ गदनदपठ ०	3.3.64
नौ ण च	3.3.60
नौ वृ धान्ये	3.3.48
नौद्व्यचष्ठन्	4.4.7
नौवयोधर्मविष ०	4.4.91
न्यग्रोधस्य ०	7.3.5
न्यङ्क्वादीनां च	7.3.53
न्यधी च	6.2.53

- प -

सूत्र	संख्या
पक्षात्तिः	5.2.25
पक्षिमत्स्यमृ ०	4.4.35
पङ्क्तिविंशतित्रिं ०	5.1.59
पङ्गोश्च	4.1.68
पचो वः	8.2.52
पञ्चद्दशतौ वर्गे वा	5.1.60
पञ्चमी अपा ०	2.3.10
पञ्चमी भयेन	2.1.37
पञ्चमी विभक्ते	2.3.42
पञ्चम्या अत्	7.1.31
पञ्चम्याः परा ०	8.3.51
पञ्चम्याः स्तो ०	6.3.2
पञ्चम्यामजातौ	3.2.98
पञ्चम्यास्तसिल्	5.3.7
पणपादमाष ०	5.1.34
पतः पुम्	7.4.19
पतिः समास एव	1.4.8
पत्त्रपूर्वादञ्	4.3.122
पत्त्राध्वर्यु ०	4.3.123
पत्यन्तपुरोहि ०	5.1.128
पत्यावैश्वर्ये	6.2.18
पत्युर्नो यज्ञसंयोगे	4.1.33
पथः पन्थ च	4.3.29
पथः ष्कन्	5.1.75
पथि च च्छन्दसि	6.3.108
पथिमथोः सर्व ०	6.1.199
पथिमथ्यृभुक्षामात्	7.1.85
पथो विभाषा	5.4.72
पथ्यतिथिवस ०	4.4.104
पदमस्मिन् दृश्यम्	4.4.87
पदरुजविश ०	3.3.16
पदव्यवायेऽपि	8.4.38
पदस्य	8.1.16
पदात्	8.1.17
पदान्तस्य	8.4.37
पदान्तस्या ०	7.3.9
पदान्ताद्वा	6.1.76
पदास्वैरिबा ०	3.1.119
पदेऽपदेशे	6.2.7
पदोत्तरपदं गृह्णाति	4.4.39
पद् यत्यतदर्थे	6.3.53
पद्दन्नोमास्हृ ०	6.1.63
पन्थो ण नित्यम्	5.1.76
परः संनिकर्षः ०	1.4.109
परवल्लिङ्गं द्वन्द्व ०	2.4.26
परश्च	3.1.2
परश्वधाट्ठञ्च	4.4.58
परस्मिन् विभाषा	3.3.138
परस्मैपदानां ०	3.4.82
परस्य च	6.3.8
पराजेरसोढः	1.4.26
परादिश्छन्दसि ०	6.2.199
परावनुपात्यय ०	3.3.38
परावरयोगे च	3.4.20
परावराधमो ०	4.3.5
परिक्रयणे ०	1.4.44
परिक्लिश्यमाने च	3.4.55
परिखाया ढञ्	5.1.17
परिनिविभ्यः ०	8.3.70
परिन्योर्नीणो ०	3.3.37
परिपन्थं च तिष्ठति	4.4.36
परिप्रत्युपापा ०	6.2.33
परिमाणाख्यायां ०	3.3.20
परिमाणान्त ०	7.3.17
परिमाणे पचः	3.2.33
परिमुखं च	4.4.29
परिवृतो रथः	4.2.10
परिव्यवेभ्यः क्रियः	1.3.18
परिषदो ण्यः	4.4.44
परिषदो ण्यः	4.4.101
परिस्कन्दः ०	8.3.75
परेरभितोभा ०	6.2.182
परेर्मृषः	1.3.82
परेर्वर्जने	8.1.5
परेश्च	8.3.74
परेश्च घाङ्कयोः	8.2.22
परोक्षे लिट्	3.2.115
परोवरपरम्प ०	5.2.10
परौ घः	3.3.84
परौ भुवोऽवज्ञाने	3.3.55
परौ यज्ञे	3.3.47
पर्पादिभ्यः ष्ठन्	4.4.10
पर्यभिभ्यां च	5.3.9
पर्याप्तिवचने ०	3.4.66
पर्यायार्हर्णोत्प ०	3.3.111
पर्वताच्च	4.2.143
पर्श्वादियौधे ०	5.3.117
पललसूपशा ०	6.2.128
पलाशादिभ्यो वा	4.3.141
पश्च पश्चा च ०	5.3.33

पश्चात् 5.3.32
पश्यार्थैश्चाना० 8.1.25
पाककर्णपर्णपु ० 4.1.64
पाघ्राध्माधेट् ० 3.1.137
पाघ्राध्मास्था ० 7.3.78
पाणिघताडघौ ० 3.2.55
पाण्डुकम्बलादिनिः 4.2.11
पातौ च बहुलम् 8.3.52
पात्रात् ष्ठन् 5.1.46
पात्राद्घंश्च 5.1.68
पात्रेसमितादयश्च 2.1.48
पाथोनदीभ्यां ० 4.4.111
पादः पत् 6.4.130
पादशतस्य ० 5.4.1
पादस्य पदा ० 6.3.52
पादस्य लोपो ० 5.4.138
पादार्घाभ्यां च 5.4.25
पादोऽन्यतरस्याम् 4.1.8
पानं देशे 8.4.9
पापं च शिल्पिनि 6.2.68
पापाणके कुत्सितैः 2.1.54
पाय्यसान्नाय्य ० 3.1.129
पारस्करप्रभृ ० 6.1.157
पारायणतुरा ० 5.1.72
पाराशर्यशि ० 4.3.110
पारे मध्ये षष्ठ्या वा 2.1.18
पार्श्वेनान्विच्छति 5.2.75
पाशादिभ्यो यः 4.2.49
पितरामातरा ० 6.3.33
पिता मात्रा 1.2.70
पितुर्यच्च 4.3.79
पितृव्यमातुलमा ० 4.2.36
पितृष्वसुश्छण् 4.1.132
पिष्टाच्च 4.3.146
पीलाया वा 4.1.118
पुंयोगादाख्यायाम् 4.1.48
पुंवत् कर्मधारय ० 6.3.42
पुंसि संज्ञायां ० 3.3.118
पुंसोऽसुङ् 7.1.89
पुगन्तलघूप ० 7.3.86

पुच्छभाण्डची ० 3.1.20
पुत्रः पुंभ्यः 6.2.132
पुत्राच्छ च 5.1.40
पुत्रान्तादन्य ० 4.1.159
पुत्रेऽन्यतरस्याम् 6.3.22
पुमः खय्यम्परे 8.3.6
पुमान् स्त्रिया 1.2.67
पुरा च परीप्सायाम् 8.1.42
पुराणप्रोक्तेषु ० 4.3.105
पुरि लुङ् चास्मे 3.2.122
पुरुषश्चान्वादिष्टः 6.2.190
पुरुषहस्ति ० 5.2.38
पुरुषात् प्रमा ० 4.1.24
पुरे प्राचाम् 6.2.99
पुरोऽग्रतो ० 3.2.18
पुरोऽव्ययम् 1.4.67
पुवः संज्ञायाम् 3.2.185
पुषादिद्युता ० 3.1.55
पुष्करादिभ्यो देशे 5.2.135
पुष्यसिद्ध्यौ नक्षत्रे 3.1.116
पूःसर्वयोर्दारिसहोः 3.2.41
पूगाञ्ञ्यो ० 5.3.112
पूगेष्वन्यतरस्याम् 6.2.28
पूङः क्त्वा च 1.2.22
पूङश्च 7.2.51
पूङ्यजोः शानन् 3.2.128
पूजनात् ० 8.1.67
पूजायां नानन्तरम् 8.1.37
पूतक्रतोरै च 4.1.36
पूरणगुणसुहि ० 2.2.11
पूरणाद्भागे ती ० 5.3.48
पूरणार्द्धाट् ठन् 5.1.48
पूर्णाद्विभाषा 5.4.149
पूर्वं तु भाषायाम् 8.2.98
पूर्वकालैकसर्व ० 2.1.49
पूर्वत्रासिद्धम् 8.2.1
पूर्वपदात् 8.3.106
पूर्वपदात् सं ० 8.4.3
पूर्वपरावरद ० 1.1.34
पूर्ववत् सनः 1.3.62

पूर्ववदश्ववडवौ 2.4.27
पूर्वसदृशसमो ० 2.1.31
पूर्वादिनिः 5.2.86
पूर्वादिभ्यो ० 7.1.16
पूर्वाधरावरा ० 5.3.39
पूर्वापरप्रथमच ० 2.1.58
पूर्वापराधरोत्तर ० 2.2.1
पूर्वाह्णापराह्णा ० 4.3.28
पूर्वे कर्तरि 3.2.19
पूर्वे भूतपूर्वे 6.2.22
पूर्वैः कृतमिनि ० 4.4.133
पूर्वोऽभ्यासः 6.1.4
पृथग्विनानाना ० 2.3.32
पृथ्वादिभ्य ० 5.1.122
पृषोदरादीनि ० 6.3.109
पेषंवासवाह ० 6.3.58
पैलादिभ्यश्च 2.4.59
पोटायुवतिस्तो ० 2.1.65
पोरदुपधात् 3.1.98
पौरोडाशपुरो ० 4.3.70
प्यायः पी 6.1.28
प्रकारवचने जा ० 5.3.69
प्रकारवचने थाल् 5.3.23
प्रकारे गुण ० 8.1.12
प्रकाशनस्थे ० 1.3.23
प्रकृत्या भगालम् 6.2.137
प्रकृत्याऽऽशि ० 6.3.83
प्रकृत्याऽन्तः ० 6.1.115
प्रकृत्यैकाच् 6.4.163
प्रकृष्टे ठञ् 5.1.108
प्रजने वीयतेः 6.1.55
प्रजने सर्तेः 3.3.71
प्रजोरिनिः 3.2.156
प्रज्ञादिभ्यश्च 5.4.38
प्रज्ञाश्रद्धाऽर्चा ० 5.2.101
प्रणवष्टेः 8.2.89
प्रणाय्योऽसंमतौ 3.1.128
प्रतिः प्रतिनि ० 1.4.92
प्रतिकण्ठार्थ ० 4.4.40
प्रतिजनादिभ्यः ० 4.4.99

प्रतिनिधिप्रति ० 2.3.11
प्रतिपथमेति ठंश्च 4.4.42
प्रतिबन्धि चिर ० 6.2.6
प्रतियोगे पञ्च ० 5.4.44
प्रतिश्रवणे च 8.2.99
प्रतिष्कशश्च कशेः 6.1.152
प्रतिस्तब्ध ० 8.3.114
प्रतेरंश्वादय ० 6.2.193
प्रतेरुरसः ० 5.4.82
प्रतेश्च 6.1.25
प्रत्नपूर्वविश्वेमा ० 5.3.111
प्रत्यपिभ्यां ० 3.1.118
प्रत्यभिवादेअशूद्रे 8.2.83
प्रत्ययः 3.1.1
प्रत्ययलोपे ० 1.1.62
प्रत्ययस्थात् ० 7.3.44
प्रत्ययस्य ० 1.1.61
प्रत्ययोत्तरपदयोश्च 7.2.98
प्रत्याङ्भ्यां श्रुवः 1.3.59
प्रत्याङ्भ्यां ० 1.4.40
प्रथने वावशब्दे 3.3.33
प्रथमचरमतया ० 1.1.33
प्रथमयोः पूर्व ० 6.1.102
प्रथमानिर्दिष्टं ० 1.2.43
प्रथमायाश्च ० 7.2.88
प्रथमोऽचिरो ० 6.2.56
प्रधानप्रत्यया ० 1.2.56
प्रनिरन्तःशरे ० 8.4.5
प्रभवति 4.3.83
प्रभौ परिवृढः 7.2.21
प्रमदसम्मदौ हर्षे 3.3.68
प्रमाणे च 3.4.51
प्रमाणे द्वयस ० 5.2.37
प्रयच्छति गर्ह्यम् 4.4.30
प्रयाजानुयाजौ ० 7.3.62
प्रयै रोहिष्यै ० 3.4.10
प्रयोजनम् 5.1.109
प्रयोज्यनियो ० 7.3.68
प्रवाहणस्य ढे 7.3.28
प्रवृद्धादीनां च 6.2.147

भस्त्राऽऽदिभ्यः ष्ठन् 4.4.16
भस्त्रैषाऽजाज्ञा ० 7.3.47
भस्य 6.4.129
भस्य टेर्लोपः 7.1.88
भागाद्यच्च 5.1.49
भावकर्म्मणोः 1.3.13
भावलक्षणे ० 3.4.16
भाववचनाश्च 3.3.11
भावे 3.3.18
भावे च 4.4.144
भावेऽनुपसर्गस्य 3.3.75
भाषायां ० 3.2.108
भासनोपसम्भा ० 1.3.47
भिक्षाऽऽदिभ्योऽण् 4.2.38
भिक्षासेना ० 3.2.17
भित्तं शकलम् 8.2.59
भिद्योद्ध्यौ नदे 3.1.115
भियः क्रुक्लुकनौ 3.2.174
भियो हेतुभये षुक् 7.3.40
भियोऽन्य ० 6.4.115
भीत्रार्थानां भयहेतुः 1.4.25
भीमादयोऽपादाने 3.4.74
भीरोः स्थानम् 8.3.81
भीस्म्योर्हेतुभये 1.3.68
भीह्रीभृहुमद ० 6.1.192
भीह्रीभृहुवां श्लुवच्च 3.1.39
भुजन्युब्जौ ० 7.3.61
भुजोऽनवने 1.3.66
भुवः प्रभवः 1.4.31
भुवः संज्ञा ० 3.2.179
भुवश्च 3.2.138
भुवश्च 4.1.47
भुवश्च महा ० 8.2.71
भुवो भावे 3.1.107
भुवो वुग्लु ० 6.4.88
भूतपूर्वे चरट् 5.3.53
भूते 3.2.84
भूते च 3.3.140
भूतेऽपि दृश्यन्ते 3.3.2
भूवादयो धातवः 1.3.1
भूषणेऽलम् 1.4.64
भूसुवोस्तिङि 7.3.88
भृञामित् 7.4.76
भृञोऽसंज्ञायाम् 3.1.112
भृशादिभ्यो ० 3.1.12
भोज्यं भक्ष्ये 7.3.69
भोभगोअघो ० 8.3.17
भौरिक्याद्यैषु ० 4.2.54
भ्यसोऽभ्यम् 7.1.30
भ्रस्जो रोप ० 6.4.47
भ्राजभासधुर्वि ० 3.2.177
भ्राजभासभाष ० 7.4.3
भ्रातरि च ० 4.1.164
भ्रातुर्व्यच्च 4.1.144
भ्रातृपुत्रौ स्व ० 1.2.68
भ्रुवो वुक् च 4.1.125

- म -

मघवा बहुलम् 6.4.128
मड्डुकझर्झराद ० 4.4.56
मतजनहलात् ० 4.4.97
मतिबुद्धिपूजा ० 3.2.188
मतुवसो रु ० 8.3.1
मतोः पूर्वमात् ० 6.1.219
मतोश्च बह्वजङ्गात् 4.2.72
मतौ च 4.4.136
मतौ च्छः ० 5.2.59
मतौ बह्वचो ० 6.3.119
मत्वर्थे मासत ० 4.4.128
मदोऽनुपसर्गे 3.3.67
मद्रवृज्योः कन् 4.2.131
मद्रात् परिवापणे 5.4.67
मद्रेभ्योऽञ् 4.2.108
मधुबभ्र्वोर्ब्राह्म ० 4.1.106
मधोः 4.4.139
मधोर्ञ च 4.4.129
मध्याद्गुरौ 6.3.11
मध्यान्मः 4.3.8
मध्येपदेनिवचने च 1.4.76
मध्वादिभ्यश्च 4.2.86
मनः 3.2.82
मनः 4.1.11
मनसः संज्ञायाम् 6.3.4
मनुष्यत ० 4.2.134
मनोरौ वा 4.1.38
मनोर्जाताव ० 4.1.161
मन्क्तिन्व्या ० 6.2.151
मन्त्रे घसह्वरणश ० 2.4.80
मन्त्रे वृषेषपच ० 3.3.96
मन्त्रे श्वेतवहौ ० 3.2.71
मन्त्रे सोमाश्वे ० 6.3.131
मन्त्रेष्वाङ्या ० 6.4.141
मन्थौदनसक्तु ० 6.3.60
मन्यकर्मण्यना ० 2.3.17
मपर्यन्तस्य 7.2.91
मय उञो वो वा 8.3.33
मयट् च 4.3.82
मयड्वैतयोर्भाषा ० 4.3.143
मयतेरिदन्यत ० 6.4.70
मयूरव्यंसकादयश्च 2.1.72
मये च 4.4.138
मस्करमस्करि ० 6.1.154
मस्जिनशोर्झलि 7.1.60
महाकुलादञ्खञौ 4.1.141
महान् व्रीह्यपरा ० 6.2.38
महाराजप्रोष्ठ ० 4.2.35
महाराजाट्ठञ् 4.3.97
महेन्द्राद्घाणौ च 4.2.29
माङि लुङ् 3.3.175
माणवचरका ० 5.1.11
मातरपितरा ० 6.3.32
मातुःपितुर्भ्या ० 8.3.85
मातुरुत् स ० 4.1.115
मातृपितृभ्यां स्वसा 8.3.84
मातृष्वसुश्च 4.1.134
मात्रोपज्ञोपक्रम ० 6.2.14
माथोत्तरपदपद ० 4.4.37
मादुपधायाश्च ० 8.2.9
मानपश्वङ्गयोः ० 5.3.51
माने वयः 4.3.162
मान्बधदा ० 3.1.6
मायायामण् 4.4.124
मालाऽऽदीनां च 6.2.88
मासाद्वयसि ० 5.1.81
मितनखे च 3.2.34
मितां ह्रस्वः 6.4.92
मित्रे चर्षौ 6.3.130
मिथ्योपपदात् ० 1.3.71
मिदचोऽन्त्यात्परः 1.1.47
मिदेर्गुणः 7.3.82
मिश्रं चानुप ० 6.2.154
मीनातिमि ० 6.1.50
मीनातेर्निगमे 7.3.81
मुखं स्वाङ्गम् 6.2.167
मुखनासिका ० 1.1.8
मुचोऽकर्म ० 7.4.57
मुण्डमिश्रश्ल ० 3.1.21
मुद्गादण् 4.4.25
मूर्तौ घनः 3.3.77
मूलमस्याबर्हि 4.4.88
मृजेर्विभाषा 3.1.113
मृजेर्वृद्धिः 7.2.114
मृडमृदगु ० 1.2.7
मृदस्तिकन् 5.4.39
मृषस्तितिक्षायाम् 1.2.20
मेघर्तिभयेषु कृञः 3.2.43
मेर्निः 3.4.89
मो नो धातोः 8.2.64
मो राजि समः ० 8.3.25
मोऽनुस्वारः 8.3.23
म्रियतेर्लुङ्लिङोश्च 1.3.61
म्वोश्च 8.2.65

- य -

यः सौ 7.2.110
यङश्चाप् 4.1.74
यङि च 7.4.30
यङो वा 7.3.94
यङोऽचि च 2.4.74
यचि भम् 1.4.18

- र -

- ल -

लक्षणेनाभिप्र ० 2.1.14
लङः शाकटा ० 3.4.111
लटः शतृशान ० 3.2.124
लट् स्मे 3.2.118
लभेश्च 7.1.64
लवणाट्ठञ् 4.4.52
लवणाल्लुक् 4.4.24
लशक्वतद्धिते 1.3.8
लषपतपदस्था ० 3.2.154
लस्य 3.4.77
लाक्षारोचनाट् ठक् 4.2.2
लिङः सलोपो ० 7.2.79
लिङर्थे लेट् 3.4.7
लिङस्सीयुट् 3.4.102
लिङाशिषि 3.4.116
लिङ् च 3.3.159
लिङ् चोर्ध्वमौहू ० 3.3.9
लिङ् चोर्ध्वे ० 3.3.164
लिङ् यदि 3.3.168
लिङ्निमित्ते ० 3.3.139
लिङ्याशिष्यङ् 3.1.86
लिङ्सिचावात्म ० 1.2.11
लिङ्सिचोरात्म ० 7.2.42
लिटः कानज्वा 3.2.106
लिटस्तझ ० 3.4.81
लिटि धातो ० 6.1.8
लिटि वयो यः 6.1.38
लिट् च 3.4.115
लिट्यन्यतरस्याम् 2.4.40
लिट्यभ्यास ० 6.1.17
लिड्यङोश्च 6.1.29
लिति 6.1.193
लिपिसिचिह्वश्च 3.1.53
लिप्स्यमानसिद्धौ च 3.3.7
लियः सम्मानन ० 1.3.70
लीलोर्नुग्लुकाव० 7.3.39
लुक् तद्धितलुकि 1.2.49
लुक् स्त्रियाम् 4.1.109
लुग्वा दुहदिहलि ० 7.3.73
लुङि च 2.4.43

लुङ् 3.2.110
लुङ्लङ्लृ ० 6.4.71
लुङ्सनोर्घसॢ 2.4.37
लुटः प्रथमस्य ० 2.4.85
लुटि च क्लृपः 1.3.93
लुपसदचरज ० 3.1.24
लुपि युक्तवद्य ० 1.2.51
लुप् च 4.3.166
लुबविशेषे 4.2.4
लुब्योगाप्रख्यानात् 1.2.54
लुभो विमोचने 7.2.54
लुम्मनुष्ये 5.3.98
लृटः सद् वा 3.3.14
लृट् शेषे च 3.3.13
लेटोऽडाटौ 3.4.94
लोकसर्वलोकाट्ठञ् 5.1.44
लोटो लङ्वत् 3.4.85
लोट् च 3.3.162
लोट् च 8.1.52
लोडर्थलक्षणे च 3.3.8
लोपः पिबतेरी ० 7.4.4
लोपः शाकल्यस्य 8.3.19
लोपश्चास्यान्य ० 6.4.107
लोपस्त आत्म ० 7.1.41
लोपे विभाषा 8.1.45
लोपो यि 6.4.118
लोपो व्योर्वलि 6.1.66
लोमादिपा ० 5.2.100
लोहितादिडा ० 3.1.13
लोहितान्मणौ 5.4.30
ल्यपि च 6.1.41
ल्यपि लघुपूर्वात् 6.4.56
ल्युट् च 3.3.115
ल्वादिभ्यः 8.2.44

- व -

वच उम् 7.4.20
वचिस्वपियजा ० 6.1.15
वचोऽशब्दसं ० 7.3.67
वञ्चिलुञ्च्यृतश्च 1.2.24

वञ्चेर्गतौ 7.3.63
वतण्डाच्च 4.1.108
वतोरिड्वा 5.1.23
वतोरिथुक् 5.2.53
वत्सरान्ताच्छ ० 5.1.91
वत्सशालाऽभि ० 4.3.36
वत्सांसाभ्यां ० 5.2.98
वत्सोक्षाश्वर्ष ० 5.3.91
वदः सुपि क्यप् च 3.1.106
वदव्रजहल ० 7.2.3
वनं पुरगामिश्र ० 8.4.4
वनं समासे 6.2.178
वनगिर्योः ० 6.3.117
वनो र च 4.1.7
वन्दिते भ्रातुः 5.4.157
वमोर्वा 8.4.23
वयसि च 3.2.10
वयसि ० 5.4.141
वयसि पूरणात् 5.2.130
वयसि प्रथमे 4.1.20
वयस्यासु ० 4.4.127
वरणादिभ्यश्च 4.2.82
वर्गान्ताच्च 4.3.63
वर्ग्यादयश्च 6.2.131
वर्चस्केऽवस्करः 6.1.148
वर्णः वर्णेष्वनेते 6.2.3
वर्णदृढादिभ्यः ० 5.1.123
वर्णादनुदात्ता ० 4.1.39
वर्णाद्ब्रह्मचारिणि 5.2.134
वर्णे चानित्ये 5.4.31
वर्णो वर्णेन 2.1.69
वर्णौ वुक् 4.2.103
वर्तमानसामी ० 3.3.131
वर्तमाने लट् 3.2.123
वर्षप्रमाण ० 3.4.32
वर्षस्याभविष्यति 7.3.16
वर्षाभ्यष्ठक् 4.3.18
वर्षाभ्वश्च 6.4.84
वर्षाल्लुक् च 5.1.88
वले 6.3.118

वशं गतः 4.4.86
वश्चास्यान्यत ० 6.1.39
वसतिक्षुधोरिट् 7.2.52
वसन्ताच्च 4.3.20
वसन्तादिभ्यष्ठक् 4.2.63
वसुस्रंसुध्वं ० 8.2.72
वसोः समूहे च 4.4.140
वसोः सम्प्र ० 6.4.131
वस्तेर्ढञ् 5.3.101
वस्नक्रयविक्रयाट्ठन् 4.4.13
वस्नद्रव्याभ्यां ० 5.1.51
वस्वेकाजाद्घसाम् 7.2.67
वहश्च 3.2.64
वहाभ्रे लिहः 3.2.32
वह्यं करणम् 3.1.102
वा क्यषः 1.3.90
वा गमः 1.2.13
वा घोषमिश्रशब्देषु 6.3.56
वा चित्तविरागे 6.4.91
वा छन्दसि 3.4.88
वा छन्दसि 6.1.106
वा जाते 6.2.171
वा जॄभ्रमुत्रसाम् 6.4.124
वा दान्तशान्त ० 7.2.27
वा द्रुहमुहष्णु ० 8.2.33
वा नपुंसकस्य 7.1.79
वा निंसनिक्ष ० 8.4.33
वा पदान्तस्य 8.4.59
वा बहूनां ० 5.3.93
वा भावकरणयोः 8.4.10
वा भुवनम् 6.2.20
वा भ्राशभ्ला ० 3.1.70
वा यौ 2.4.57
वा लिटि 2.4.55
वा ल्यपि 6.4.38
वा शरि 8.3.36
वा शोकष्यञ्रोगेषु 6.3.51
वा षपूर्वस्य निगमे 6.4.9
वा संज्ञायाम् 5.4.133
वा सुप्यापिशलेः 6.1.92

वा ह च च्छन्दसि 5.3.13
वाऽन्यस्मिन् ० 4.1.165
वाऽन्यस्य सं ० 6.4.68
वाऽम्शसोः 6.1.00
वाऽवसाने 8.4.56
वाऽसरूपो ० 3.1.94
वाकिनादीनां ० 4.1.158
वाक्यस्य टेः ० 8.2.82
वाक्यादेरामन्त्रि ० 8.1.8
वाचंयमपुरन्दरौ च 6.3.69
वाचि यमो व्रते 3.2.40
वाचो ग्मिनिः 5.2.124
वाचो व्याहृता ० 5.4.35
वातातिसारा ० 5.2.129
वान्तो यि प्रत्यये 6.1.79
वामदेवाड्ड्यड्ड्यौ 4.2.9
वाय्वृतुपित्रुष ० 4.2.31
वारणार्थानामी ० 1.4.27
वासुदेवार्जुना ० 1.0.98
वाह ऊठ् 6.4.132
वाहः 4.1.61
वाहनमाहितात् 8.4.8
वाहीकग्रामेभ्यश्च 4.2.117
विंशतिकात् खः 5.1.32
विंशतित्रिंशद्भ्यां ० 5.1.24
विंशत्यादिभ्य ० 5.2.56
विकर्णकुषीत ० 4.1.124
विकर्णशुङ्गच्छ ० 4.1.117
विकुशमिपरि ० 8.3.96
विचार्यमाणानाम् 8.2.97
विज इट् 1.2.2
विजुपे छन्दसि 3.2.73
विड्वनोरनुना ० 6.4.41
वित्तो भोगप्र ० 8.2.58
विदाङ्कुर्वन्त्वि ० 3.1.41
विदिभिदिच्छि ० 3.2.162
विदूराञ्ञ्यः 4.3.84
विदेः शतुर्वसुः 7.1.36
विदो लटो वा 3.4.83
विद्यायोनिसंब ० 4.3.77

वाऽऽक्रोशदैन्ययोः 6.4.61
विधिनिमन्त्र ० 3.3.161
विध्यत्यधनुषा 4.4.83
विध्वरुषास्तुदः 3.2.35
विनञ्भ्यां ० 5.2.27
विनयादिभ्यष्ठक् 5.4.34
विन्दुरिच्छुः 3.2.169
विन्मतोर्लुक् 5.3.65
विपराभ्यां जेः 1.3.19
विपूयविनीय ० 3.1.117
विप्रतिषिद्धं ० 2.4.13
विप्रतिषेधे परं ० 1.4.2
विप्रसम्भ्यो ० 3.2.180
विभक्तिश्च 1.4.104
विभाषर्जो ० 6.4.162
विभाषा 2.1.11
विभाषा अञ्चे ० 5.4.8
विभाषा कथ ० 3.3.143
विभाषा कदाकर्ह्योः 3.3.5
विभाषा कार्षा ० 5.1.29
विभाषा कुरु ० 4.2.130
विभाषा कृञि 1.4.72
विभाषा कृञि 1.4.98
विभाषा कृवृषोः 3.1.120
विभाषा गम ० 7.2.68
विभाषा गुणे ० 2.3.25
विभाषा ग्रहेः 3.1.143
विभाषा घ्राधे ० 2.4.78
विभाषा ङि ० 4.136
विभाषा चत्वा ० 6.3.49
विभाषा चिण्ण ० 7.1.69
विभाषा चेः 7.3.58
विभाषा छन्दसि 1.2.36
विभाषा छन्दसि 6.2.164
विभाषा छन्दसि 7.4.44
विभाषा जसि 1.1.32
विभाषा तिलमा ० 5.2.4
विभाषा तृतीया ० 7.1.97
विभाषा तृन्नन्न ० 6.2.161
विभाषा दिक्स ० 1.1.28

वाऽऽमि 1.4.5
विभाषा द्वितीया ० 7.3.115
विभाषा धातौ ० 3.3.155
विभाषा घेट्श्व्योः 3.1.49
विभाषा परा ० 5.3.29
विभाषा परेः 6.1.44
विभाषा पुरुषे 6.3.106
विभाषा पूर्वा ०म् 4.3.24
विभाषा पृष्ट ० 8.2.93
विभाषा फा ० 4.2.23
विभाषा बहो ० 5.4.20
विभाषा भा ० 7.2.17
विभाषा भाषायाम् 6.1.181
विभाषा रोगा ० 4.3.13
विभाषा लीयतेः 6.1.51
विभाषा लुङ्लृङोः 2.4.50
विभाषा वर्ष ० 6.3.16
विभाषा विप्रलापे 1.3.50
विभाषा विवधात् 4.4.17
विभाषा वृक्ष ० 2.4.12
विभाषा वे ० 6.1.215
विभाषा वेष्टिचेष्ट्योः 7.4.96
विभाषा श्या ० 5.4.144
विभाषा श्वेः 6.1.30
विभाषा सपूर्वस्य 4.1.34
विभाषा समीपे 2.4.16
विभाषा साकाङ्क्षे 3.2.114
विभाषा सा ० 5.4.52
विभाषा सुपो ० 5.3.68
विभाषा सृजिदृशोः 7.2.65
विभाषा सेना ० 2.4.25
विभाषा स्वसृपत्योः 6.3.24
विभाषा हवि ० 5.1.4
विभाषाऽऽख्या ० 3.3.110
विभाषाऽऽङि ० 3.3.50
विभाषाऽऽपः 6.4.57
विभाषाऽकर्मकात् 1.3.85
विभाषाऽग्रे ० 3.4.24
विभाषाऽध्यक्षे 6.2.67
विभाषाऽभ्य ० 6.1.26

वाऽऽहिताग्न्यादिषु 2.2.37
विभाषाऽमनुष्ये 4.2.144
विभाषाऽवरस्य 5.3.41
विभाषितं वि ० 8.1.74
विभाषितं सो ० 8.1.53
विभाषेटः 8.3.79
विभाषोत्पुच्छे 6.2.196
विभाषोदरे 6.3.88
विभाषोपप ० 1.3.77
विभाषोपयमने 1.2.16
विभाषोपसर्गे 2.3.59
विभाषोर्णोः 1.2.3
विभाषोशीनरेषु 4.2.118
विभाषौषधि ० 8.4.6
विमुक्तादिभ्योऽण् 5.2.61
विरामोऽवसानम् 1.4.110
विशाखयोश्च 1.2.62
विशाखाऽऽषा ० 5.1.110
विशिपतिप ० 3.4.56
विशिष्टलिङ्गो ० 2.4.7
विशेषणं विशे ० 2.1.57
विशेषणानां ० 1.2.52
विश्वस्य ० 6.3.128
विषयो देशे 4.2.52
विष्किरः शकु ० 6.1.150
विष्वग्देवयो ० 6.3.92
विसर्जनीयस्य सः 8.3.34
विसारिणो मत्स्ये 5.4.16
विस्पष्टादीनि ० 6.2.24
वीरवीर्यौ च 6.2.120
वुञ्छण्कठ ० 4.2.80
वृकज्येष्ठाभ्यां ० 5.4.41
वृकाट्टेण्यण् 5.3.115
वृक्षासनयोर्विष्टरः 8.3.93
वृणोतेराच्छादने 3.3.54
वृत्तिसर्गता ० 1.3.38
वृद्धस्य च 5.3.62
वृद्धस्य च पू ० 4.1.166
वृद्धाच्छः 4.2.114
वृद्धाट्ठक् सौ ० 4.1.148

वृद्धात् प्राचाम् 4.2.120
वृद्धादकेका ० 4.2.141
वृद्धिनिमित्त ० 6.3.39
वृद्धिरादैच् 1.1.1
वृद्धिरेचि 6.1.88
वृद्धिर्यस्याचा ० 1.1.73
वृद्धेत्कोसला ० 4.1.171
वृद्धो यूना त ० 1.2.65
वृद्भ्यः स्यसनोः 1.3.92
वृन्दारकनाग ० 2.1.62
वृषाकप्यग्निकु ० 4.1.37
वृषादीनां च 6.1.203
वृतो वा 7.2.38
वेः पादविहरणे 1.3.41
वेः शब्दकर्मणः 1.3.34
वेः शालच्छङ्कटचौ 5.2.28
वेः स्कन्देरनि ० 8.3.73
वेः स्कभ्नातेर्नित्यम् 8.3.77
वेञः 6.1.40
वेञो वयिः 2.4.41
वेतनादिभ्यो ० 4.4.12
वेत्तेर्विभाषा 7.1.7
वेरपृक्तस्य 6.1.67
वेशन्तहिम ० 4.4.112
वेशोयशआदे ० 4.4.131
वेश्च स्वनो भोजने 8.3.69
वैतोऽन्यत्र 3.4.96
वैयाकरणा ० 6.3.7
वैवावेति च ० 8.1.64
वो विधूनने जुक् 7.3.38
वोताप्योः 3.3.141
वोतो गुणवचनात् 4.1.44
वोपसर्जनस्य 6.3.82
वौ कषलस ० 3.2.143
वौ क्षुश्रुवः 3.3.25
व्यक्तवाचां ० 1.3.48
व्यञ्जनैरुपसिक्ते 4.4.26
व्यत्ययो बहुलम् 3.1.85
व्यथो लिटि 7.4.68
व्यधजपोरनुपसर्गे 3.3.61
व्यन् सपत्ने 4.1.145
व्यवहिताश्च 1.4.82
व्यवहृपणोः ० 2.3.57
व्यवायिनो ० 6.2.166
व्यश्च 6.1.43
व्याङ्परिभ्यो रमः 1.3.83
व्याहरति मृगः 4.3.51
व्युपयोः शेतेः ० 3.3.39
व्युष्टादिभ्योऽण् 5.1.97
व्योर्लघुप्रय ० 8.3.18
व्रजयजोर्भावे क्यप् 3.3.98
व्रते 3.2.80
व्रश्चभ्रस्जसृ ० 8.2.36
व्रातच्फञोर ० 5.3.113
व्रातेन जीवति 5.2.21
व्रीहिशाल्योर्ढक् 5.2.2
व्रीहेः पुरोडाशे 4.3.148
व्रीह्यादिभ्यश्च 5.2.116

- श -

शकटादण् 4.4.80
शकधृषज्ञा ० 3.4.65
शकि णमुल्कमुलौ 3.4.12
शकि लिङ् च 3.3.172
शकिसहोश्च 3.1.99
शक्तियष्ट्योरीकक् 4.4.59
शक्तौ हस्ति ० 3.2.54
शण्डिकादि ० 4.3.92
शतमानविंश ० 5.1.27
शतसहस्रा ० 5.2.119
शताच्च ० 5.1.21
शतुरनुमो ० 6.1.173
शदन्तविंशतेश्च 5.2.46
शदेः शितः 1.3.60
शदेरगतौ तः 7.3.42
शप्श्यनोर्नित्यम् 7.1.81
शब्ददर्दुरं करोति 4.4.34
शब्दवैरक ० 3.1.17
शमामष्टानां ० 7.3.74
शमि धातोः ० 3.2.14
शमिता यज्ञे 6.4.54
शमित्यष्टा ० 3.2.141
शम्याः ष्लञ् 4.3.142
शयवासवासि ० 6.3.18
शरद्वच्छुनक ० 4.1.102
शरादीनां च 6.3.120
शरीरावयवाच्च 4.3.55
शरीरावयवाद्यत् 5.1.6
शरोऽचि 8.4.49
शर्कराऽऽदि ० 5.3.107
शर्कराया वा 4.2.83
शर्परे विसर्जनीयः 8.3.35
शर्पूर्वाः खयः 7.4.61
शल इगुपधा ० 3.1.45
शलालुनो ० 4.4.54
शश्छोऽटि 8.4.63
शसो न 7.1.29
शा हौ 6.4.35
शाकलाद्वा 4.3.128
शाखाऽऽदि ० 5.3.103
शाच्छासाह्वा ० 7.3.37
शाछोरन्यतरस्याम् 7.4.41
शाणाद्वा 5.1.35
शात् 8.4.44
शारदेअनार्तवे 6.2.9
शार्ङ्गरवाद्यञो ङीन् 4.1.73
शालीनकौपीने ० 5.2.20
शास इदङ्हलोः 6.4.34
शासिवसिघ ० 8.3.60
शि तुक् 8.3.31
शि सर्वनाम ० 1.1.42
शिखाया वलच् 4.2.89
शितेर्नित्याबह्व ० 6.2.138
शिलाया ढः 5.3.102
शिल्पम् 4.4.55
शिल्पिनि चाकृञः 6.2.76
शिल्पिनि ष्वुन् 3.1.145
शिवशमरिष्ट ० 4.4.143
शिवादिभ्योऽण् 4.1.112
शिशुक्रन्दयम ० 4.3.88
शीङः सार्व ० 7.4.21
शीङो रुट् 7.1.6
शीतोष्णाभ्यां ० 5.2.72
शीर्षंश्छन्दसि 6.1.60
शीर्षच्छेदाद्यच्च 5.1.65
शीलम् 4.4.61
शुक्राद्घन् 4.2.26
शुण्डिकादि ० 4.3.76
शुभ्रादिभ्यश्च 4.1.123
शुषः कः 8.2.51
शुष्कचूर्णरू ० 3.4.35
शुष्कधृष्टौ 6.1.206
शूद्राणामनि ० 2.4.10
शूर्पादञन्य ० 5.1.26
शूलात् पाके 5.4.65
शूलोखाद्यत् 4.2.17
शृङ्खलमस्य ० 5.2.79
शृङ्गमवस्थायां च 6.2.115
शृतं पाके 6.1.27
शृवन्द्योरारुः 3.2.173
शृदॄप्रां ह्रस्वो वा 7.4.12
शे 1.1.13
शे मुचादीनाम् 7.1.59
शेवलसुपरिवि ० 5.3.84
शेश्छन्दसि ० 6.1.70
शेषात् कर्तरि ० 1.3.78
शेषाद्विभाषा 5.4.154
शेषे 4.2.92
शेषे प्रथमः 1.4.108
शेषे लृडयदौ 3.3.151
शेषे लोपः 7.2.90
शेषे विभाषा 8.1.41
शेषे विभाषा 8.1.50
शेषे विभाषाऽक ० 8.4.18
शेषो घ्यसखि 1.4.7
शेषो बहुव्रीहिः 2.2.23
शोणात् प्राचाम् 4.1.43
शौनकादिभ्य ० 4.3.106
श्नसोरल्लोपः 6.4.111
श्नाऽभ्यस्तयो ० 6.4.112

सूत्र	संख्या
श्वान्नलोपः	6.4.23
श्रज्याऽवमक ०	6.2.25
श्रविष्ठाफल्गुन्य ०	4.3.34
श्राणामांसौ ०	4.4.67
श्राद्धमनेन ०	5.2.85
श्राद्धे शरदः	4.3.12
श्रिणीभुवो ०	3.3.24
श्रीग्रामण्यो ०	7.1.56
श्रुवः शृ च	3.1.74
श्रुशृणुपृकृवृ ०	6.4.102
श्रेण्यादयः ०	2.1.59
श्रोत्रियंश्छन्दो ०	5.2.84
श्र्युकः किति	7.2.11
श्लाघह्नुङ्स्था ०	1.4.34
श्लिष आलिङ्गने	3.1.46
श्लौ	6.1.10
श्वगणाट्ठञ्च	4.4.11
श्वयतेरः	7.4.18
श्वयुवमघो ०	6.4.133
श्वशुरः श्वश्र्वा	1.2.71
श्वसस्तुट् च	4.3.15
श्वसो वसीयः ०	5.4.80
श्वादेरिञि	7.3.8
श्वीदितो निष्ठायाम्	7.2.14
- ष -	
षः प्रत्ययस्य	1.3.6
षट् च का ०	6.2.135
षट्कतिकतिप ०	5.2.51
षड्भ्यो लुक्	7.1.22
षढोः कः सि	8.2.41
षण्मासाण्ण्यच्च	5.1.83
षत्वतुकोरसिद्धः	6.1.86
षपूर्वहन्धृत ०	6.4.135
षष्टिकाः षष्टि ०	5.1.90
षष्ठ्यादेश्चासं ०	5.2.58
षष्ठाष्टमाभ्यां ञ च	5.3.50
षष्ठी	2.2.8
श्याऽऽद्व्यधास्रु ०	3.1.141
षष्ठी चानादरे	2.3.38
षष्ठी प्रत्येनसि	6.2.60
षष्ठी शेषे	2.3.50
षष्ठी स्थानेयोगा	1.1.49
षष्ठी हेतुप्रयोगे	2.3.26
षष्ठीयुक्तश्छ ०	1.4.9
षष्ठ्यतसर्थप्रत्ययेन	2.3.30
षष्ठ्या आक्रोशे	6.3.21
षष्ठ्या रूप्य च	5.3.54
षष्ठ्या व्याश्रये	5.4.48
षष्ठ्याः पति ०	8.3.53
षात् पदान्तात्	8.4.35
षिद्गौरादिभ्यश्च	4.1.41
षिद्भिदादि ०	3.3.104
ष्टुना ष्टुः	8.4.41
ष्ठिवुक्लम्या ०	7.3.75
ष्णान्ता षट्	1.1.24
ष्यङः सम्प्र ०	6.1.13
- स -	
स उत्तमस्य	3.4.98
स एषां ग्रामणीः	5.2.78
स नपुंसकम्	2.4.17
संकलादिभ्यश्च	4.2.75
सङ्ख्ययाऽव्य ०	2.2.25
सङ्ख्या	6.2.35
सङ्ख्या वंश्येन	2.1.19
सङ्ख्याऽव्य ०	4.1.26
सङ्ख्यापूर्वो द्विगुः	2.1.52
सङ्ख्याया अति ०	5.1.22
सङ्ख्याया अव ०	5.2.42
सङ्ख्याया गुण ०	5.2.47
सङ्ख्याया विधा ०	5.3.42
सङ्ख्यायाः क्रिया ०	5.4.17
सङ्ख्यायाः ०	5.1.58
सङ्ख्यायाः संव ०	7.3.15
सङ्ख्यायाः ०	6.2.163
सङ्ख्यायाश्च गु ०	5.4.59
सङ्ख्याविसा ०	6.3.110
श्येनतिलस्य ०	6.3.71
सङ्ख्यासुपूर्वस्य	5.4.140
संख्यैकवचन ०	5.4.43
संग्रामे प्रयोज ०	4.2.56
संघाङ्कलक्ष ०	4.3.127
संघे चानौत्तराधर्ये	3.3.42
संघोद्घौ गण ०	3.3.86
संज्ञापूरण्योश्च	6.3.38
संज्ञायां कन्	4.3.147
संज्ञायां कन्	5.3.75
संज्ञायां कन्	5.3.87
संज्ञायां कन्थो ०	2.4.20
संज्ञायां गिरि ०	6.2.94
संज्ञायां च	5.3.97
संज्ञायां च	6.2.77
संज्ञायां जन्याः	4.4.82
संज्ञायां धेनुष्या	4.4.89
संज्ञायां भृतृ ०	3.2.46
संज्ञायां मन्मा ०	5.2.137
संज्ञायां मित्रा ०	6.2.165
संज्ञायां लला ०	4.4.46
संज्ञायां शरदो वुञ्	4.3.27
संज्ञायां श्रवणा ०	4.2.5
संज्ञायां सम ०	3.3.99
संज्ञायाम ०	6.2.146
संज्ञायामुपमानम्	6.1.204
संज्ञायाम्	2.1.44
संज्ञायाम्	3.3.109
संज्ञायाम्	3.4.42
संज्ञायाम्	4.1.72
संज्ञायाम्	4.3.117
संज्ञायाम्	6.2.159
संज्ञायाम्	8.2.11
संज्ञोऽन्य ०	2.3.22
संज्ञौपम्ययोश्च	6.2.113
संधिवेला ०	4.3.16
संपृचानुरु ०	3.2.142
संभूते	4.3.41
संयसश्च	3.1.72
संयोगादिश्च	6.4.166
श्योऽस्पर्शे	8.2.47
संयोगादे ०	8.2.43
संयोगान्त ०	8.2.23
संयोगे गुरु	1.4.11
संवत्सराग्रहाय ०	4.3.50
संशयमापन्नः	5.1.73
संसृष्टे	4.4.22
संस्कृतं भक्षाः	4.2.16
संस्कृतम्	4.4.3
संहितशफल ०	4.1.70
संहितायाम्	6.1.72
संहितायाम्	6.3.114
सः स्यार्द्धधातुके	7.4.49
सः स्विदिस्व ०	8.3.62
सक्थं चाक्रान्तात्	6.2.198
सख्यशिश्वीति ०	4.1.62
सख्युरसम्बुद्धौ	7.1.92
सख्युर्यः	5.1.126
सगतिरपि तिङ्	8.1.68
सगर्भसयू ०	4.4.114
सत्यं प्रश्ने	8.1.32
सत्यादशपथे	5.4.66
सत्यापपाशरू ०	3.1.25
सत्सूद्विषद्रुह ०	3.2.61
सदिरप्रतेः	8.3.66
सदेः परस्य ०	8.3.118
सदृशप्रतिरूप ०	6.2.11
सद्यःपरुत्परार्यै ०	5.3.22
सध मादस्थ ०	6.3.96
सनः क्तिचि ०	6.4.45
सनाद्यन्ता धातवः	3.1.32
सनाशंसभिक्ष उः	3.2.168
सनि ग्रहगुहोश्च	7.2.12
सनि च	2.4.47
सनि मीमाघु ०	7.4.54
सनिंससनिवांसम्	7.2.69
सनीवन्तर्धभ्र ०	7.2.49
सनोतेरनः	8.3.108
सन्महत्परमो ०	2.1.61
सन्यङोः	6.1.9

सन्यतः 7.4.79
सन्लिटोर्जेः 7.3.57
सन्वल्लघुनि ० 7.4.93
सपत्त्रनिष्प ० 5.4.61
सपूर्वाच्च 5.2.87
सपूर्वायाः प्रथ ० 8.1.26
सप्तनोऽञ् छन्दसि 5.1.61
सप्तमी शौण्डैः 2.1.40
सप्तमी सिद्ध ० 6.2.32
सप्तमीपञ्चम्यौ ० 2.3.7
सप्तमीविशेषणे ० 2.2.35
सप्तमीहारिणौ ० 6.2.65
सप्तम्यधिकरणे च 2.3.36
सप्तम्यां चोप ० 3.4.49
सप्तम्यां जनेर्डः 3.2.97
सप्तम्याः पुण्यम् 6.2.152
सप्तम्यास्त्रल् 5.3.10
सभा राजा ० 2.4.23
सभाया यः 4.4.105
सभायां नपुंसके 6.2.98
समः क्ष्णुवः 1.3.65
समः प्रतिज्ञाने 1.3.52
समः समि 6.3.93
समः सुटि 8.3.5
समयस्तदस्य ० 5.1.104
समयाच्च ० 5.4.60
समर्थः पदविधिः 2.1.1
समर्थानां प्रथमाद्वा 4.1.82
समवप्रविभ्यः स्थः 1.3.22
समवायान् ० 4.4.43
समवाये च 6.1.138
समस्तृतीया ० 1.3.54
समांसमां ० 5.2.12

समानकर्तृकयोः ० 3.4.21
समानकर्तृकेषु ० 3.3.158
समानतीर्थे वासी 4.4.107
समानस्य छन्द ० 6.3.84
समानोदरे ० 4.4.108
समापनात् ० 5.1.112
समायाः खः 5.1.85
समासत्तौ 3.4.50
समासस्य 6.1.223
समासाच्च ० 5.3.106
समासान्ताः 5.4.68
समासेऽङ्गुलेः ० 8.3.80
समासेऽनञ्पूर्वे ० 7.1.37
समाहारः स्वरितः 1.2.31
समि ख्यः 3.2.7
समि मुष्टौ 3.3.36
समि युद्रुदुवः 3.3.23
समुच्चये सा ० 3.4.5
समुच्चये ० 3.4.3
समुदाङ्भ्यो ० 1.3.75
समुदोरजः पशुषु 3.3.69
समुद्राभ्राद्घः 4.4.118
समूलाकृत ० 3.4.36
समूहवच्च बहुषु 5.4.22
समो गम्यृच्छि ० 1.3.29
सम्परिपूर्वात् ख च 5.1.92
सम्पर्युपेभ्यः ० 6.1.137
सम्पादिनि 5.1.99
सम्प्रतिभ्याम ० 1.3.46
सम्प्रसारणस्य 6.3.139
सम्प्रसारणाच्च 6.1.108
सम्प्रोदश्च कटच् 5.2.29
सम्बुद्धौ च 7.3.106
सम्बुद्धौ शाक ० 1.1.16

सम्बोधने च 2.3.47
सम्बोधने च 3.2.125
सम्भवत्यव ० 5.1.52
सम्भवानेऽल ० 3.3.154
सम्माननोत्स ० 1.3.36
सरूपाणामे ० 1.2.64
सर्तिशास्त्य ० 3.1.56
सर्वं गुणकार्त्स्न्ये 6.2.93
सर्वकूलाभ्रक ० 3.2.42
सर्वचर्मणः ० 5.2.5
सर्वत्र लोहि ० 4.1.18
सर्वत्र विभाषा ० 6.1.122
सर्वत्र शाकल्यस्य 8.4.51
सर्वत्राण् च ० 4.3.22
सर्वदेवात् तातिल् 4.4.142
सर्वनामस्थाने ० 6.4.8
सर्वनाम्नः स्मै 7.1.14
सर्वनाम्नः स्या ० 7.3.114
सर्वनाम्नस्तृ ० 2.3.27
सर्वपुरुषाभ्यां ० 5.1.10
सर्वभूमिपृथि ० 5.1.41
सर्वस्य द्वे 8.1.1
सर्वस्य सुपि 6.1.191
सर्वस्य सोऽन्य ० 5.3.6
सर्वादीनि सर्व ० 1.1.27
सर्वैकान्यकिं ० 5.3.15
सवाभ्यां वामौ 3.4.91
सविधसनीड ० 6.2.23
ससजुषो रुः 8.2.66
ससूवेति निगमे 7.4.74
सस्नौ प्रशंसायाम् 5.4.40
सस्येन परिजातः 5.2.68
सह सुपा 2.1.4

सहनञ्वि ० 4.1.57
सहयुक्तेऽप्रधाने 2.3.19
सहस्य सः ० 6.3.78
सहस्य सध्रिः 6.3.95
सहस्रेण ०घः 4.4.135
सहिवहोरो ० 6.3.112
सहे च 3.2.96
सहेः पृतन ० 8.3.109
सहेः साडः सः 8.3.56
साऽऽमन्त्रितम् 2.3.48
साऽस्मिन् ० 4.2.21
साऽस्य देवता 4.2.24
साक्षात्प्रभृतीनि च 1.4.74
साक्षाद्द्रष्टरि ० 5.2.91
साढ्यै साढ्वा ० 6.3.113
सात्पदाद्योः 8.3.111
साधकतमं करणम् 1.4.42
साधुनिपुणा ० 2.3.43
सान्तमहतः ० 6.4.10
साप्तपदीनं सख्यम् 5.2.22
साम आकम् 7.1.33
सामि 2.1.27
सायंचिरम्प्राह्णे ० 4.3.23
सार्वधातुकमपित् 1.2.4
सार्वधातुका ० 7.3.84
सार्वधातुके यक् 3.1.67
साल्वावयव ० 4.1.173
साल्वेयगान्धा ० 4.1.169
सावनडुहः 7.1.82
सावेकाचस्तृ० 6.1.168
सिकताशर्करा ० 5.2.104
सिचि च पर ० 7.2.40

सिचि वृद्धिः ० 7.2.1
सिचो यङि 8.3.112
सिजभ्यस्त ० 3.4.109
सिति च 1.4.16
सिद्धशुष्कप ० 2.1.41
सिध्मादिभ्यश्च 5.2.97

सिध्यतेरपा ० 6.1.49
सिन्धुतक्षशि ० 4.3.93
सिन्ध्वपकरा ० 4.3.32
सिपि धातो रुर्वा 8.2.74
सिब्बहुलं लेटि 3.1.34
सिवादीनां ० 8.3.71

सुः पूजायाम् 1.4.94
सुकर्मपापम ० 3.2.89
सुखप्रिययोर्हिते 6.2.15
सुखप्रियादानुलोम्ये 5.4.63
सुखादिभ्यः ० 3.1.18
सुखादिभ्यश्च 5.2.131

सुञः 8.3.107
सुञो यज्ञसंयोगे 3.2.132
सुट् कात् पूर्वः 6.1.135
सुट् तिथोः 3.4.107
सुडनपुंसकस्य 1.1.43
सुधातुरकङ् च 4.1.97

- ह -

हलन्ताच्च	1.2.10	हेति क्षियायाम्	8.1.60
हलन्त्यम्	1.3.3	हेतुमति च	3.1.26
हलश्च	3.3.121	हेतुमनुष्येभ्यो ०	4.3.81
हलश्चेजुपधात्	8.4.31	हेतुहेतुमतोर्लिङ्	3.3.156
हलसीराट्ठक्	4.3.124	हेतौ	2.3.23
हलसीराट्ठक्	4.4.81	हेमन्तशिशि ०	2.4.28
हलसूकरयोः पुवः	3.2.183	हेमन्ताच्च	4.3.21
हलस्तद्धितस्य	6.4.150	हेरचङि	7.3.56
हलादिः शेषः	7.4.60	हैयंगवीनं ०	5.2.23
हलि च	8.2.77	हैहेप्रयोगे हैहयोः	8.2.85
हलि लोपः	7.2.113	हो ढः	8.2.31
हलि सर्वेषाम्	8.3.22	हो हन्तेर्ञ्णिन्नेषु	7.3.54
हलो यमां ०	8.4.64	होत्राभ्यश्छः	5.1.135
हलोऽनन्तराः ०	1.1.7	ह्म्यन्तक्षणश्वस ०	7.2.5
हल्ङ्याब्भ्यो ०	6.1.68	ह्रस्वं लघु	1.4.10
हव्येऽनन्तः पादम्	3.2.66	ह्रस्वः	7.4.59
हशश्वतोर्लङ् च	3.2.116	ह्रस्वनद्यापो नुट्	7.1.54
हशि च	6.1.114	ह्रस्वनुड्भ्यां मतुप्	6.1.176
हश्च व्रीहि ०	3.1.148	ह्रस्वस्य गुणः	7.3.108
हस्ताज्जातौ	5.2.133	ह्रस्वस्य पिति ०	6.1.71
हस्तादाने चेरस्तेये	3.3.40	ह्रस्वाचन्द्रोत्तर ०	6.1.151
हस्ते वर्त्तिग्रहोः	3.4.39	ह्रस्वात् तादौ ०	8.3.101
हायनान्तयु ०	5.1.130	ह्रस्वादङ्गात्	8.2.27
हि च	8.1.34	ह्रस्वान्ते ०	6.2.174
हिंसायां प्रतेश्च	6.1.141	ह्रस्वे	5.3.86
हिंसार्थानां ०	3.4.48	ह्रस्वो नपुंसके ०	1.2.47
हितं भक्षाः	4.4.65	हु ह्वरेश्छन्दसि	7.2.31
हिनुमीना	8.4.15	ह्लादो निष्ठायाम्	6.4.95
हिमकाषिहतिषु च	6.3.54	ह्वः सम्प्रसारणं ०	3.3.72
हिरण्यपरिमाणं ०	6.2.55	ह्वः सम्प्रसारणम्	6.1.32
हीने	1.4.86	ह्वावामश्च	3.2.2
हीयमानपापयो ०	5.4.47		
हुझल्भ्यो हेर्धिः	6.4.101		
हुश्नुवोः सार्वधा ०	6.4.87		
हृक्रोरन्यतरस्याम्	1.4.53		
हृदयस्य प्रियः	4.4.95		
हृदयस्य हृल्लेख ०	6.3.50		
हृद्भगसिन्ध्वन्ते ०	7.3.19		
हृषेर्लोमसु	7.2.29		
हे मपरे वा	8.3.26		

॥ परिभाषेन्दुशेखरः ॥

नत्वा साम्बं शिवं ब्रह्म नागेशः कुरुते सुधीः ।
बालानां सुखबोधाय परिभाषेन्दुशेखरम् ॥

1. शास्त्रत्वसम्पादकप्रकरणम्

व्याख्यानतो विशेषप्रतिपत्तिर्नहि सन्देहादलक्षणम् ॥1॥

यथोद्देशं संज्ञापरिभाषम् ॥2॥

कार्यकालं संज्ञापरिभाषम् ॥3॥

अनेकान्ताः अनुबन्धाः ॥4॥

एकान्ताः ॥5॥

नानुबन्धकृतमनेकाल्त्वम्॥6॥

नानुबन्धकृतमनेजन्तत्वम्॥7॥

नानुबन्धकृतमसारूप्यम्॥8॥

उभयगतिरिह भवति॥9॥

कार्यमनुभवन्हि कार्यं निमित्ततया नाश्रीयते॥10॥

यदागमास्तद्गुणीभूतास्तद्ग्रहणेन गृह्यन्ते॥11॥

निर्दिश्यमानस्याऽऽदेशा भवन्ति॥12॥

यत्रानेकविधमान्तर्यं तत्र स्थानत आन्तर्यं बलीयः॥13॥

अर्थवद्ग्रहणे नानर्थकस्य ग्रहणम्॥14॥

गौणमुख्ययोर्मुख्ये कार्यसम्प्रत्ययः॥15॥

अन्-इन्-अस्-मन्-ग्रहणानि अर्थवता चानर्थकेन च तदन्तविधिं बोधयन्ति ॥16॥

एकयोगनिर्दिष्टानां सह वा प्रवृत्तिः सह वा निवृत्तिः॥17॥

क्वचिदेकदेशोऽप्यनुवर्तते॥18॥

भाव्यमानेन सवर्णानां ग्रहणं न॥19॥

भाव्यमानोऽप्युकारः सवर्णान् गृह्णाति॥20॥

वर्णाश्रये नास्ति प्रत्ययलक्षणम्॥21॥

उणादयोऽव्युत्पन्नानि प्रातिपदिकानि॥22॥

प्रत्ययग्रहणे यस्मात्स विहितस्तदादेस्तदन्तस्य ग्रहणम्॥23॥

प्रत्ययग्रहणे चापञ्चम्याः॥24॥

उत्तरपदाधिकारे प्रत्ययग्रहणे न तदन्तग्रहणम्॥25॥

स्त्रीप्रत्यये चानुपसर्जने न॥26॥

संज्ञाविधौ प्रत्ययग्रहणे तदन्तग्रहणं नास्ति॥27॥

कृद्ग्रहणे गतिकारकपूर्वस्यापि ग्रहणम्॥28॥

पदाङ्गाधिकारे तस्य च तदन्तस्य च॥29॥

व्यपदेशिवदेकस्मिन्॥30॥

ग्रहणवता प्रातिपदिकेन तदन्तविधिर्नास्ति॥31॥

व्यपदेशिवद्भावोऽप्रातिपदिकेन॥32॥

यस्मिन्विधिस्तदादावल्ग्रहणे॥33॥

सर्वो द्वन्द्वो विभाषयैकवद्भवति ॥34॥

सर्वे विधयश्छन्दसि विकल्प्यन्ते ॥35॥

प्रकृतिवदनुकरणं भवति ॥36॥

एकदेशविकृतमनन्यवत् ॥37॥

2. बाधबीजप्रकरणम्

पूर्वपरनित्यान्तरङ्गापवादानामुत्तरोत्तरं बलीयः ॥38॥

पुनः प्रसङ्गविज्ञानात् सिद्धम् ॥39॥

सकृद्गतौ विप्रतिषेधे यद् बाधितं तद् बाधितमेव॥40॥

विकरणेभ्यो नियमो बलीयान्॥41॥

[परान्नित्यं बलवत्]

कृताकृतप्रसङ्गि नित्यम्, तद्विपरीतमनित्यम्॥42॥

शब्दान्तरस्य प्राप्नुवन्विधिरनित्यो भवति॥43॥

शब्दान्तरात् प्राप्नुवतः शब्दान्तरे प्राप्नुवतश्चानित्यत्वम्॥44॥

लक्षणान्तरेण प्राप्नुवन् विधिरनित्यः॥45॥

क्वचित्कृताकृतप्रसङ्गमात्रेणापि नित्यता॥46॥

यस्य च लक्षणान्तरेण निमित्तं विहन्यते न तदनित्यम्॥47॥

यस्य च लक्षणान्तरेण निमित्तं विहन्यते तदप्यनित्यम्॥48॥

स्वरभिन्नस्य प्राप्नुवन्विधिरनित्यो भवति ॥49॥

[नित्यादप्यन्तरङ्गं बलीयः]

असिद्धं बहिरङ्गमन्तरङ्गे॥50॥

नाजानन्तर्ये बहिष्ट्वप्रक्लृप्तिः॥51॥

अन्तरङ्गानपि विधीन् बहिरङ्गो लुग् बाधते॥ 52॥

पूर्वोत्तरपदनिमित्तकार्यात् पूर्वमन्तरङ्गेऽप्येकादेशो न॥ 53॥

अन्तरङ्गानपि विधीन् बहिरङ्गो ल्यब्बाधते॥ 54॥

वर्णादाङ्गं बलीयो भवति ॥ 55॥

अकृतव्यूहाः पाणिनीयाः॥ 56॥

[अन्तरङ्गादप्यपवादो बलीयान्]

येन नाप्राप्ते यो विधिरारभ्यते स तस्य बाधको भवति ॥ 57॥

क्वचिदपवादविषयेऽप्युत्सर्गोऽभिनिविशत इति॥ 58॥

पुरस्तादपवादा अनन्तरान् विधीन् बाधन्ते नोत्तरान्॥ 59॥

मध्येऽपवादाः पूर्वान् विधीन् बाधन्ते नोत्तरान्॥ 60॥

अनन्तरस्य विधिर्वा भवति प्रतिषेधो वेति ॥ 61॥

पूर्वं ह्यपवादा अभिनिविशन्ते पश्चादुत्सर्गाः॥ 62॥

प्रकल्प्य चापवादविषयं तत उत्सर्गोऽभिनिविशते ॥ 63॥

उपसञ्जनिष्यमाणनिमित्तोऽप्यपवाद उपसञ्जातनिमित्तमप्युत्सर्गं बाधत इति॥ 64॥

अपवादो यद्यन्यत्र चरितार्थस्तर्ह्यन्तरङ्गेण बाध्यते॥ 65॥

अभ्यासविकारेषु बाध्यबाधकभावो नास्ति॥ 66॥

ताच्छीलिकेषु वाऽसरूपविधिर्नास्ति॥ 67॥

क्तल्युट्तुमुन्खलर्थेषु वाऽसरूपविधिर्नास्ति॥ 68॥

लादेशेषु वासरूपविधिर्नास्ति ॥ 69॥

उभयनिर्देशे पञ्चमीनिर्देशो बलीयान् ॥ 70॥

3 शेषार्थकथनम्

प्रातिपदिकग्रहणे लिङ्गविशिष्टस्यापि ग्रहणम्॥ 71॥

विभक्तौ लिङ्गविशिष्टाग्रहणम्॥ 72॥

सूत्रे लिङ्गवचनमतन्त्रम्॥ 73॥

नञिवयुक्तमन्यसदृशाधिकरणे तथा ह्यर्थगतिः ॥ 74॥

गतिकारकोपपदानां कृद्भिः सह समासवचनं प्राक् सुबुत्पत्तेः॥ 75॥

साम्प्रतिकाभावे भूतपूर्वगतिः ॥ 76॥

बहुव्रीहौ तद्गुणसंविज्ञानमपि॥ 77॥

चानुकृष्टं नोत्तरत्र॥ 78॥

स्वरविधौ व्यञ्जनमविद्यमानवत् ॥ 79 ॥

हल्स्वरप्राप्तौ व्यञ्जनमविद्यमानवत् ॥ 80 ॥

निरनुबन्धकग्रहणे न सानुबन्धकस्य ॥ 81 ॥

तदनुबन्धकग्रहणे नातदनुबन्धकस्य ॥ 82 ॥

क्वचित् स्वार्थिकाः प्रकृतितो लिङ्गवचनान्यतिवर्तन्ते ॥ 83 ॥

समासान्तविधिरनित्यः ॥ 84 ॥

सन्निपातलक्षणो विधिरनिमित्तं तद्विघातस्य ॥ 85 ॥

सन्नियोगशिष्टानामन्यतरापाय उभयोरप्यपायः ॥ 86 ॥

ताच्छीलिके णेऽण्कृतानि भवन्ति ॥ 87 ॥

धातोः कार्यमुच्यमानं तत्प्रत्यये भवति ॥ 88 ॥

तन्मध्यपतितस्तद्ग्रहणेन गृह्यते ॥ 89 ॥

लुग्विकरणालुग्विकरणयोरलुग्विकरणस्य ॥ 90 ॥

प्रकृतिग्रहणे ण्यधिकस्यापि ग्रहणम् ॥ 91 ॥

अङ्गवृत्ते पुनर्वृत्तावविधिः ॥ 92 ॥

संज्ञापूर्वकविधेरनित्यत्वम् ॥ 93 ॥

आगमशास्त्रमनित्यम् ॥ 94 ॥

गणकार्यमनित्यम् ॥ 95 ॥

अनुदात्तेत्त्वलक्षणमात्मनेपदमनित्यम् ॥ 96 ॥

नञ्घटितमनित्यम् ॥ 97 ॥

आतिदेशिकमनित्यम् ॥ 98 ॥

सर्वविधिभ्यो लोपविधिरिड्विधिश्च बलवान् ॥ 99 ॥

प्रकृतिग्रहणे यङ्लुगन्तस्यापि ग्रहणम् ॥ 100 ॥

विधौ परिभाषोपतिष्ठते नानुवादे ॥ 101 ॥

उपपदविभक्तेः कारकविभक्तिर्बलीयसी ॥ 102 ॥

अनन्त्यविकारोऽन्त्यसदेशस्य ॥ 103 ॥

नानर्थकेऽलोऽन्त्यविधिरनभ्यासविकारे ॥ 104 ॥

प्रधानाप्रधानयोः प्रधाने कार्यसम्प्रत्ययः ॥ 105 ॥

अवयवप्रसिद्धेः समुदायप्रसिद्धिर्बलीयसी ॥ 106 ॥

व्यवस्थितविभाषयापि कार्याणि क्रियन्ते ॥ 107 ॥

विधिनियमसम्भवे विधिरेव ज्यायान् ॥ 108 ॥

सामान्यातिदेशे विशेषानतिदेशः ॥ 109 ॥

प्रत्ययाप्रत्ययायोः प्रत्ययस्य ग्रहणम् ॥ 110 ॥

सहचरितासहचरितयोः सहचरितस्यैव ग्रहणम् ॥ 111 ॥

श्रुतानुमितयोः श्रुतसम्बन्धो बलवान् ॥ 112 ॥

लक्षणप्रतिपदोक्तयोः प्रतिपदोक्तस्यैव ग्रहणम् ॥ 113 ॥

गामादाग्रहणेष्वविशेषः ॥ 114 ॥

प्रत्येकं वाक्यपरिसमाप्तिः ॥ 115 ॥

क्वचित्समुदायेऽपि ॥ 116 ॥

अभेदका गुणाः ॥ 117 ॥

बाधकान्येव निपातनानि ॥ 118 ॥

पर्जन्यवल्लक्षणप्रवृत्तिः ॥ 119 ॥

[लक्ष्ये लक्षणं सकृदेव प्रवर्तते]

निषेधाश्च बलीयांसः ॥ 120 ॥

अनिर्दिष्टार्थाः प्रत्ययाः स्वार्थे ॥ 121 ॥

योगविभागादिष्टसिद्धिः ॥ 122 ॥

पर्य्यायशब्दानां लाघवगौरवचर्चा नाद्रियते ॥ 123 ॥

ज्ञापकसिद्धं न सर्वत्र ॥ 124 ॥

पूर्वत्रासिद्धमद्वित्वे ॥ 125 ॥

एकस्या आकृतेश्चरितः प्रयोगो द्वितीयस्यास्तृतीयस्याश्च न भविष्यति ॥ 126 ॥

सम्प्रसारणं तदाश्रयं च कार्यं बलवत् ॥ 127 ॥

क्वचिद् विकृतिः प्रकृतिं गृह्णाति ॥ 128 ॥

औपदेशिकप्रायोगिकयोरौपदेशिकस्य ग्रहणम् ॥ 129 ॥

श्तिपा शपानुबन्धेन निर्दिष्टं यद्गणेन च । यत्रैकाज्ग्रहणं चैव पञ्चैतानि न यङ्लुकि ॥ 130 ॥

पदगौरवाद् योगविभागो गरीयान् ॥ 131 ॥

अर्धमात्रालाघवेन पुत्रोत्सवं मन्यन्ते वैयाकरणाः ॥ 132 ॥

इति श्रीमन्महोपाध्यायशिवभट्टसुतसतीगर्भजनागोजीभट्टकृतः परिभाषेन्दुशेखरः समाप्तः ॥

VOWELS	Simple vowels		अ इ उ ण् ऋ ऌ क्
	Diphthongs		ए ओ ङ् ऐ औ च्
CONSONANTS	SOFT	ह + Semivowels	ह य व र ट् लँ ण्
		5th of the class (= Nasals)	ञ म ङ ण न म्
		4th of the class	झ भ ञ् घ ढ ध ष्
		3rd of the class	ज ब ग ड द श्
	HARD	2nd of the class	ख फ छ ठ थ
		1st of the class	च ट त व् क प य्
		Sibilants + ह	श ष स र् ह ल्

इति माहेश्वराणि सूत्राणि ।

Made in United States
Troutdale, OR
03/21/2024

18607325R10075